LE LIVRE NOIR

DE LA

COMMUNE DE PARIS

(DOSSIER COMPLET)

L'INTERNATIONALE

DÉVOILÉE

Troisième édition.

BRUXELLES
OFFICE DE PUBLICITÉ
46, RUE DE LA MADELEINE, 46

1871

LE LIVRE NOIR

DE LA

COMMUNE DE PARIS

Le socialisme ou la République rouge, c'est tout un; car il renversera le drapeau tricolore et arborera le drapeau rouge. Du métal de la colonne Vendôme il fera des gros sous. Il abattra la statue de Napoléon et élèvera celle de Marat. Il supprimera l'Académie, l'École polytechnique et la Légion d'honneur. A la haute devise : « liberté, égalité, fraternité, » il ajoutera l'alternative : « ou la mort. » Il amènera la banqueroute. Il ruinera les riches sans enrichir les pauvres. Il détruira le travail, qui donne à chacun son pain. Il abolira la propriété et la famille; il promènera sur des piques les têtes coupées, remplira les prisons de suspects et les videra par des massacres. De la France il fera la patrie des ténèbres. Il égorgera la liberté, étouffera les arts, décapitera la pensée, niera Dieu. Il mettra en mouvement ces deux machines fatales, dont l'une ne fonctionne pas sans l'autre : la presse aux assignats et la guillotine. En un mot, il fera de sang-froid ce que les hommes de 93 ont fait dans leur fièvre, et après le grandiose terrible que nos pères ont vu, on nous montrera l'horrible dans le petit et le bas.

Victor Hugo (1848).

Imp. de Fél. Cidart, rue St-Laurent, 28, à Bruxelles.

LE LIVRE NOIR

DE LA

COMMUNE DE PARIS

(DOSSIER COMPLET)

L'INTERNATIONALE

DÉVOILÉE

Troisième édition.

BRUXELLES
OFFICE DE PUBLICITÉ
46, RUE DE LA MADELEINE, 46
1871

LA COMMUNE.

Ce qu'elle fut. — Ce qu'elle est. — Ce qu'elle doit être.

Au moyen âge — car c'est à cette époque qu'il faut remonter pour trouver l'origine de ce mot — au moyen âge, la *Commune* était, par essence, la ville qui avait droit de diriger elle-même son gouvernement intérieur. Ce principe s'étendit bientôt, et le moyen âge vit la Commune florissante dans toute l'Europe. Nous n'avons pas à nous occuper ici des communes du pays de Belgique, bien que son histoire soit infiniment plus instructive et plus intéressante que celle des communes françaises.

Mais le cadre de ce livre nous restreint forcément à ce qui touche à ces dernières. Au reste, le lecteur évoquera de lui-même ici les ombres glorieuses des Van Artevelde et des Breydel, ces communiers flamands, indomptables champions de la liberté municipale.

L'établissement des premières communes françaises

date du xie et du xiie siècle. Toutes puisaient leur origine, leur raison d'être — comme l'indiquent les noms de *communion, conjuration, confédération,* dont on les désignait aussi — le serment qui liait les habitants d'une même ville et par lequel ils s'engageaient à se défendre mutuellement contre l'ennemi du dehors. Comme affirmation de son principe primordial, le premier acte de la Commune était l'occupation d'une tour où l'on établissait une cloche ou *beffroi*. La première clause de la charte communale était l'obligation pour les *Communiers* de se rendre en armes, sur la place, dès que le beffroi sonnait. Dans la France septentrionale, composée en majeure partie de la Flandre française, les magistrats de la Commune portaient le titre de *maires* et d'*échevins*; dans la France méridionale, ils s'appelaient *syndics* et *consuls*.

Nommés par l'assentiment de *tous*, ces magistrats étaient chargés *seuls* de diriger les efforts *communs*.

Ainsi donc, dans la Charte des Communes, la milice tenait la première place; la magistrature venait ensuite.

Le *Comité central de la garde nationale*, créé par les hommes de Montmartre, n'est donc qu'un décalque de l'institution première des communes originelles.

La magistrature communale avait une bourse commune où *trésor*, un sceau commun.

La Commune était *seule* chargée de la construction et de la défense des fortifications qui la protégeaient.

Telles étaient les premières conditions essentielles et générales de l'institution de la Commune. En dehors de celles-ci il en existait une foule d'autres qui variaient à l'infini, suivant la situation, les coutumes et les ressources de chaque ville.

On le voit, c'était pour la cité la liberté la plus absolue de se gouverner elle-même. Aussi les Communes luttèrent longtemps et avec opiniâtreté pour conquérir leur affranchissement, qui les soustrayait absolument à la domination des seigneurs.

Chose étrange et qui rend plus extraordinaire encore la lutte actuelle que soutient, sous un *gouvernement républicain*, la Commune de Paris, les rois furent toujours favorables à l'établissement des Communes. Si bien, qu'à tort ou à raison, certains historiens considèrent Louis le Gros comme le fondateur des Communes en France.

Il est juste de constater que le pouvoir royal enleva successivement à la Commune ses priviléges les plus sacrés.

A tel point, qu'en 1789, les villes de France ne conservaient plus que de faibles restes de leurs anciennes franchises. Un nouvel ordre de choses fut créé : le nom de *Commune* reparut avec la Révolution, mais il n'eut plus la même extension.

Telle fut la Commune à son origine et tels furent ses premiers agissements.

Qu'est-elle devenue aujourd'hui?

Il serait, sans doute, plus logique, à l'heure de troubles populaires où nous écrivons ces lignes, de savoir si la Commune existe réellement...

Les pays où la Commune a conservé le plus son caractère originel ne sont pas nombreux : en dehors de la Hollande et de la Belgique, avec la Suisse, il en est fort peu, petits ou grands, où le pouvoir central n'ait pas absorbé, en tout ou en partie, les priviléges et les franchises de la Commune.

Qui dit *Commune* dit fédération. Or la position inférieure des campagnes les place dans une situation d'antagonisme continuel vis-à-vis des villes. Il est clair que le jour où la fédération existera entre les villes jouissant des priviléges du droit communal, le suffrage universel, cette conquête du progrès moral que l'on a tant encensée, se trouvera supprimé de fait ou de force.

Mais il ne nous appartient point de juger la situation générale des Communes. Nous avons esquissé rapidement ses origines, il nous faut maintenant rentrer dans notre cadre.

S'il est vrai que la Commune en Europe ne se présente plus à l'heure présente avec tous ses éléments constitutifs, dans son entière intégrité, il en est surtout ainsi de la Commune de Paris. C'est de l'existence de celle-ci, à coup sûr, que l'on peut douter, en présence des circonstances précaires qui présidèrent à sa résurrection le 28 mars, jour où elle fut proclamée pour la troisième fois, sur la place de l'Hôtel de Ville.

Mais avant que d'entrer dans le vif de la question, il faut remarquer que les deux tentatives infructueuses d'octobre et de janvier, avaient pour elles un semblant de légitimité, ou plutôt, un cri de ralliement plus avouable. Les émeutiers d'octobre et de janvier — c'étaient les mêmes! — avouaient vouloir se substituer à un pouvoir visiblement insuffisant, et à qui la légalité faisait défaut, reproche qu'en droit, il est impossible d'adresser à l'Assemblée de Versailles, issue du suffrage de tous, bien plus régulièrement que ne le furent aucune des assemblées qui fonctionnèrent sous l'Empire. Ils disaient à ce pouvoir : — « Vous êtes des gens timides, qui n'osez pas nous employer contre l'ennemi. Vous nous humiliez en ayant l'air de prévoir que nous devions être battus par les Prussiens. En un mot, retirez-vous, pour faire place à des hommes d'action, à des hommes de guerre, qui ont foi dans la vaillance de l'armée de Paris, et qui prétendent avec elle forcer le cercle de fer qui étouffe la Capitale. »

Voilà ce qu'ils disaient, et les Parisiens, tout en les forçant au silence, par deux fois, n'en gardaient pas moins l'arrière-pensée que ces gens-là pourraient *peut-être* les délivrer des Prussiens.

Aujourd'hui, on sait que ce n'était là qu'une erreur. En octobre, et à plus forte raison en janvier, il était trop tard. Au cas où la Commune eût remplacé le Gouvernement de la Défense nationale et que la fameuse sortie en masse eût été tentée, l'armée de Paris ayant, à peu près, trente lieues de pays à traverser pour rejoindre un corps quelconque des armées de province, eût été prise comme dans une souricière. Un second Sedan, à l'infamie d'un empereur près.

Mais qui assure que cette fameuse sortie, prétexte mis en évidence fort habilement, il est vrai, eût été tentée par la Commune triomphante? La chose est peu probable, car, non-seulement les gens de la Commune, désormais mieux édifiés sur la situation des armées allemandes, eussent reconnu la folie de l'entreprise; qu'en outre les démissions et ses propres proscriptions eussent désorganisé l'armée parisienne, mais encore, on le voit clairement aujourd'hui, il n'y avait là qu'un prétexte.

De même, et les événements qui se déroulent en font foi, les franchises municipales ne sont encore qu'un prétexte. Eh! qu'importe à ces hommes un conseil élu dont ils ne seront pas, pour peu qu'il y ait l'ombre de tranquillité dans le fonctionnement de la chose publique! que leur importe tout cet ordre de choses qu'ils prétendent établir et dont la première conséquence serait de les rejeter dans leur atmosphère d'estaminet borgne, de les ramener à la vie précaire que la plupart d'entre eux ont toujours menée, vie de pitoyable bohême, où chaque repas est un problème, où les principales ressources ne peuvent être produites que par une partie de billard, ou les gratifications affectueuses d'une fille soumise. Peut-on supposer sérieusement que, si la paix se faisait entre Paris et Versailles, et tout ce qu'ils réclament fut accordé, ce sont eux que les élections de Paris placeceraient dans les mairies et au conseil municipal? Croit-on que Paris ayant repris possession de lui-même, de sa vie régulière, voterait pour ces législateurs improvisés? Jamais! Et ils le savent bien; et ils ne le savent que trop, hélas! C'est pourquoi le pire mauvais tour qu'on pourrait leur jouer, serait de leur dire enfin : — " Nous vous accordons tout ce que vous demandez *officiellement*. "

Mais il ne faut pas s'illusionner : cette réponse faite, ils auraient d'autres prétentions, d'autres sujets de prolonger un état de choses qui leur procure la vie facile qu'ils ne pouvaient obtenir qu'à la condition que le bouleversement dure.

Ce qu'ils veulent, c'est le pouvoir ; rien de plus, rien de moins. Ils veulent disposer de la fortune publique afin de faire leur fortune particulière. Ils veulent être pour les Parisiens ce que furent les Haussmann et compagnie. Il leur faut de l'argent, des plaisirs, des honneurs et des femmes. Voilà ce que cachent les revendications communalistes. Et l'on n'en douterait pas si on les avait vus de près durant ces jours de trouble, où tout leur est soumis. Qu'on le demande à quelques naïfs qui ont siégé quelques jours avec eux, et qui, voyant leurs agissements, ont envoyé leur démission. Qu'on le demande à Ranc, à Bonvallet et à tant d'autres.

Au surplus, nous aurons plus d'une occasion, dans le cours de cet ouvrage, de fournir des preuves de ce que nous avançons ici, sans qu'il y ait témérité de notre part!

Mais avant d'en venir à leurs personnalités, voyons d'abord ce qu'est l'institution elle-même.

L'histoire de la Commune de Paris est des plus attachantes ; nous allons en signaler les principaux épisodes.

Avant la révolution de 1789, la ville de Paris était partagée en vingt et un quartiers. et la municipalité se composait d'un prévôt des marchands, de quatre échevins et de trente-six conseillers. Toutes ces places étaient héréditaires ou à la nomination du Roi. Le corps municipal formait en réalité une véritable aristocratie de la haute bourgeoisie.

L'article 8 du règlement du Roi, du 13 avril 1789, pour la convocation des États-Généraux, divisait Paris en soixante districts. Cette division servit naturellement à la première organisation municipale qui fut créée par l'initiative des citoyens après la prise de la Bastille. Mais avant cette municipalité régulièrement formée (sinon légalement), Paris en avait eu une autre, purement révolutionnaire, et qu'on désigne ordinairement sous le nom « d'Assemblée des électeurs. » Les électeurs nommés par les districts pour choisir les députés aux États-Généraux, et qui, depuis les élections, continuaient à former une espèce de corps, toutefois sans tenir de séances officielles, se rassemblèrent spontanément le 25 juin, au nombre d'environ trois cents, dans la salle dite « du Musée, » rue Dauphine, et qui était alors occupée par un traiteur. L'attitude hostile de la cour, la situation précaire de l'Assemblée nationale, qui semblait menacée de dissolution, justifiait assez cette réunion extraordinaire. Ils parvinrent ensuite à s'installer à l'Hôtel de Ville, où on les laissa tenir leurs assemblées pendant une quinzaine de jours sans les troubler. A la veille du 14 juillet, ils s'emparèrent hardiment, au nom des périls publics, d'une portion du pouvoir municipal, prirent un arrêté pour la convocation des districts et la formation d'une milice bourgeoise, et nommèrent un « Comité permanent » chargé de veiller à la tranquillité publique, et dans lequel ils firent entrer de

Flesselles, prévôt des marchands, et autres membres de l'ancienne municipalité, qui subsistait dans la nouvelle comme un débris de l'ancien régime.

Cependant, quand les premiers jours de crise furent passés, les districts réclamèrent vigoureusement contre cette municipalité improvisée, et enfin nommèrent spontanément chacun deux députés pour travailler au plan d'une municipalité régulière et administrer provisoirement la ville. Le 30 juillet, les 120 élus des districts se constituèrent à l'Hôtel de Ville et prirent le nom de « représentants de la Commune de Paris. »

Un fait assez remarquable, c'est que jusqu'alors les municipalités avaient été des créations spontanées. Au canon de la Bastille, toutes les vieilles tyrannies locales s'étaient dissoutes ; la maison commune avait alors servi de centre aux citoyens associés au nom des droits nouveaux, et qui, partout comme à Paris, formèrent ces comités d'où sortirent en 1790 les municipalités régulières. La concentration entre les mains des municipalités de pouvoirs même non communaux (contributions, disposition de la force armée, haute police, etc.), cette concentration, qu'on a tant reprochée à l'Assemblée nationale, fut moins un système que la reconnaissance, la consécration légale d'un grand fait national qui s'était produit dans l'anéantissement de presque tous les pouvoirs.

Au temps de sa plus grande puissance pendant la terreur, la Commune était une sorte de Convention parisienne qui domina plus d'une fois la grande assemblée. Elle était, il est vrai, subordonnée en certains cas à l'administration départementale, ou, comme on disait, au DÉPARTEMENT, mais cette subordination était à peu près illusoire.

On le voit, les événements actuels sont la copie fidèle de quatre-vingt-treize.

L'événement capital qui eut lieu sous l'administration de cette municipalité fut l'envahissement des Tuileries par le peuple, dans la journée du 20 juin. Il est peu douteux que ce mouvement ne fut envisagé favorablement par la Commune et par le maire Pétion; tous les patriotes pensaient alors qu'il était nécessaire que le peuple exerçât une pression sur l'esprit du Roi, pour l'amener à sanctionner les décrets, rappeler les ministres patriotes, et à se rallier franchement à la révolution. Toutefois les municipaux firent quelques efforts inutiles pour que la manifestation ne se fît pas en armes et ils n'y prirent officiellement aucune part. Pétion, Sergent et plusieurs autres se rendirent aux Tuileries pour engager le peuple à se retirer en bon ordre après avoir manifesté ses vœux, et ils contribuèrent à l'évacuation du palais. Mais la cour ne trouva point que ce fut assez, et quelques jours plus tard elle fit prononcer par le directoire du département, qui était tout à sa dévotion, la suspension de Pétion et de Manuel.

La suspension, confirmée par le roi, fut levée par un décret de l'Assemblée nationale le 22 juillet. Les magistrats populaires furent réinstallés avec un grand éclat. Le Conseil de la commune se montra en majorité favorable à la déchéance du roi et appuya les pétitions présentées à ce sujet à l'Assemblée nationale; mais un grand nombre de ces membres hésitaient à sortir des voies légales. Aussi le premier acte des sections fut-il de pourvoir à son remplacement. Dès le 9, dans la soirée, un certain nombre de sections nomment chacune trois commissaires, avec pouvoirs illimités pour sauver la patrie; d'autres sections suivirent le mouvement, et c'est ainsi que fut formée cette commune le 10 août, qui présida à la grande insurrection. *Chose assez curieuse, les choix tombèrent en général sur des citoyens obscurs.* Nous y trouvons cependant les noms de Billaud-Varenne, de Rossignol, de Bourbon (de l'Oise), d'Hébert (le père de Duchesne), de M.-J. Chénier, de Robert, de Fabre d'Eglantine, de Robespierre, de Xavier Audouin et de quelques autres.

La Commune insurrectionnelle agit avec une grande vigueur. Elle ne garda de l'ancien conseil que Pétion, Manuel et Danton, fit consigner le maire de Paris chez lui, pour mettre sa responsabilité à couvert, nomma Santerre commandant de la force armée parisienne et prit enfin toutes les mesures que commandaient les circonstances.

C'est le beau temps de Robespierre.

Il fit rendre, le 14 frimaire an II, une loi qui concentrait dans ses mains toute l'autorité révolutionnaire. Cette loi dépouillait la grande commune d'une partie de ses attributions et la plaçait sous la dépendance de l'administration du district. La décadence municipale commençait et le régime de la centralisation était inauguré. Bientôt le procureur de la commune ne fut plus qu'un simple agent national, obligé de rendre compte, jour par jour, de ce qui se passait dans le Conseil général.

Le Conseil lui-même est périodiquement soumis à des épurations, et plusieurs de ses membres sont jetés dans les prisons. Des proscriptions semblables eurent lieu dans les sections qui, déjà depuis la loi du 14 frimaire, ne pouvaient plus correspondre entre elles ; pour les paralyser complétement, on réduisit le nombre de leurs séances à deux par mois (6 floréal). De son côté, la Commune cessa de se réunir tous les jours (23 floréal). Robespierre avait voulu ainsi amoindrir le pouvoir municipal de Paris pour le tenir dans sa main ; quand il voulut s'en servir, il put reconnaître que ce pouvoir n'était plus que l'ombre de lui-même ; l'impuissance de la Commune ainsi mutilée, éclata dans la lutte du 9 thermidor. On sait que, dans cette journée, la Commune, où il avait placé tous ses amis, se prononça en sa faveur, mais fut brisée par la Convention. Près de cent de ses membres furent mis hors la loi et envoyés à l'échafaud. L'administration de la ville fut confiée provisoirement au directoire du département de Paris.

Un mois après le 14 fructidor, la Convention supprimait définitivement le conseil de la Commune, et on confiait tous les détails administratifs de Paris à des commissions nommées par le gouvernement. Pendant les journées de prairial an III, les insurgés, maîtres un moment de l'Hôtel de Ville, essayèrent de reconstituer la Commune. Cambon fut désigné comme procureur-syndic. Cette Commune insurrectionnelle dura à peine quelques heures. Ni Cambon, ni Thuriot, d'ailleurs, ne s'étaient rendus à l'appel des insurgés. La Convention profita de sa victoire pour enlever son artillerie aux sections, qui furent si soigneusement épurées que, six mois plus tard, elles étaient envahies, dominées par les royalistes, auxquels il fallait livrer bataille dans la journée du 13 vendémiaire.

La constitution de l'an III divisa Paris en douze arrondissements, ayant chacun sa municipalité et un président, qui prit plus tard le nom de maire. Les sections, devenues des DIVISIONS, furent le siége d'autant de commissaires de police, et furent définitivement réduites au silence.

La grande Commune n'était donc plus qu'un souvenir historique, lorsqu'il y a un mois à peine, la Révolution, partie des buttes Montmartre, devenues le Mont-Aventin de la démocratie parisienne, monta à l'Hôtel de Ville et, après un semblant de lutte avec les forces du gouvernement républicain, qui firent défection en grande partie, se mit en devoir de faire revivre ce souvenir en suivant, pas à pas, l'histoire à la main, semble-t-il, les menées des révolutionnaires de 1793.

Le *Livre noir de la Commune de Paris* contient de piquantes révélations sur les faits et gestes des hommes de Montmartre, mêlés aux sectaires de l'Internationale.

En le parcourant, on verra ce que fut la Commune nouvelle, dès sa naissance violente.

Toutefois, il faut bien se persuader que dans le nombre il se trouve des hommes d'une conviction profonde, instruits et bien intentionnés. Tels sont, par exemple, Delescluzes et Ranc. Mais tous deux déportés de l'Empire, ont un côté faible de l'entendement ; ils voient tout à travers un prisme qui leur est particulier. Ils voient tout, l'un de Lambessa, l'autre de Cayenne. Leur rancune est absolue, absorbante, et de même que Hugo, ne voit dans tout ce qu'il dit et fait que son antagonisme personnel contre l'homme de Décembre, Delescluze et Ranc ne font rien qui ne soit *contre* l'Empire. Vous aurez beau leur dire que l'Empire n'existe plus, ils n'en croiront jamais rien, ils ne pourront pas vous croire. Ils le voient quand même, sinon debout et florissant, du moins complotant dans l'ombre avec les généraux, les sénateurs, etc., etc. Ils le voient partout et toujours, et le combattent quand même, semblables à ceux qui voient des jésuites jusque dans leur ménage. C'est de l'idée fixe, un genre de folie qui les pousse à s'associer au premier venu, quittes à se retirer quand il leur faut voir que ce premier venu est un escroc ou pis encore.

II

ÉTAT DE PARIS APRÈS LE SIÉGE.

C'était fini, l'armistice et la capitulation avaient fait cesser le feu.

Il restait, à Paris, la consolation suprême d'avoir vu les Prussiens, ne venir que jusqu'à la place de la Concorde et éviter, en acceptant ces conditions restrictives, un conflit des plus sanglants.

Le peuple, qui croyait en Trochu, qui espérait dans la province, avait supporté tout stoïquement, tant que la résistance lui avait paru possible et fructueuse.

On ne devait pas se rendre, on ne se rendrait jamais; après les forts, les barricades, après celles-ci l'incendie, tout pour que Paris se montrât digne de son passé, digne de lui-même et de la France.

Aussi, lorsque la capitulation fut connue, ceux qui regardaient la reddition de Paris comme improbable, furent pris de la rage du désespoir.

Les fanatiques de la résistance s'emparèrent des canons; on pilla les parcs d'artillerie et les Parisiens allèrent s'installer à Montmartre, où ils commencèrent par déclarer que, quoi qu'il arrive et quelle que fût la convention faite par le gouvernement de la défense nationale, ils tireraient sur l'ennemi : si celui-ci franchissait les portes de Paris.

Le sentiment était peut-être exagéré, mais il ne manquait pas de noblesse.

Vaincre ou mourir ne sera jamais une devise ridicule.

L'entrée des Prussiens fut retardée de quarante-huit heures.

Les esprits se calmèrent et, finalement, le court séjour des Prussiens dans les Champs-Élysées ne donna lieu à aucun incident grave.

La paix fut faite, le ravitaillement s'opéra et aussitôt Paris reprit son ancien aspect.

Il y avait bien foule d'uniformes dans les rues, car chacun tenait à montrer à tous qu'il en était, et le manque de voitures semblait singulier; mais néanmoins on sentait que Paris marchait à grands pas vers le rétablissement de son travail et de son luxe. Les étrangers, les émigrants rentraient en foule. Le commerce du monde qui puise à Paris tant d'articles divers, arrivait de toutes parts, les poches garnies pour faire des achats et se rapprovisionner de tout. Les banquiers français, anglais et hollandais songeaient à payer pour la France les cinq milliards de l'indemnité; n'étaient les tiraillements de l'Assemblée et le camp de Montmartre, tout eût été évidemment pour le mieux.

Les frères et amis s'ennuyaient démocratiquement en gardant leurs canons, et tout en déclarant qu'ils ne les rendraient pas, ils n'eussent pas mieux demandé que de les abandonner les uns après les autres, lassés d'une corvée qui commençait à leur sembler ridicule et inutile.

On s'était ému d'abord, on avait fini par rire. Montmartre était devenu le pèlerinage des curieux, et les journaux disaient :

L'affaire de Montmartre est finie. On a envoyé chercher et ramener *sans résistance* ces fameux canons qui ont pris presque un moment la portée d'une question européenne. Les autres parcs d'artillerie — illégaux, sont évacués. Calme de plus en plus complet à Paris.

Le lendemain, autre gamme :

C'est à tort que le bruit avait couru hier que les canons de Montmartre avaient été rendus. Ce qui avait donné lieu assez légitimement à l'assertion, c'est que les détenteurs des pièces d'artillerie ayant manifesté l'intention de les rendre aux bataillons auxquels ils reviennent légitimement, on avait purement et simplement envoyé des prolonges pour les ramener sans aucune espèce d'appareil militaire qui pût provoquer les susceptibilités des meneurs. Mais on avait trop compté sur leur bonne foi. Ils ont demandé le mot d'ordre, qui n'a pu être donné, battu le rappel et se sont mis en défense. Peut-être n'y avait-il là qu'un malentendu entre ceux des meneurs qui avaient promis de rendre les canons et ceux qui n'avaient rien promis. Quoi qu'il en soit, la question est moins épuisée que jamais et tout est rejeté dans l'incertitude. On est dans la même perplexité quant aux dispositions du maire de Montmartre, M. Clémenceau, que les uns disent dans les intérêts des meneurs et que d'autres affirment avoir demandé au gouvernement 48 heures, s'engageant à tout arranger dans ce délai. On dit que l'affaire sera mise en délibération aujourd'hui dans le gouvernement, à Versailles, où M. Thiers a dû arriver en compagnie de M. de Larcy.

L'hésitation commençait.

On parlementa avec ce qu'on appelait le mouvement insurrectionnel de Montmartre. Des attelages furent envoyés de nouveau pour ramener les canons ; mais au dernier moment, les détenteurs se ravisèrent en déclarant qu'ils ne rendraient les canons que directement aux bataillons de la garde nationale auxquels ils appartenaient et sur la production des titres en vertu desquels ces bataillons les possédaient.

— Une insurrection qui finit par des chicanes n'est plus dangereuse, disait-on, aussi Paris ne conserve-t-il plus aucune crainte de conflit.

Enfin, tout allait être terminé.

III

LE MONT AVENTIN.

Le Comité de Montmartre s'était formé. Versailles voulant les canons, la résistance de l'insurrection avait grandi. Il eût fallu que le gouvernement prît une mesure plus adroite qu'énergique. Il avait vu les gardeurs de canons se calmer en quarante-huit heures, au sujet de l'entrée des Prussiens ; il devait avant tout chercher à calmer l'irritation qui animait ce mont Aventin, et non pas suivre les conseils des réactionnaires forcenés qui ne veulent tenir compte que de leurs principes, sans jamais faire la part des événements, sans analyser les éléments qu'ils combattent, sans peser leurs mesures, sans même savoir les appliquer avec tact.

On n'avait pas rendu les canons, mais Paris était très-calme. Des divisions avaient éclaté dans le Comité de Montmartre, dont quelques membres voulaient rendre les canons. Tout danger semblait écarté et l'autorité ne devait plus faire qu'une chose : laisser l'agitation se calmer elle-même, sans écouter les conseillers aveugles ou perfides qui la poussait sans plus tarder à entrer dans la voie de la répression.

On prétendait cependant que la majorité du gouvernement était pour la temporisation ; mais cette déclaration fut bientôt mise en doute par la nomination du général Valentin, *provisoirement* chargé de la direction de la préfecture de police.

Pendant ce temps, les meneurs s'agitaient, travaillés par les ambitieux, et par ces gens qui ne cherchent qu'à allumer la guerre civile pour faire naître tous les crimes qu'elle enfante, les détenteurs du Mont Aventin cherchaient à organiser une manifestation ayant pour objet, pour la garde, de revendiquer le droit d'élire son commandant en chef et désignait pour ce poste Monetti Garibaldi. Les adresses des manifesteurs, qui cependant déclaraient traîtres à la patrie tous ceux qui ne les signeraient pas, restèrent presque en blanc, pour la plupart. On ne voulait pas de l'insurrection.

Le 18 mars, à six heures du matin, le rappel fut battu. Voici à la suite de quel événement :

Alors qu'on croyait fermement à une entente cordiale afin de terminer l'incident des canons, le gouvernement, pendant la nuit, avait réussi à faire occuper la butte Montmartre par des gardiens de la paix et des détachements de la ligne. La butte n'avait pas été défendue, mais immédiatement le rappel avait été battu dans les quartiers où la république démocratique et sociale était maîtresse, et la butte avait été reprise, plusieurs régiments de ligne, et particulièrement un que l'on désigne, le 88e, ayant levé la crosse en l'air. Les canons et les mitrailleuses amenés par la troupe, avaient été pris, après une espèce de combat d'artillerie, et l'on prétendait qu'ils n'avaient pas même été longtemps défendus.

C'est dans ces conditions que l'état-major des troupes chargées de l'opération fut fait prisonnier.

La petite troupe du général Faron, qui s'était laissé bloquer, ne parvint à se dégager qu'après quelques heures d'efforts, et en s'ouvrant à la baïonnette un passage à travers une triple ligne de barricades.

A six heures, on continua à construire d'autres barricades à Montmartre, à Belleville, au faubourg Saint-Antoine, et l'inquiétude était d'autant plus grande pour la nuit et pour la journée du lendemain, que des groupes de soldats n'avaient cessé de circuler par les rues, en fraternisant avec la population.

La tournure prise par les événements est d'autant plus regrettable, que les dix-sept députés de Paris, qui avaient signé le récent appel à la conciliation, s'étaient réunis dans la journée du vendredi 17 et avaient décidé d'insister auprès des gardes nationaux de Montmartre et de Belleville, pour la restitution des canons.

Le drame commençait.

Le général Vinoy avait pourtant adressé aux troupes une circulaire leur rappelant énergiquement les devoirs de la discipline, et le futur gouvernement de Versailles rendait des arrêtés supprimant toute publication quotidienne pendant la durée de l'état de siége et interdisant momentanément la publication des feuilles dites démagogiques. Il est vrai qu'on ne tenait aucun compte du décret et que le mouvement né de la fraternisation de Montmartre allait donner à l'insurrection une force véritable.

Nous voulons être très-impartiaux, mais cette fraternisation dont est sortie la Commune n'aurait-elle pas dû être prévue, et considérée comme immanquable par l'autorité.

Le siége de Paris avait fait des frères d'armes des troupes et de la garde nationale. Sous l'Empire, le bourgeois et le soldat n'eussent pu fraterniser. Pendant vingt ans, on les avait entretenus de leur inimitié fatale comme d'une religion en dehors de laquelle il n'était de salut pour aucun d'eux. La guerre avait modifié cela. On n'avait pas tué assez de Prussiens ensemble, mais on en avait tué suffisamment pour ne pas échanger des coups de fusil, surtout pour cette question si simple des canons qui semblait tous les jours tranchée à la satisfaction générale. Donc on fraternisa; puis on se rendit à l'Hôtel de ville, et tandis que le gouvernement se transportait rapidement à Versailles, le 19 mars, le Comité central affirmait son existence en faisait placarder sur les murs la proclamation suivante :

« Citoyens !

» Le peuple de Paris a secoué le joug qu'on essayait de lui imposer.

» Calme et impassible dans sa force, il a attendu sans crainte et sans provocation les fous éhontés qui voulaient toucher à la république.

» Cette fois, nos frères de l'armée n'ont pas voulu porter la main sur l'arche sainte de nos libertés.

» Merci à tous. Vous et la France, jetez les bases de la république acclamée, le seul gouvernement qui fermera pour toujours l'ère des invasions et des guerres civiles.

» L'état de siége est levé. Le peuple de Paris est convoqué dans les comices pour faire des élections communales.

» La sécurité de tous les citoyens est assurée par le concours de la garde nationale.

» Hôtel de ville, 19 mars 1871.

» Le comité central de la garde nationale.

» ASSY, BABICK, BARON, BELLEVRAY, BOURSIER, BLANCHET, DUPONT, FERRAT, GOUTHIER, GROLLARD, GERESME, HOLSE, JOURDE, LULLIER, MOREAU, MORTIER, POUGERET, ROUSSEAU, VALETTE. »

Une autre proclamation disait, en outre :

« Vous nous avez chargés de la défense de Paris et de vos droits.

» Nous avons la conscience d'avoir rempli cette mission, aidés par votre généreux courage et votre admirable sang-froid. Nous avons chassé un gouvernement qui nous trahissait.

» A ce moment, notre mandat est expiré ; nous vous le rapportons, car nous ne prétendons pas prendre la place de ceux que le souffle populaire vient de renverser.

» Préparez-vous donc et faites de suite vos élections communales. Donnez-nous pour récompense la seule que nous ayons jamais espérée : celle de vous voir établir la véritable république.

» En attendant nous conservons, au nom du peuple, l'Hôtel de Ville.

» 19 mars. »

Elle était signée des mêmes noms que la première.

Paris apprit le lendemain que le général Vinoy, ses troupes ainsi que la gendarmerie et les autorités relevant du pouvoir exécutif, étaient installée à Versailles.

Une circulaire, émanant de ce pouvoir, ordonnait aux autorités de la province, sous peine de forfaiture, de n'obéir qu'aux ordres et instructions qui leur seraient transmis de Versailles.

Le départ pour Versailles affirma le triomphe de l'insurrection.

IV

LE GOUVERNEMENT DES INCONNUS.

Les Blanquistes et les internationaux étaient les gens qui, mis en avant par l'insurrection qui venait de prendre possession de Paris à la suite de l'émigration de l'Assemblée, formaient ce fameux comité central dont nous venons de parler.

D'où sortaient-ils, d'où venaient-ils, quels étaient-ils? se demandaient les bourgeois pacifiques et indolents; mystère! On citait bien Blanqui, on le disait même partout, et Blanqui — qui est l'agitateur Benoîton par excellence — était absent pour cause de danger, selon sa vieille habitude; car si le fameux dicton : Faites ce que je dis, et non ce que je fais, peut être appliqué à quelqu'un, c'est à Blanqui plus qu'à tout autre.

Ceux qui venaient après, c'est-à-dire les signataires de la proclamation, étaient parmi ceux qui possédaient un fantôme de notoriété : Assy — qu'on prit tout d'abord pour le chef suprême ou tout au moins le bras droit de Blanqui — son nom commençant par un A — suivant l'usage adopté en tout cas semblable — on le fit signer le premier, ce qui le mit plus en évidence.

Assy pour Paris était l'agitateur du Creusot, un affilié des plus dangereux de l'Internationale, cette inconnue, qui glace d'épouvante tous ceux qui ne la comprennent pas, et plus encore ceux qui la comprennent mal ; Assy l'agent de Rouher pour certains, Assy le clubiste assez éloquent pour d'autres, somme toute l'Assy, illuminé que les membres de la Commune ont fait enfermer pour cause de mollesse.

Lullier, un garçon étrange, convaincu et qui eut le même sort qu'Assy. (Voir le chapitre XIV de ce livre.)

Varlin, compromis dans le procès de l'Internationale ; puis les autres, complétement inconnus, le gouvernement improvisé, non même pas des hommes de la veille, mais de ceux du jour, ils semblaient avoir été pris dans le tas, sur l'heure ; c'était une affaire de circonstance ; ils étaient entrés à l'Hôtel de Ville les premiers, parce qu'ils se trouvaient sur le premier rang des gens qui s'y précipitaient, et la foule avait pris le chemin de l'Hôtel de Ville, parce que la tradition révolutionnaire exige qu'on procède ainsi.

V

L'INTERNATIONALE DÉVOILÉE.

Voici la véridique histoire de l'Internationale. Tant de choses absurdes ont été dites et écrites sur cette association qu'il est temps qu'une histoire impartiale soit publiée sur ce sujet si intéressant à tant de titres.

L'ASSOCIATION INTERNATIONALE DES TRAVAILLEURS.

L'Association internationale des travailleurs, dont l'idée première appartient à Mazzini, a été fondée à Londres, le 28 septembre 1864, dans un meeting auquel assistaient plusieurs délégués des sociétés ouvrières de Paris.

Aux termes de l'article 1ᵉʳ de ses statuts, elle avait pour objet « de procurer un point central de communication et de coopération entre les ouvriers des différents pays, aspirant au même but, savoir : le concours mutuel et le complet affranchissement de la classe ouvrière. »

Un conseil central devait siéger à Londres et se

composer d'ouvriers représentant les diverses nations chez lesquelles l'Association internationale se serait propagée.

Il s'agissait donc de former un immense réseau composé des associations ouvrières de tous pays, les associations d'une même contrée étant groupées autour d'un comité central, et chacun de ces comités étant placé sous la direction d'un conseil omnipotent, siégeant à Londres.

La section française de Paris établit, dès le commencement de l'année 1865, son siége rue des Gravilliers, n° 44, et une commission, placée à sa tête, dirigea la propagande et reçut les adhésions.

Il parut tout d'abord que cette commission restait en dehors du terrain politique et s'occupait fidèlement de réaliser son programme économique.

Mais, en septembre 1866, eut lieu, à Genève, le premier congrès de l'Association internationale.

La section parisienne y envoya de nombreux délégués, au nombre desquels figuraient Malon, Murat, Varlin.

La section qui s'était fondée à Lyon et qui s'était mise en communication avec celle de Paris, déléguait également plusieurs de ses membres, et notamment Richard, dont le nom reviendra plusieurs fois dans le cours de cet exposé.

Parmi les questions soumises au congrès, la plupart étaient étrangères aux intérêts de la classe ouvrière, et démontraient que les promoteurs du congrès étaient tout aussi préoccupés des questions politiques et religieuses que des questions sociales.

Il fut décidé, entre autres résolutions prises, « que les différentes sections de l'Internationale dresseraient des statistiques du travail, publieraient des bulletins mensuels et établiraient ainsi un lien universel qui permettrait d'organiser des grèves *immenses, invincibles.* » Les délégués français acquiescèrent à cette résolution.

A partir de ce moment, les grèves surgissent sur divers points, suscitées et tout au moins encouragées ou soutenues par l'Association internationale.

La section de Paris fait cause commune avec les ouvriers en bronze : elle envoie des subsides aux grévistes de Roubaix, et, faisant hardiment une incursion dans le champ de la politique, elle proteste publiquement contre le projet d'une nouvelle organisation militaire.

Cependant le conseil général convoque le congrès de Lausanne (septembre 1867).

Neuf délégués y représentèrent la section parisienne : Murat était encore de ce nombre.

Le programme contenait notamment les questions suivantes :

« La privation des libertés politiques n'est-elle pas un obstacle à l'émancipation sociale des travailleurs?... Quels sont les moyens de hâter le rétablissement des libertés politiques ? »

Les débats montrèrent que tous les délégués étaient en parfaite communion d'idées et d'aspirations. « Animés d'une haine profonde contre les spoliateurs des deniers du peuple, » ils firent violemment le procès aux gouvernements établis, au régime impérial particulièrement, et votèrent, en définitive, les résolutions suivantes :

« Le congrès, considérant que l'émancipation sociale des travailleurs est inséparable de leur émancipation politique ;

» Que l'établissement des libertés politiques est une mesure première, d'une nécessité absolue ;

» Que la privation des libertés politiques est un obstacle à l'instruction sociale du peuple et à l'émancipation du prolétariat ;

» Que la guerre pèse principalement sur la classe ouvrière, en ce qu'elle ne la prive pas seulement des moyens d'existence, mais qu'elle l'astreint à verser le sang des travailleurs ;

» Que la paix armée paralyse les forces productives et intimide la production en la plaçant sous le coup de menaces de guerre ;

» Adhère pleinement et sincèrement à la ligue de la paix qui se constituera à Genève le 9 septembre, et s'engage à la soutenir énergiquement en tout ce qu'elle pourrait entreprendre pour réaliser l'abolition des armées permanentes et le soutien de la paix ;

» Dans le but d'arriver plus promptement à l'émancipation de la classe ouvrière, à son affranchissement du pouvoir et de l'influence du capital, ainsi qu'à la formation d'une confédération d'États libres dans toute l'Europe ;

» Considérant que la paix, première condition du bien-être général, doit, à son tour, être consolidée par un nouvel ordre de choses qui ne connaîtra plus dans la société deux classes dont l'une est exploitée par l'autre;

» Considérant que la guerre a pour cause première et principale le paupérisme et le manque d'équilibre économique ;

» Que, pour arriver à supprimer la guerre, il ne suffit pas de licencier les armées, mais qu'il faut modifier l'organisation sociale, dans le sens d'une répartition toujours plus équitable de la production ;

» Le congrès ouvrier subordonne son adhésion au congrès de la paix à l'acceptation, par ce dernier, de la déclaration ci-dessus énoncée. »

Ces doctrines, ouvertement révolutionnaires, inspirèrent aussitôt la conduite du bureau de Paris.

En effet, le 4 novembre, les sociétaires se rendaient sur les boulevards et prenaient part à une manifestation dirigée contre l'intervention de l'armée française en Italie.

Sur d'autres points de l'Europe, l'Association internationale affirmait en même temps son but : on était définitivement en face d'une organisation politique, puissante et dangereuse.

L'autorité ne pouvait continuer à la section de Paris la tolérance dont elle l'avait couverte.

Un jugement, en date du 6 mars 1868, condamna les membres du bureau à 100 francs d'amende, par application de l'article 29 du Code pénal, Héligon et Murat étaient parmi les condamnés.

Mais, pendant le cours même des débats, une nouvelle commission se formait et ouvrait une souscription au profit des grévistes de Genève. Varlin, Malon, Combault, faisaient partie de cette commission, dont les membres furent condamnés le 22 mai 1868, à trois mois d'emprisonnement.

Ici s'arrête la première phase de l'existence de l'Association internationale à Paris.

Il n'est pas inutile d'en résumer et caractériser les aspirations et les œuvres, en empruntant à un carnet trouvé en la possession de l'inculpé Malon les lignes suivantes, qui sont écrites de sa main :

« Le spectacle actuel de l'Occident est bien fait pour réjouir les amis de l'égalité dans la liberté. Ce ne sont pas seulement quelques théoriciens de génie qui mettent à nu les vices de l'organisation actuelle, c'est la plèbe elle-même, ce sont les prolétaires qui sapent le vieil édifice de la hiérarchie, de l'autorité, du privilége, de la misère, de l'oppression et de l'ignorance, et jettent les bases d'un État social où tous les êtres seront libres et heureux. L'influence toujours croissante de la grande Association internationale, les grèves qui se multiplient sans cesse, l'agitation ouvrière en Angleterre, en Belgique, en Suisse, en Italie, en Allemagne, en Espagne, en France, en sont une preuve.

» En France, le mouvement s'est accentué d'une façon inespérée. Contentons-nous d'exposer :

» En 1864, des ouvriers français développent à Londres l'idée d'une Association internationale ; en 1865, ils entrent résolûment dans la période des grèves ; en 1866, ils continuent les grèves, y introduisent les principes de solidarité entre les corporations différentes et prennent une part capitale au premier congrès de l'Internationale.

» En 1867, ils agissent dans toutes les grandes questions ouvrières (grèves de Paris, d'Amiens, de Marseille et troubles de Roubaix) avec un ensemble inconnu jusque-là. En réponse aux velléités guerrières du césarisme prussien et français, ils échangent avec les ouvriers allemands des manifestes pacifiques qui n'ont pas peu contribué au maintien de la paix ; ils prennent part au congrès de Lausanne ; ils protestent contre la deuxième expédition romaine, par l'imposante manifestation du 4 novembre.

» En 1868, par l'organe des délégués de l'Internationale, ils flétrissent devant les tribunaux les abus de la société actuelle, se déclarent socialistes et républicains, et décidés à poursuivre leur œuvre de justice, quels que soient les arrêts qui les frappent ; ce disant, ils envoyaient leur obole à leurs frères de Genève, et contribuaient puissamment au succès de ces derniers. »

Il est certain qu'à partir de cette dernière condamnation, les membres de l'Association internationale n'ont pas cessé d'être organisés à Paris, quoique n'ayant plus de bureau officiel, et qu'ils ont continué de poursuivre en secret le but en vue duquel l'Association a été créée.

Ainsi, au mois de septembre suivant, le congrès général s'ouvrit à Bruxelles ; les doctrines socialistes les plus radicales, les résolutions les plus révolutionnaires y furent discutées et adoptées. On déclara que la grève était non un but, mais une nécessité ; on se prononça pour la propriété collective, et Dupont, de Londres, en prononçant la clôture du congrès, s'exprima ainsi :

« Ce que nous voulons renverser, ce n'est pas seulement le tyran, c'est la tyrannie. Nous ne voulons plus de gouvernement, car les gouvernements nous écrasent d'impôts ; nous ne voulons plus d'armée, car les armées nous massacrent ; nous ne voulons plus de religions, car les religions étouffent les intelligences. »

A ces délibérations prennent part Murat, Theiz, Pindy, Flahaut (actuellement inculpés), ainsi que plusieurs autres individus, comme délégués de sociétés ouvrières parisiennes.

Richard y représentait la section lyonnaise de l'Internationale, et Aubry, la section de Rouen.

Tolain, également délégué de Paris, fit la déclaration suivante :

« Le rôle de l'Association a toujours été bien difficile à remplir... Il nous a fallu beaucoup de prudence dans un pays où il n'existe ni liberté de presse, ni liberté de réunion, ni liberté d'association, pour vivre quatre années et jouer un rôle actif pendant les grèves des bronziers, des ouvriers de Roubaix et de Genève... Si l'Association n'existe plus officiellement à Paris, tous nous restons membres de la grande Association, dussions-nous y être affiliés isolément à Londres, à Bruxelles, ou à Genève... Je suis l'organe de tous les ouvriers de France ; nous protestons contre la guerre, et nous espérons que de ce congrès sortira une résolution solennelle, une protestation des travailleurs de tous les pays contre la guerre, qui n'a jamais été faite qu'à l'avantage des tyrans contre la liberté des peuples. »

Puis on donnait lecture d'une lettre des membres de l'ancien bureau de Paris, à ce moment détenus, qui se déclaraient fermement résolus à continuer leur œuvre individuellement, « puisque, disaient-ils, il nous est maintenant impossible d'agir en collectivité. »

Combault, Varlin, Malon avaient signé cette lettre.

« A peine revenus du congrès de Bruxelles, dit Malon dans l'écrit déjà cité, les membres de l'Internationale proclamaient l'avenir du socialisme dans les réunions publiques de Paris et développaient ses principes fondamentaux. Le communisme, qu'on croyait enterré sous les pavés de juin, reparut plus formidable que jamais et déclara ouvertement que l'avenir lui appartenait. »

Et cette propagande socialiste, qui se donnait carrière à la faveur de la nouvelle loi sur les réunions publiques, n'était pas l'œuvre de quelques individus isolés et procédant au gré de leurs dispositions personnelles. Elle était concertée entre les membres de l'Association, qui en réalisaient ainsi, par leurs efforts communs, le programme révolutionnaire.

Aussi Dupont, délégué du conseil général de Londres pour la France, répondant à une communication hiérarchique, écrivait-il à Murat, le 27 novembre 1868 :

« Je savais déjà par les journaux que c'était l'Internationale qui menait les meetings. Je savais aussi — ne touchez pas à la hache. — Vous avez raison de ne pas abandonner le terrain, votre position de condamnés vous donne un grand poids près des travailleurs, profitez de cet avantage pour la propagande de nos idées... »

Et comme il importait évidemment, pour le succès de l'œuvre, que les associés pussent tout à la fois éviter d'agir en secret et ne plus tomber sous le coup de l'article 291 du Code pénal, Dupont ajoute : « Que fait la dernière commission? Ne pouvez-vous trouver un biais pour constituer un bureau? Y a-t-il danger de former des groupes de dix-neuf à vingt personnes correspondant directement avec le Conseil général? Concertez-vous pour aviser à cela ; il faut à tout prix constituer quelque chose de pareil en France... »

Ces instructions s'adressaient si évidemment à un groupe formé et organisé, que Dupont, reprenant avec Murat son langage ordinaire, terminait par cette question : « Penses-tu qu'il y aurait danger pour moi à aller à Paris? »

Pendant que les affiliés de Paris cherchaient ainsi une combinaison qui leur permît d'abandonner leurs menées occultes et de renaître impunément à l'existence publique, l'Association internationale française siégeant à Londres discutait en assemblée publique cette question : « Que fera-t-on le lendemain de la révolution? » Elle organisait un banquet commémoratif du 24 février, puis du 24 juin; on y proclamait la République démocratique et sociale, le drapeau rouge y était arboré, des orateurs provoquaient à l'assassinat politique, et leurs paroles étaient couvertes d'applaudissements.

Le 20 octobre, dans un meeting également organisé par la branche française, le nommé Vésinier lut, au nom de ladite branche, l'adresse suivante, reproduite par le journal la *Voix de l'Avenir*, de la Chaux-de-Fonds, le 8 novembre 1868 :

" RÉPUBLIQUE UNIVERSELLE, DÉMOCRATIQUE, SOCIALE ET FÉDÉRATIVE.

" Liberté, égalité, fraternité et solidarité.

" La branche française de Londres de l'Association internationale des travailleurs;

" Considérant que le manifeste de l'Internationale adopté et publié après le meeting de St-Martin's-Hall, le 28 septembre 1864, à Londres, déclare :

" 1° Que le travail coopératif, limité aux efforts accidentels et particuliers des ouvriers, ne pourra jamais arrêter le développement en proportion géométrique du monopole et de l'exploitation, ni affranchir les masses, ni alléger tant soit peu le fardeau de leurs misères;

" 2° Que les seigneurs de la terre et les seigneurs de capital se serviront toujours de leurs priviléges politiques pour défendre et perpétuer leurs priviléges économiques;

" 3° Qu'en conséquence, la conquête du pouvoir politique est devenue le premier devoir de la classe ouvrière, qui semble l'avoir compris;

" 4° Que les travailleurs doivent se mettre au courant des mystères de la politique internationale; surveiller la conduite de leur gouvernement respectif; la combattre, au besoin, par tous les moyens en leur pouvoir, et enfin, lorsqu'ils seront impuissants à rien empêcher, s'entendre pour une protestation commune et revendiquer les lois de la vérité, de la justice et de la morale, qui doivent servir de base aux relations des individus, et de règle suprême aux rapports entre les nations ; car, combattre en faveur d'une politique de cette nature, c'est prendre part à la lutte générale pour l'affranchissement des travailleurs, à laquelle doivent s'unir les travailleurs de tous les pays. »

« Attendu que le congrès de Lausanne, réuni en septembre 1867, a déclaré :

» 1° Que l'émancipation sociale des travailleurs est inséparable de leur émancipation politique ;

» 2° Que l'établissement des libertés politiques est une mesure d'une absolue nécessité ;

» Par ces motifs, la branche française de Londres déclare que l'Association internationale des travailleurs doit être considérée comme étant une société essentiellement politique, qui doit mettre à l'étude les questions politiques à côté des questions économiques, afin de ne jamais les séparer et de toujours les faire marcher de front ;

» La même branche française, considérant, en outre : ………

» Attendu, 1° que la monarchie, quelle qu'elle soit, ainsi que toutes les oligarchies, les aristocraties, les théocraties et tous les despotismes, sont incompatibles avec la vérité, la justice et la morale, les droits de l'homme et du citoyen, et l'affranchissement complet de la classe ouvrière (choses reconnues et proclamées comme étant la base et le but de l'Association internationale des travailleurs) ;

« 2° Que la forme républicaine, démocratique et sociale est seule en parfaite harmonie avec les principes et le but de l'Association internationale des travailleurs ;

« Par ces motifs, la branche française déclare que l'Association internationale des travailleurs est une société républicaine, démocratique, sociale et universelle, partageant les principes, le but et les moyens proclamés par la commune révolutionnaire de Paris dans ses manifestes ;

« En conséquence, la branche française proteste contre la conduite de certains membres de l'Internationale, qui préconisent l'indifférence absolue en matière politique ; qui déclarent hautement que l'Association internationale des travailleurs ne doit pas être républicaine ; qui ouvrent à deux battants ses portes aux royalistes et aux monarchistes de toutes nuances qui n'ont pas adhéré à l'Internationale, et qui leur facilitent, dans les congrès, la propagande de leurs doctrines opposées à l'esprit des statuts de l'Association ; qui protègent et qui applaudissent ceux qui attaquent et font fi des principes républicains, base de l'Association, et qui insultent la révolution, comme cela a eu lieu au congrès de Bruxelles, etc., etc.

» Signé : DEMONPONT, président.
» VESINIER, secrétaire. »

L'année 1869 s'ouvre, à Londres, par un meeting en faveur de l'attentat d'Orsini.

Partout le rôle politique et révolutionnaire de l'Internationale s'accentue davantage. A Bruxelles, les réfugiés les plus connus, Tridon, Blanqui, Miot, assistent aux réunions les plus importantes de l'Association. C'est de Bruxelles que partira bientôt le signal des mouvements dont l'Internationale a pris la direction, et surtout la fédération des sociétés ouvrières, forme nouvelle sous laquelle elle ne tardera pas à se manifester.

Le journal l'*International*, organe de la section belge, déclare « qu'une grève générale, avec les idées qui règnent aujourd'hui dans le prolétariat, ne peut qu'aboutir à un grand cataclysme, qui ferait faire peau neuve à la société. »

Aussi les grèves deviennent-elles plus nombreuses encore.

La principale éclate à Bâle, où les patrons, contraints de céder, refusent cependant d'admettre dans leurs ateliers aucun ouvrier affilié à l'Internationale.

C'est alors qu'est publié à Paris, en réponse à l'appel des sections de l'Association internationale de Bâle, aux ouvriers de tous les pays, un manifeste adressé aux travailleurs, et portant la signature des principaux membres des anciennes commissions : Landrin, Theiz, Avrial, Combault, Héligon, Pindy, Varlin, Landeck, Collot, etc. Une souscription est ouverte au profit des grévistes de Bâle, chez Varlin et Héligon.

A Genève, en Belgique, à la suite des grèves provoquées par l'Internationale, des conflits sanglants se produisent. La section lyonnaise de l'Association envoie aux ouvriers belges une adresse chaleureuse. Les mineurs de la Loire suivent bientôt l'exemple des travailleurs belges. Les ovalistes de Lyon refusent le travail, et Richard provoque l'affiliation de cette corporation, dont il envoie l'adhésion au comité de Bruxelles.

Quelle est, dans cet intervalle, la situation de l'Internationale à Paris? La section est-elle définitivement dissoute, ou bien les membres qui la composent, fidèles à leurs promesses, continuent-ils à agir dans l'ombre, en attendant le moment propice pour lever le masque?

Des déclarations faites au congrès de Bâle, qui s'ouvre le 6 septembre 1869, ne laissent aucune obscurité sur ce point.

On retrouve, parmi les délégués des corporations parisiennes, Varlin, Flahaut, Murat, Pindy.

Le congrès décide que le droit de discuter et de voter n'appartient qu'aux délégués des sociétés directement affiliées à l'Internationale, ou des sociétés ouvrières qui ont manifesté le désir de s'affilier, mais que les lois de leur pays empêchent de le faire.

Une discussion s'élève relativement à la situation d'un délégué, mais les susnommés sont admis, sans contestation, à prendre part au congrès ; les sociétés qu'ils représentaient étaient donc en règle avec l'Internationale.

On traite la question de la législation directe par le peuple, et sur cette thèse, dont la véritable portée se cache sous une formule adoucie, un orateur s'exprime ainsi : « L'Internationale est et doit être un État dans les États ; qu'elle laisse ceux-ci marcher à leur guise, jusqu'à ce que notre État soit le plus fort. Alors, sur les ruines de ceux-là, nous mettrons le nôtre tout préparé, tout fait, tel qu'il existe dans chaque section : « Ote-toi de là, que je m'y mette, » telle sera la question. »

Se serait-on exprimé en des termes aussi généraux si la section française, dont l'importance est considérable, eût manqué à ce moment d'une organisation identique à celle des sections qui pouvaient arborer librement leur drapeau?

Au surplus, l'existence de la Société parisienne est affirmée par une lettre signée Harlé, du Cercle d'études sociales, qui déclare s'être constitué en section de l'Internationale.

Malon écrit au nom du groupe de soixante-quatorze membres qui s'est constitué à Paris sous le nom de « Travailleurs unis » et s'affilie également à l'Internationale. Ce groupe, ajoute-t-il, travaille activement à en former de nouveaux en province; il est déjà parvenu à en former un à Roubaix, Lille et Tourcoing.

Murat explique la situation qu'occupent les sociétés ouvrières parisiennes, et dit qu'après la dissolution du bureau de Paris par la justice française, l'esprit de l'Internationale s'est répandu dans toutes les sociétés ouvrières : « Différents petits groupes de notre Association se réforment. Les sociétés de Paris, quoique partageant nos principes, n'ont pas encore effectivement adhéré à l'Internationale, parce qu'elles veulent se fédérer entre elles, ce qui serait déjà fait, sans l'intervention de la police lors des dernières élections, ainsi que l'affirme le manifeste qu'elles viennent de publier ; sans ces entraves, elles auraient adhéré en masse. »

Varlin s'exprime avec plus de netteté encore. Voici la note trouvée à ce sujet dans ses papiers :

« Depuis notre condamnation, un grand nombre de travailleurs qui auparavant ne s'étaient jamais occupés de l'Internationale, sont venus à nous pour nous demander s'il était encore possible d'adhérer. L'idée que l'Association continuait d'exister à Paris se répandait et se perpétuait dans les masses ouvrières aussi bien que parmi la bourgeoisie inquiète. Il est vrai que nous n'avons manqué aucune occasion de répandre ses principes et d'affirmer la solidarité internationale... Nous avons commencé à reconstituer, sous divers prétextes, des groupes de travailleurs qui doivent devenir de nouvelles sections de l'Internationale. Le Cercle d'études sociales, les Travailleurs unis, dont on vous a lu les adhésions, sont deux groupes formés dans cette intention. Nous avons également fait de nouveaux efforts auprès des sociétés coopératives qui, jusqu'alors, ont marché avec l'Internationale, pour les amener à faire leur adhésion directe. Déjà la Société de la solidarité des typographes a voté son adhésion ; la Société des ouvriers relieurs, que je représente, n'est donc plus la seule section parisienne. Il est probable qu'à notre retour de Bâle, nous réussirons à entraîner les autres corporations à faire de même. Ainsi, vous le voyez, l'Association internationale n'est pas morte à Paris et y est plus vivace que jamais. »

Le congrès se sépare enfin, et voici en quels termes Murat, rendant compte de sa mission à la Société des mécaniciens, dont il était le délégué, termine son rapport :

« Dans la dernière séance administrative, il a été décidé que le prochain congrès se tiendrait à Paris, chacun espérant que les événements qui sont dans l'air rendront la chose possible, et l'assemblée se sépare en poussant un cri d'espérance, qui est sans doute sur toutes vos lèvres, mais que pourtant je dois m'abstenir de répéter ici... » (Manuscrit saisi chez Dugansquié.)

Parmi les documents trouvés au domicile des affiliés à Paris, à Lyon, à Marseille, à Brest, à Rouen, il en est qui renferment la preuve éclatante de l'existence occulte que continuait à mener, conformément aux déclarations qui viennent d'être rapportées, le groupe des affiliés parisiens, des intelligences entretenues par eux avec la province pour susciter ou soutenir les grèves, ainsi que de leurs efforts pour propager les doctrines de l'Internationale et s'ingérer dans le mouvement des affaires politiques.

Ainsi, dès le 25 octobre 1868, Bastelica, de Marseille, informait Murat qu'un groupe de socialistes adhérant à l'Association internationale, avait porté son nom sur une liste de candidats aux élections prochaines, et, le 29 novembre, il lui écrivait de nouveau en ces termes :

« Le citoyen Gerniche m'a communiqué votre lettre collective ; je tiens à vous donner une opinion qui, quoique purement personnelle, reflète celle de tous nos amis... Sur la liste des dix candidats figure un des nôtres, le citoyen Delpech, teneur de livres, homme jeune, convaincu, estimé, ex-trésorier de l'Association internationale. C'est vous dire que le même esprit nous anime, et qu'à ces indices nous sommes sûrs de marcher tous d'accord et de front dans la prochaine campagne électorale... »

Varlin se préoccupe aussi avec ardeur de la question électorale, comme le prouvent les lettres suivantes :

« Paris, le 8 janvier 1869.

» MON CHER AUBRY,

» Duret m'a communiqué la lettre qu'il vient de recevoir de vous, ainsi qu'il m'avait fait part de celles que vous lui aviez adressées antérieurement, relativement à la grève.

» Je sais avec plaisir que les *trade-unions* s'occupent de venir en aide aux cotonniers ; mais j'avais cru tout d'abord que votre lettre à Londres avait surtout pour objet une demande de renseignements sur les salaires des cotonniers anglais et les prix de vente des cotonnades, ce qui me paraissait très-intéressant à savoir, en présence de l'entente annoncée par la circulaire des ouvriers de Sotteville-lès-Rouen entre les manufacturiers en coton, pour arriver à réduire le prix de revient, très-probablement en faisant subir à leurs ouvriers une réduction de salaire.

» Lorsque nous avons reçu votre premier appel avec la circulaire, nous avions pensé que la grève n'avait pas une grande importance comme chiffre ; que les districts cotonniers pouvaient à peu près suffire à la soutenir et que vous nous demandiez plutôt notre appui moral que matériel. Aussi nous sommes-nous contentés d'ouvrir une souscription dans la reliure et parmi les amis avec lesquels nous nous trouvons en relations journalières, nous réservant de faire appel à toute la population ouvrière de Paris, si la grève se généralisait, c'est-à-dire si les manifestations mettaient à exécution la résolution que vous signalez dans la circulaire.

» Vous devez comprendre que la souscription est un moyen dont il faut user, mais non pas abuser, parce qu'alors on arrive à l'épuiser. Or, à Paris, nous avons presque continuellement des souscriptions en cours dans chaque profession, soit pour un camarade frappé par un accident, soit pour soutenir une grève dans une profession similaire ou avec laquelle on se trouve presque en contact permanent, et il faut qu'une grève prenne des proportions assez vastes pour que l'on puisse faire un appel général avec chance d'être entendu : par exemple, la grève des bronziers, qui comptait 3,000 à 4,000 ouvriers, la grève de Genève, qui comprenait une dizaine de professions à la fois.

» Si la grève des ouvriers devait prendre une plus grande extension, vous pouvez compter que nous ferions des efforts héroïques pour les soutenir. Mais jusque-là nous avons cru devoir nous contenter de faire circuler notre souscription entre nous et sans bruit. Vous nous direz si les efforts faits par vous près des cotonniers des autres maisons nous permettent d'arriver à un résultat favorable. Dites-leur bien qu'ils doivent se soutenir entre eux d'abord, afin de mériter l'appui de leurs frères des autres pays, dans le cas où la lutte se généraliserait. Dites-leur surtout qu'ils doivent se grouper, s'organiser, se solidariser, entrer dans la ligue internationale des travailleurs, pour s'assurer le concours de tous et pouvoir parer à toutes les mauvaises éventualités. Ai-je besoin d'ailleurs de vous dire cela? C'est ce que vous faites, et cette grève doit être pour vous une bonne occasion de propagande.

» Vous regrettez avec raison de ne pas avoir un journal pour défendre la cause du travailleur, notre cause contre les journaux des bourgeois. A ce propos, qu'est donc devenu votre projet de journal? Vous n'avez sans doute pas réuni la somme nécessaire pour commencer. Je vous envoie ci-joint un programme dont nous a saisi Cluseret, notre codétenu à Sainte-Pélagie. Il l'a fait sur la demande qui lui a été adressée par une profession assez importante. Je doute de la possibilité de réaliser ce projet; mais on pourra le modifier. Dites-nous donc, dans une prochaine correspondance, quelles ressources vous avez pu réunir comme argent, et comme rédacteur ce qu'il vous fallait pour marcher.

» Vous avez sans doute reçu le journal l'*Égalité*, organe des sections de l'Association internationale de la Suisse romaine. Le numéro spécimen annonce à ses abonnés l'espérance d'une correspondance de Rouen; c'est sans doute vous ou l'un de votre groupe qui en a pris l'engagement. Quant à la candidature ouvrière, je vois avec plaisir que vous êtes résolus à la poser. Lyon s'est déjà prononcé dans ce sens. Marseille nous a adressé une demande de renseignements. J'espère que nous allons bientôt nous entendre à ce sujet, et que, malgré les abstentionnistes, *Prudhommes enragés*, nous entrerons dans la lice électorale concurremment avec les républicains bourgeois de toutes nuances, afin de bien affirmer la scission du peuple avec la bourgeoisie.

» Salut fraternel à tous nos amis de Rouen.

» Signé : E. VARLIN. «

« Le 9 janvier 1869.

» La grève des fileurs en laine de Vienne (Isère) est terminée. La *caisse du sou* leur avait voté un prêt de 1,000 francs, dont 500 avaient été envoyés de suite; mais ils ont fait retour immédiatement, attendu que la grève venait de se terminer lorsqu'ils sont parvenus. Les fileurs avaient épuisé toutes leurs ressources; et comme leur grève mettait en chômage toutes les autres spécialités lainières, ils ont cru devoir se contenter de quelques légères concessions que leur ont faites les patrons.

» Tout à vous,

» Signé : E. VARLIN. »

Le 18 du même mois, le groupe rouennais de l'Internationale accuse réception aux ouvriers bronziers de Paris, dont un délégué a figuré au congrès de Bâle, d'une somme d'argent qui leur avait été avancée lors de leur grève et dont le remboursement a été fait par Johannard, alors à Londres. On y rend compte ensuite de l'état de fédération des sociétés de Rouen et des préparatifs accomplis pour la guerre industrielle que le travail déclare au capital.

A la même époque, on trouve les membres de la section parisienne en relation avec les grévistes de divers pays. Le 25 février, Varlin envoie aux ouvriers de Bâle les fonds produits par une souscription : de nombreuses sociétés ouvrières ont déjà contribué à leur envoyer des subsides. Des efforts vont être tentés pour en obtenir de nouveaux. Les ouvriers bronziers notamment fournissent des fonds, par l'intermédiaire de Varlin et de Pindy, soit aux grévistes de Bâle, soit à ceux de Marseille.

Les relations des affiliés de Paris avec le conseil général de Londres n'ont pas cessé le 14 mai. Dupont, secrétaire pour la France, profite du voyage d'un ami pour envoyer à Murat le programme du congrès de Bâle, l'appel pour les ouvriers belges, la deuxième résolution du conseil au sujet de l'alliance socialiste. " Le programme et l'appel, dit-il, arriveront aux journaux aussitôt que tu recevras la présente. Si, en dehors des journaux dont la liste est ci-jointe, tu peux faire insérer, nous comptons sur toi pour cela et aussi pour faire circuler ces pièces parmi les intéressés... Que penses-tu des élections? serons-nous battus ? »

Ce n'était pas à un simple affilié, à un adhérent isolé que s'adressait en ces termes le secrétaire du conseil général. Murat était en réalité l'intermédiaire accrédité des communications destinées au groupe constitué à Paris. En effet, le 27 juillet 1869, en vue sans doute du congrès qui allait s'ouvrir et afin de lui assurer des adhésions sans provoquer aucun éclat compromettant, le conseil général prenait la résolution suivante :

 « ASSOCIATION INTERNATIONALE DES TRAVAILLEURS.

CONSEIL GÉNÉRAL A LONDRES.

» 256, High Holborn W. C.

» *Au citoyen Murat, correspondant de l'Association internationale des travailleurs.*

« Le conseil général a, dans sa séance du 27 juillet 1869, voté à l'unanimité la résolution qui suit :

» Le citoyen Murat, demeurant à Paris, correspondant de l'Association internationale des travailleurs, est autorisé à faire et recevoir les adhésions particulières ou collectives à la susdite Association, à recueillir les souscriptions, cotisations et toutes choses qui ont pour but la propagation de l'Association internationale des travailleurs.

» En conséquence, le conseil général donne pleins pouvoirs au citoyen Murat.

» Au nom du conseil général et pour copie conforme,

« Signé : EUGÈNE DUPONT,
» Correspondant pour la France. »

Et ce mandat, au moins superflu si la section eût été réellement dissoute, était adressé à Murat en qualité de correspondant de l'Association internationale, à Paris.

En le lui notifiant, le 31 juillet, Dupont dit à Murat : « J'ai reçu l'argent des bronziers, mais je n'ai pas reçu les lettres de Camélieat; donne-lui les adresses que je t'ai données .. Nous avons voté au conseil les pouvoirs ci-joints pour les correspondants. Je crois que cela facilitera la propagande ; car si on ne peut ouvrir officiellement des sections, on peut toujours adhérer individuellement. Les correspondants recevront les adhésions et les cotisations et enverront le tout au conseil. Je suis chargé de rappeler aux correspondants que les sections devront payer leurs cotisations pour être admises au congrès de Bâle... Tâchez de profiter des persécutions policières pour engager les sociétés à se faire représenter au congrès. »

Tandis que Bastelica échange avec Murat une correspondance significative au sujet des élections, des grèves et du mouvement socialiste, Varlin accuse réception à Aubry, le 6 août, d'une somme d'argent envoyée par les sociétés de Rouen pour les familles des citoyens arrêtés à la suite des troubles du mois de juin. Sa lettre est ainsi conçue :

« Paris, le 6 août 1869.

» Mon cher Aubry,

» J'ai reçu votre lettre du 30 juillet dernier avec envoi de 100 francs pour les familles des citoyens arrêtés à la suite des élections, au mois de juin dernier.

Je vous en remercie au nom de tous nos camarades de Paris. Mais je dois surtout vous féliciter pour votre envoi de secours aux ovalistes de Lyon. Nous étions très-peinés de ne pouvoir rien faire pour elles, à Paris ; aussi sommes-nous d'autant plus heureux, que les autres sections de l'Internationale aient pu suffire à les faire triompher.

» En voyant tant de grèves se produire à la fois, nous avions craint de voir les ouvriers échouer dans la plupart des cas. Heureusement il en a été autrement, à Lyon surtout, où presque toutes les corporations qui ont « grévé » ont obtenu de ne plus faire que dix heures de travail. Je considère toujours la diminution de la durée de la journée comme un résultat supérieur à l'élévation du salaire ; vous savez pourquoi.

» Quant à votre opinion que l'élément bourgeois n'a pas été étranger aux deux tiers des grèves qui se sont produites dans ces derniers temps, je reste d'un avis contraire au vôtre, mais je n'essaierai pas de vous faire accepter mon opinion ; je n'ai pas le temps plus que vous d'engager une correspondance interminable sur ce point. Si nous nous rencontrons à Bâle ou à Paris, nous en reparlerons. Cependant, si je nie que les bourgeois soient intervenus dans les grèves, je reconnais très-volontiers qu'ils ont tiré tout le parti possible de ce mouvement pour en faire retomber tout le poids sur notre organisation politique et sociale, et précipiter la révolution politique en excitant le mécontentement général. Je ne puis ni le regretter ni les en blâmer, car dans ce cas ils nous servent en même temps qu'eux.

» Maintenant, je tiens à relever encore un point de votre dernière. Vous semblez croire que le milieu dans lequel je vis est plus préoccupé de la révolution politique que des réformes sociales. Je dois vous dire que, pour nous, la révolution politique et les réformes sociales s'enchaînent et ne peuvent pas aller l'une sans l'autre. Seule la révolution politique ne serait rien ; mais nous sentons bien, par toutes les circonstances auxquelles nous nous heurtons, qu'il nous sera impossible d'organiser la révolution sociale tant que nous vivrons sous un gouvernement aussi arbitraire que celui sous lequel nous vivons.

» Vous vous rappelez que dernièrement nous, les délégués des sociétés ouvrières, nous nous réunissions pour discuter un projet de fédération. Eh bien, nos réunions ont été interdites par la préfecture. Nous avions adressé au préfet une demande d'explications signée de trente corporations, — pas de réponse. Nous avons écrit au ministre, — pas de réponse. Nous allons nous adresser à l'opinion publique. Nous avons rédigé un manifeste que nous allons faire signer par toutes les commissions ouvrières, puis nous le livrerons à la publicité et nous reprendrons notre œuvre quand même.

» Salut fraternel,

« Signé : E. Varlin. »

Ci-joint les statuts de la caisse des 5 centimes.

« Paris, le 18 août 1869.

» Mon cher Aubry,

» Je vous envoie ci-joint une lettre du citoyen

Franquin, l'un des membres les plus dévoués du comité de solidarité des imprimeurs lithographes. Je ne doute pas que vous lui fassiez savoir les renseignements dont il a besoin. C'est pourquoi je l'ai adressé à vous.

» Je vous envoie en même temps le reçu de 100 francs que vous m'avez demandé dans votre dernière lettre comme pièce de comptabilité nécessaire à votre caissier, car j'ai pensé que mon accusé de réception, qui s'est croisé avec votre dernière lettre, pourrait suffire provisoirement en attendant une occasion.

» Je n'ai rien à vous apprendre de neuf.

» Les corporations ouvrières se préparent à envoyer d'ici une quinzaine de délégués pour le congrès de Bâle. La police est très-entêtée et met toutes les entraves possibles à la nomination des délégués et à la discussion du programme.

» Malon est revenu de Tourcoing, où il n'a pu travailler, ayant été signalé dès son arrivée comme un des chefs les plus actifs de cette terrible Association Internationale des travailleurs. Mais son voyage n'est pas perdu pour la cause, car si les patrons l'ont mal reçu, il n'en a pas été de même des ouvriers ; et pour utiliser son déplacement ainsi que l'accueil sympathique qui lui était fait par les travailleurs, il a fait constituer plusieurs sections de l'Internationale à Roubaix, Tourcoing, Watrelos, et autres petits pays voisins.

» L'amnistie du 15 a mis en liberté tous les prisonniers dont nous soutenions les familles. Il nous reste une somme assez forte pour une autre occasion.

» Je vous serre fraternellement la main.

» Signé E. VARLIN. »

Cependant l'agitation qui a accompagné et suivi les élections générales, les espérances qu'ont fait concevoir certains succès de l'opposition, les excitations de la presse, tout provoque les révolutionnaires socialistes affiliés à l'Internationale à abandonner leur situation effacée pour prendre une attitude vraiment militante et se concerter en prévision des événements qui peuvent surgir.

En effet, le 1er octobre, Bastelica indique à Richard. de Lyon, combien il serait utile qu'il pût se rencontrer dans cette ville avec Aubry, correspondant des sociétés rouennaises.

En même temps (3 octobre), le Cercle des études économiques de Rouen adresse aux fédérations ouvrières internationales un appel en faveur des grévistes d'Elbeuf.

Varlin répond à cette demande : « J'ai envoyé une de vos circulaires avec une lettre aux fileurs de laine de Vienne ; ils répondront sans doute à votre appel.

» J'ai envoyé également votre circulaire à l'Égalité de Genève et à l'Internationale de Bruxelles, ainsi qu'aux principaux journaux démocratiques de Paris. Le *Réveil* d'hier soir l'a reproduite *in extenso*.

» Je ne suis point du tout surpris de l'accident qui vous arrive. Je comprends très-bien la haine que vous devez inspirer à la bourgeoisie, et vous devez reconnaître comme moi qu'il est naturel qu'elle se venge de vous. Nous sommes en guerre ouverte. Nous devons nous attendre à tous les mauvais coups que pourront nous porter nos adversaires.

S'il vous était possible de vous créer à Rouen une petite position indépendante, cela serait très-heureux pour vous et surtout pour notre cause ; car cela vous permettrait de prendre des allures plus rudes et surtout plus révolutionnaires. Dans le cas très-regrettable où vous seriez forcé de quitter Rouen, la société des lithographes de Paris vous assure du travail ici.

„ Courage et salut fraternel à tous les amis, et à vous une bonne poignée de main.

„ Signé Varlin. »

Le 9 octobre, Varlin insiste encore auprès d'Aubry pour qu'il empêche la grève d'Elbeuf de se généraliser quant à présent.

Cette correspondance indique clairement le rôle prépondérant que les chefs de l'Internationale exerçaient dans ces conflits entre les ouvriers et leurs patrons, pour les exciter ou les modérer à leur gré. Il en ressort, avec non moins de netteté, la preuve de l'influence et de l'autorité dont disposait Varlin, et qu'il ne pouvait tenir que de sa situation hiérarchique dans l'Association.

Les 16, 17, 20 octobre, Varlin envoie 900 francs, 600 francs, 300 francs, provenant de souscriptions ou de prêts. Le 2 novembre, en faisant un nouvel envoi de 1,000 francs, il conseille à Aubry de « profiter de la grève pour constituer l'Association des ouvriers fileurs, recommandée par le congrès. »

Les subsides arrivent de divers côtés. Bastelica qui, le 16 octobre, informait Richard du rendez-vous pris par les membres d'une réunion dissoute à Marseille, pour le 26 octobre, à une heure, sur la place de la Préfecture, « afin d'y tenir un meeting... en attendant mieux, » Bastelica annonce, le 25, qu'il a envoyé 1,050 francs à Aubry pour la grève, et il demande à Richard si, dans le cas où ses amis et lui auraient besoin de secours pour soutenir celles qui viennent de se produire à Marseille, il pourrait les faire créditer d'un millier de francs par une section de l'Internationale ou toute autre association : « Après la grève des vanniers, dit-il, nous avons celle des layetiers. J'espère que ce n'est pas mal ! »

Le 26 octobre, le même Bastelica écrit à Murat : « ... Notre fédération est bien lancée, et dans deux mois ma présence à Marseille ne sera plus aussi nécessaire. Si cette époque concorde avec l'affaire Pyat, j'irai volontiers rejoindre et grossir la grande armée de Paris.

» C'est entendu, je m'en rapporte à vous ; en tous cas, nous nous verrons prochainement, vous allez savoir où... »

Le 4, le 8, le 16 novembre, Varlin transmet encore des fonds à Aubry, et lui adresse les lettres qu'on va lire :

Paris, le 4 novembre 1869.

» Mon cher Aubry,

» Je vous envoie ci-joint 800 francs, dont 300 francs comme deuxième prêt de la Société des bronziers et 500 francs de souscriptions. Mais je dois vous déclarer avec regret que, pour cette semaine, c'est tout ce que je puis vous envoyer : je dépasse même le chiffre des souscriptions reçues jusqu'à ce jour.

» Nous sommes en ce moment dans une situation excessivement difficile, par rapport à la grève des mégissiers, qui s'est généralisée depuis la semaine dernière et qui compte un millier de gréveurs. Les délégués des sociétés parisiennes, dans les assemblées générales des mégissiers, ont poussé à la grève générale et ont promis le concours matériel et moral de toutes les sociétés. Nous sommes donc, toutes les sociétés parisiennes, engagées dans l'affaire. Ce ne sont plus les ouvriers mégissiers qui luttent contre leurs patrons, mais bien toutes les sociétés ouvrières de Paris.

» Or, dans la situation financière où nous nous trouvons en ce moment, il nous faut faire un suprême effort; aussi je ne me suis plus présenté nulle part depuis cette semaine pour obtenir des prêts, et je ne crois pas possible de me risquer la semaine prochaine à de nouvelles demandes. Quant à la souscription, on en ouvre une pour les mégissiers; la nôtre va donc se trouver arrêtée maintenant, après avoir été entravée, à son début, par celle en faveur des victimes d'Aubin. En présence de la gravité de cette situation, j'ai écrit à Bruxelles et à Berlin, mais Bruxelles ne répond pas; cependant ma lettre a dû parvenir il y a déjà huit jours. Se sont-ils adressés à vous? Vous ne m'en dites rien.

» Pour ce qui est de Berlin, ce n'est que lundi dernier que j'ai écrit à la fédération des sociétés ouvrières Lasalliennes de l'Allemagne. J'ai fait appuyer ma demande par la section des démocrates socialistes allemands de Paris; j'espère un bon résultat, mais ça ne peut être que pour la semaine prochaine.

» J'ai transmis votre lettre au citoyen Verdure, pour qu'il fasse entrer, dans sa Chronique de la grève, tous les faits qu'elle contient.

» Quand vous voudrez envoyer quelques articles au *Travail*, ils seront bien reçus.

» Salut fraternel.

» Signé VARLIN. »

» Paris, le 8 novembre 1869.

» Mon cher Aubry,

» Je tiens à vous écrire ces quelques mots, afin de vous faire savoir dans quelle situation nous nous trouvons ici et vous prévenir à temps que vous ne pouvez pas compter sur Paris cette semaine, afin que vous puissiez faire un nouvel effort auprès des autres sections pour en faire surgir les ressources dont vous avez besoin.

» Je vous ai déjà parlé de la grève des mégissiers et de la position difficile dans laquelle elle nous met. Les délégués des sociétés ouvrières se sont engagés moralement, dans leurs assemblées générales, en les poussant à la grève générale et leur assurant le concours pécunier des sociétés ouvrières. L'engagement une fois pris devant les ouvriers et même devant les patrons mégissiers (car tous les membres de la chambre syndicale des patrons se sont présentés à une assemblée générale des ouvriers à laquelle ils avaient été invités), chacun a tenu à honneur que l'assurance faite carrément, mais sans avoir compté, ne soit pourtant pas vaine, et nous avons dû faire d'énormes efforts pour arriver à faire la paye.

» On avait pensé que la grève ne pourrait pas durer plus de huit jours, à cause de la quantité considérable de marchandises en fabrication (un million environ), et qui doit être à peu près complétement perdue, si elle reste en souffrance pendant quinze jours ou trois semaines au plus. On espérait que les patrons se rendraient si la première paye était faite intégralement, car les patrons pensaient que l'on ne trouverait pas la somme en quatre jours. Il fallait 8,000 francs. La première paye a été faite, mais les patrons ne se sont pas rendus : nouvelle assemblée générale des ouvriers mégissiers, nouvelles assurances des délégués ; puis, après l'assemblée, réunion des délégués pour aviser. Il fallait pour le dimanche, hier, 12,000 francs. Dans des temps ordinaires, cette somme se serait trouvée assez facilement, mais aujourd'hui les caisses sont épuisées. Cependant on l'a trouvée à peu près, et la paye a pu être faite, mais au prix de quels efforts !

» Aujourd'hui nous nous préparons pour la paye de dimanche prochain. Les sociétés déplacent leurs derniers fonds, vendent leurs dernières actions ; la souscription dans les ateliers est lancée à toute outrance, et, pour faire argent de tout, nous allons faire une réunion publique cette semaine sur la question des grèves actuelles, car nous ne devons pas oublier que, outre les mégissiers, nous avons les brossiers pour peintres en grève depuis six semaines ; les tisseurs en canevas depuis huit semaines ; les doreurs sur bois depuis quinze jours, et... tous les fileurs de laine, que l'on n'oublie pas absolument. Si quelques-unes de nos grèves se terminaient, nous pourrions encore vous aider; mais vous devez comprendre qu'en ce moment tous nos efforts sont pour Paris.

» Déjà, plusieurs fois, on m'a demandé s'il n'était pas possible d'obtenir quelque chose de la province ou de l'étranger. Mais j'ai répondu que la province vous soutenait; quant à l'étranger, vous connaissez mes démarches. Jusqu'aujourd'hui, pas de résultat. Je serais heureux de savoir si Bruxelles s'occupe de nous; secouez-les donc. Je vais encore écrire aujourd'hui moi-même. J'ai reçu votre manifeste que j'ai porté immédiatement à la *Réforme* et au *Réveil*. Il paraîtra sans doute demain.

» Le *Travail* ayant publié une correspondance d'Elbeuf qui le résume parfaitement, il n'y a pas lieu de l'y faire reproduire. »

« Le 9 novembre.

» Notre réunion publique aura lieu dimanche prochain : veuillez m'envoyer pour ce jour les dernières nouvelles de notre grève, afin que nous puissions les faire connaître.

» A vous fraternellement.

» Signé Varlin. »

« Paris, le 16 novembre 1869.

» Mon cher Aubry,

» Je vous envoie ci-joint 200 fr. de souscription que j'ai reçus la semaine dernière.

» Notre situation est toujours la même.

» La grève des mégissiers se continue, malgré les

pertes considérables éprouvées par les patrons. Nous savons de source certaine que tous les membres de la chambre syndicale paternelle des cuirs et peaux se sont solidarisés pour soutenir cette grève, c'est-à-dire qu'ils indemnisent les patrons mégissiers des pertes qu'ils subissent. Il ne nous paraît même pas impossible que toutes les chambres syndicales des patrons qui composent ce qu'ils appellent l'Union nationale du commerce et de l'industrie, se soient liguées pour couler les sociétés ouvrières, en leur faisant épuiser leurs caisses par plusieurs grèves interminables, car jamais nous n'en avons eu de cette durée.

» Après sept semaines de lutte, les brossiers pour peinture ont succombé la semaine dernière. Les sociétés qui les avaient soutenues d'abord ont dû les abandonner, pour centraliser tous leurs efforts en faveur des mégissiers.

» Les tisseurs en canevas entrent aujourd'hui dans la dixième semaine de grève; mais comme ils sont peu nombreux, et qu'ils se sont imposé de réels sacrifices, on les soutiendra jusqu'au bout, malgré la grève des mégissiers.

» La réunion publique dont je vous parlais dans ma dernière lettre s'est tenue dimanche et a parfaitement réussi.

» Dans le prochain numéro du *Travail,* vous en aurez le compte rendu. En attendant, je puis vous dire que les orateurs, presque tous délégués, ont parfaitement fait ressortir la gravité de la lutte engagée actuellement entre le peuple et la bourgeoisie.

» Nous avons tous conclu à la généralisation des

sociétés coopératives de résistance et à la fédération. Nous avons la conviction que cette réunion aura un excellent résultat sur la marche du mouvement actuel. »

Enfin, Varlin écrit à Aubry, le 2 décembre : « Nous avons déjà dépensé 51,000 francs pour les mégissiers, et cependant, depuis la première semaine, nous avons toujours été à court de fonds... »

Jusqu'à ce moment, on le voit, l'action des membres de l'Internationale est restée secrète sur tous les points où elle se produit. L'Association ne tardera pas à révéler plus nettement son existence, d'abord sous la forme prudente et transitoire d'une fédération des sociétés ouvrières de Paris, puis, lorsque les événements politiques auront marché et que le succès paraîtra prochain, en reprenant son nom et son organisation primitifs.

Dès le mois de mai 1869, la société des ouvriers et ouvrières relieurs de Paris, section de l'Internationale, communiquait aux autres sociétés ouvrières, dans un manifeste signé Varlin, président, l'appel adressé par le conseil général de Londres aux membres de l'Association internationale et aux sociétés ouvrières, en vue du prochain congrès de Bâle, pour les presser de s'y faire représenter.

Le 30 du même mois, une réunion générale extraordinaire des délégués de sections ou de groupes corporatifs était tenue dans la salle des Folies-Belleville ; on y adoptait l'envoi de représentants au congrès, et, en outre, un projet de fédération ayant pour but de relier, au moyen d'une chambre fédérale, les diverses sociétés ouvrières, sociétés de résistance, syndicats, etc.

« Ce pacte, disaient les statuts, a pour objet la mise en œuvre des moyens reconnus justes par les travailleurs de toutes professions, pour les rendre possesseurs de tous les outillages et les créditer, afin qu'ils puissent se soustraire à l'arbitrage du patronat et à l'exigence du capital... La fédération a également pour but d'assurer à chacune des sociétés adhérentes, dans le cas de grève, l'appui moral et matériel des autres groupes, au moyen de prêts faits sous la responsabilité des sociétés emprunteuses. »

A la tête de ce mouvement se trouvaient tous les anciens affiliés du bureau de Paris : Murat, Tolain, Varlin, etc.., ainsi que les principaux membres du comité de résistance des ouvriers bronziers, Chalain, Theiz, etc.

Quel était le but véritable que poursuivaient les auteurs de cette fédération? Ils se proposaient, on ne peut en douter aujourd'hui, de faire revivre sous cette forme, avec tous ses moyens d'action, l'Internationale elle-même.

L'un des hommes qui y ont pris la plus large part, Pindy, a fait cette déclaration significative :

« J'ignore si c'était réellement la même chose; mais ce qui est certain, en effet, c'est que la fédération avait le même but, par les mêmes moyens, c'est-à-dire l'affranchissement des travailleurs par l'organisation et la solidarité des sociétés ouvrières. »

Une autre réunion pour la constitution de la fédération fut encore tenue le 20 juin : le caractère véritable de cette institution s'y manifesta sans équivoque; on y rendit compte de l'état de la grève des bronziers de Lyon, et on annonça qu'un délégué des Lyonnais devait venir demander des fonds pour soutenir cette grève. L'un des orateurs déclara que « la grève était très-bonne pour ruiner les patrons... Vous êtes plus malins qu'eux, puisque vous êtes plus nombreux, et vous vaincrez par la fédération... »

On annonça ensuite l'ouverture de souscriptions pour venir en aide aux familles des individus poursuivis comme ayant participé aux émeutes de juin.

L'autorité crut devoir, à la suite de ces manifestations, auxquelles s'étaient associés tous les assistants, refuser son autorisation à de nouvelles réunions. Les délégués des sociétés ouvrières et des chambres syndicales des ouvriers protestèrent contre ce refus, dans le journal le *Siècle* du 12 septembre :

« Être ou n'être pas, disaient-ils, en droit comme en fait, telle est la question à résoudre ; nous ne pouvons subir plus longtemps cette situation de dupes qui nous impose, à nous travailleurs, tous les devoirs, et qui réserve à quelques-uns tous les droits. Aussi, convaincus que nul ne peut limiter le cercle de nos études et de notre action, nous revendiquons hautement comme un droit primordial, inaliénable le droit de réunion et d'association, sans restriction aucune, et nous nous déclarons décidés à poursuivre, par tous les moyens dont nous pouvons disposer, la discussion des projets des statuts de notre fédération. »

C'est sur ces entrefaites que s'ouvrit le congrès de Bâle et que se produisirent les déclarations précédemment rapportées de Murat et de Varlin, à propos de la situation de l'Internationale, à Paris. On peut les compléter aujourd'hui à l'aide des indications que fournit l'examen des pièces saisies, et tenir pour certain que l'Association, qui avait continué à avoir ses chefs et ses relations avec le Conseil général de Londres, n'avait pas cessé d'exister à l'état latent, et qu'elle comptait parmi ses adhérents un certain nombre de groupes d'ouvriers (les relieurs, par exemple), qu'on s'est efforcé de fusionner et de fédéraliser, aux mois de juin et de juillet 1869, pour accroître les forces, jusqu'à ce moment timides et disséminées, de l'Association internationale.

Cette entreprise, du reste, ne cède pas devant les entraves apportées aux réunions publiques de ceux qui la conduisent. Un manifeste, publié le 14 octobre, à l'occasion des événements des mines d'Aubin, vient indiquer tout à la fois la persistance du projet de fédération et l'esprit qui anime ceux qui travaillent à la réaliser.

Parmi les signataires, on rencontre les inculpés Avrial, Franquin, Murat, Theis, Landrin, Varlin.

Ce dernier, dès le 1er décembre 1869, annonce officiellement aux sociétés ouvrières de Lyon, par l'intermédiaire de Richard, la constitution de la chambre fédérale des sociétés de Paris ; il les invite à entrer en relation avec elles, et termine en sollicitant des subsides pour la grève des mégissiers.

Bastelica, qui a sans doute reçu une communication analogue, écrit le 7 décembre à Murat : « Oui, tel est aussi mon avis ; la fédération parisienne, en créant un centre sérieux, doit devenir le foyer de la révolution sociale, surtout, comme me le donnent à comprendre vos dernières lignes, si une feuille pouvait être créée qui en devînt l'organe officiel, le *Moniteur*... Notre chambre fédérale a adopté (en principe) des statuts... Il est vrai de dire que les délégués ont été vite en besogne et ne se sont pas laissé arrêter par des vétilles. Nous sommes plus révolutionnaires que ça. Eh quoi ! l'ennemi est à nos portes, et nous délibérons ! disait Mirabeau !... "

Enfin, il termine une longue dissertation sur le communisme, l'individualisme et le collectivisme, par cette phrase : " La bourgeoisie, par un entêtement et un égoïsme incompréhensibles, marche à une dépossession violente.

L'organe officiel du socialisme révolutionnaire auquel cette lettre fait allusion, n'était autre que le journal la *Marseillaise*, dont Varlin indique à Aubry, le 25 décembre, l'origine et le but :

« Paris, le 25 décembre 1869.

" Mon cher Aubry,

" Le *Travail* est bien mort ; il ne reparaîtra pas. J'ai attendu jusqu'à ce jour pour vous donner des renseignements certains et définitifs. Ce n'est ni par la pression administrative ni pour cause de malversation qu'il a dû cesser de paraître. Ce journal avait été créé par l'initiative de Douvet et avec ses propres ressources ; le cautionnement avait été emprunté par lui ; enfin, c'était sa propriété ; or le journal ne faisant pas ses frais, il a fallu s'arrêter.

» Douvet a eu le tort, dans cette affaire, de ne pas nous prévenir quelque temps à l'avance, car nous aurions peut-être trouvé moyen d'assurer son existence. Il a agi seul, et ce n'est qu'au dernier jour qu'il nous a annoncé qu'il ne pouvait plus aller et qu'il cessait de paraître. La fin désastreuse de la grève des employés de commerce a été le dernier coup porté au *Travail*, qui avait été fondé avec le concours de la chambre syndicale des employés de commerce, sous le titre le *Commerce*. Un grand nombre d'abonnés parmi les employés de commerce avait assuré son existence pendant les premiers temps ; après leur déroute, ils n'ont pas renouvelé leurs abonnements. Prévenus à temps, nous aurions pu parer à cette difficulté. Maintenant, tout est fini de ce côté, il faut nous retourner ailleurs ; c'est ce que je viens de faire. Je suis allé ce matin voir Millière, le directeur de la *Marseillaise*; et je vous fais servir immédiatement un abonnement ainsi qu'aux autres correspondants de l'Internationale que vous payerez, je l'espère, en envoyant de temps à autre une correspondance sur le mouvement social dans notre contrée.

» Il est utile que je vous donne quelques explications sur la *Marseillaise*, afin que vous ne croyiez pas qu'il n'y a là qu'une machine de guerre contre l'Empire. Depuis longtemps le parti socialiste ressentait le besoin d'avoir un organe pour aider à la propagation de ses doctrines et pour les défendre contre toutes les attaques des journaux bourgeois de tous les partis, les seuls que nous ayons eus jusqu'alors. Déjà des démarches étaient faites pour arriver à créer un journal, lorsque les dernières élections sont venues faciliter l'œuvre en groupant tous les citoyens actifs du parti socialiste autour de Rochefort et en portant celui-ci au Corps législatif, malgré toutes les attaques, toutes les critiques, toutes les calomnies répandues sur lui par tous les journaux. Après cette élection, le besoin du journal se faisait sentir bien plus ; avec Rochefort à la Chambre, il fallait un journal dans le pays pour affermir et soutenir le socialisme révolutionnaire. C'est alors qu'a été conçue la *Marseillaise*.

» Pour faire un journal en France, surtout un journal quotidien qui puisse tenir tête chaque jour aux autres journaux, il faut beaucoup d'argent, et le parti socialiste, parmi tous les partis, se distingue par sa pauvreté. Avec ses propres ressources, il est évident qu'il n'aurait pas pu se créer un organe, mais avec Rochefort, la difficulté se trouvait levée, non par sa fortune, il n'en a pas, mais par son nom.

» Un journal fait par Rochefort est assuré du succès. En France, la masse s'attache avant tout à ce qui brille, et comme l'assurance d'un succès donne confiance aux capitaux, Rochefort a pu trouver des prêteurs. La question financière se trouvant levée, le reste devenait plus facile.

» Les socialistes les plus dévoués, et surtout les membres des sociétés ouvrières, se sont réunis en réunion privée et ont discuté les conditions dans lesquelles se faisait le journal. Millière, nommé directeur, est en même temps et surtout chargé de la ligue socialiste du journal. Cette ligue est celle affirmée par la presque unanimité des délégués de l'Internationale au congrès de Bâle, c'est-à-dire le socialisme collectiviste, ou communiste non autoritaire.

» Les fondateurs se proposent, non-seulement de faire de la propagande, mais encore de rallier tout le parti socialiste européen, d'établir par la voie du journal des relations permanentes entre tous les groupes; de préparer, en un mot, la révolution sociale européenne. Pour vous faire connaître plus complétement encore l'esprit des fondateurs, je dois vous dire que, dans nos réunions, nous avons été presque unanimes à reconnaître que nous n'étions pas prêts pour la révolution ; qu'il nous fallait encore un an, deux ans peut-être de propagande active par le journal, les réunions publiques et privées, et l'organisation de sociétés ouvrières, pour arriver à être maîtres de la situation et être assurés que la révolution ne nous échappera pas au profit des républicains non socialistes.

» La partie politique du journal n'est que l'accessoire, un journal devant être varié pour être lu ; la partie sociale est la seule importante pour nous. Il faut nous appliquer à la rendre intéressante et sérieuse, afin qu'elle prenne chaque jour plus d'extension dans le journal. Pour cela nous avons besoin du concours de tous nos amis, me disait Millière dans notre entrevue de ce matin.

» La semaine prochaine, je commencerai, avec notre ami Malon, à donner quelques articles pour renforcer la rédaction socialiste, qui jusqu'alors ne se compose que de Millière, Verdure et Dereure, ex-délégué de la chambre syndicale des cordonniers au congrès de

Bâle. Avec votre concours et celui des autres correspondants de l'Internationale, nous aurons dans la *Marseillaise* un organe sérieux, un puissant auxiliaire. Nous comptons sur vous.

» Maintenant, une petite recommandation. Les articles courts sont toujours les plus lus ; par conséquent, lorsque vous aurez beaucoup de faits à signaler, faites plutôt deux petites correspondances qu'une longue ; ça fera plus de variété, on donnera plus d'attrait au journal, et vous serez plus assuré d'être lu.

» Quant aux abonnements, comme il est impossible qu'un travailleur puisse dépenser 54 fr. par an pour son journal, vous pourrez recommander à vos amis de se grouper par cinq, dix ou davantage, afin de prendre des abonnements collectifs. Citez l'exemple de la *Marmite*, où moyennant vingt centimes par semaine, nous pouvons lire six journaux quotidiens et plusieurs hebdomadaires.

» Le *Siècle* est peut-être aussi à Rouen le journal des marchands de vin et traiteurs. Vous pourriez organiser contre lui la campagne que l'on fait à Paris et dont vous avez lu quelques traits dans le *Travail*.

» Il faut combattre nos ennemis par tous les moyens possibles, et, au point où nous en sommes, nos plus sérieux ennemis ce sont les républicains modérés, les libéraux de toutes sortes.

» Je ne vous dis rien de la grève des mégissiers, que nous avons déclarée terminée depuis dix jours et qui nous laisse quatre cents hommes sans travail, auxquels nous ne pouvons même pas donner du pain. Avant-hier ils voulaient aller saccager leurs anciens ateliers et chasser les *mogs* qui les ont remplacés. On les a retenus heureusement, mais nous sommes bien embêtés par cette affaire. Les grévistes sont allés trouver Rochefort au Corps législatif, ne sachant plus à qui se recommander ; il les a envoyés au bureau de la *Marseillaise*, où on leur a donné 200 francs, que les plus affamés se sont partagés sur la place des Victoires.

» Quand vous voudrez des obligations pour leur atelier social, vous me le ferez savoir : je vous en ferai envoyer.

» Je vous serre fraternellement la main.

» Signé Varlin. »

Pendant les derniers mois de l'année 1869, on voit les anciens membres du bureau de l'Internationale, et notamment Varlin et Héligon, travailler les sociétés ouvrières pour les agréger à la fédération projetée.

La propagande est tellement active qu'à Lyon, Palix craint de manquer de cartes destinées à être délivrées aux membres adhérents à l'Internationale, lesquelles doivent porter la signature du secrétaire du grand conseil de Londres et de chacun des sept secrétaires correspondants (un grand nombre de ces cartes signées en blanc ont été trouvées chez plusieurs des inculpés, et notamment en la possession de Murat), Palix écrit, en conséquence, à un nommé Martin, qui se trouve à Genève, de se renseigner à ce sujet auprès de Perron, membre bien connu de l'Internationale : « Je vois le moment où nous en serons dépourvus, dit-il, et ce serait bien malheureux avec le mouvement qui se produit aujourd'hui. Vous comprendrez que le moment n'est pas loin où nous devons faire notre possible pour nous affirmer ; le crime de Pierre Bonaparte pourrait bien amener un dénoûment d'un instant à l'autre... "

On sait quelles surexcitations ce dernier événement imprima alors aux passions révolutionnaires. On n'a pas à retracer ici le tableau des tentatives qui furent faites, à sa suite, contre l'ordre public. La correspondance des affiliés montre quelle a été l'attitude des délégués des sociétés ouvrières à ce moment et les dispositions arrêtées entre eux en vue d'un nouveau conflit.

Mentionnons, sous la date du 16 janvier, une adresse des femmes appartenant à la section internationale de Lyon, aux jeunes gens de la classe de 1870, pour les engager à refuser le service militaire. On y lit notamment ceci :

" C'est par un acte révolutionnaire, celui du refus de la conscription, qu'il faut protester, et non par d'inutiles réclamations... Un fait acquis au monde entier, c'est que le gouvernement de Bonaparte est aujourd'hui perdu dans l'opinion, et que la France entière lui est hostile, sans en excepter l'armée, qui, pour en donner une preuve éclatante, n'attend qu'un appel du peuple... Que craignez-vous ? La prison ! Nous, vos mères, vos sœurs, vos amies, veillerons sur vous, nous combattrons avec vous. Aussitôt que nous aurons appris qu'un ou plusieurs d'entre vous auront été arrêtés, nous irons en foule vous réclamer à l'autorité compétente, et il faudra bien qu'on nous accorde justice. Mettez-nous à l'épreuve, jeunes citoyens, et l'on verra que les citoyennes françaises n'ont pas dégénéré, qu'elles sont susceptibles d'autant d'énergie et de civisme que leurs aïeules de 1793... »

Tous les comités centraux de l'Internationale recevaient notification de ce document.

A la suite de ce document, la *Marseillaise* publie, le 24 janvier, un manifeste de la commission administrative de la Fédération, section bruxelloise de l'Internationale, et du conseil général belge de la même association, aux travailleurs de Paris, qui est un appel violent à l'insurrection et est contre-signé, pour copie conforme, par Varlin lui même.

Le même journal insère encore dans ses colonnes une déclaration, en daté du 23 janvier, des membres du Cercle parisien des prolétaires positivistes, donnant leur adhésion à l'Association internationale et engageant tous les groupes ouvriers à suivre leur exemple. Les signataires se qualifient correspondants pour la France, pour l'Italie, pour l'Espagne, pour l'Angleterre, pour l'Allemagne.

Cependant toutes les sociétés ouvrières sont moins audacieuses que le Cercle positiviste : elles craignent les conséquences d'une adhésion publique, et c'est pour lever leurs scrupules, tout en s'assurant leur concours occulte, que le conseil général de Londres prend le 25 janvier la résolution suivante :

GENERAL COUNCIL OF THE INTERNATIONAL WORKINGMEN'S ASSOCIATION.

256, High-Holborn, London, W. C.

Séance du 25 janvier 1870.

« Considérant que la situation politique de la France ne permet pas d'y établir actuellement de comité central et que quelques sociétés ouvrières ne retardent leur adhésion à l'Association internationale que dans la crainte que cette adhésion publique ne soit, dans certaines circonstances, préjudiciable à leurs intérêts.

» Pour être reconnu affilié à l'Association internationale des travailleurs, il suffira aux sociétés ouvrières de nommer un correspondant direct avec le conseil général siégeant actuellement à Londres.

» La présente résolution sera communiquée à toutes les sociétés ouvrières de France.

» Par ordre du conseil général,
» Le secrétaire correspondant pour la France,
» Signé : Eugène Dupont. »

C'est Murat, dans les papiers duquel se trouve ce document, qui est chargé d'en donner la communication prescrite.

L'attitude du conseil général au milieu des événements politiques qui se succèdent ne satisfait pas tous les membres de l'Association.

Sentinou, de Barcelone (Espagne), l'un des délégués au congrès de Bâle, transmet à Varlin, le 1er février, une pièce qu'il a reçue de Genève, et qu'il prie ce dernier de renvoyer, après qu'elle aura été signée par les membres de l'Internationale de Paris, à Richard, qui la fera lui-même parvenir à Genève. C'est une pétition au conseil général pour obtenir qu'il resserre ses liens avec l'Association, par des communications fréquentes et régulières.

A Paris, la chambre fédérale poursuit sa constitution : dans la séance du 27 janvier, Pindy et Varlin s'efforcent d'introduire la discussion d'un projet de loi électorale. Varlin y annonce la réception de l'adresse de l'Association internationale de Bruxelles, qui a été mentionnée ci-dessus, ainsi que d'une lettre du sieur CLUSERET, ancien officier de l'armée française, naturalisé sujet des Etats-Unis et récemment expulsé à raison de sa participation aux menées du parti révolutionnaire.

A Marseille, la propagande se poursuit, et, le 2 février, Bastelica rend compte à Varlin de la situation dans des termes qui caractérisent parfaitement les difficultés que crée à l'Association, pour une action efficace, la dissimulation dont elle s'entoure encore.

On sait quelles tentatives insurrectionnelles se placent à la suite de l'arrestation de M. Rochefort. Une déclaration, insérée au journal le *Réveil*, du 11, ne laisse aucun doute sur l'attitude de l'Association au milieu de ces graves événements.

Il est nécessaire de faire un retour en arrière pour rappeler la grève qui, le 19 janvier, éclata subitement dans les ateliers du Creusot. Cet incident, dans les circonstances politiques au milieu desquelles il se produit, rentre évidemment dans le cadre d'un plan général, tracé par le parti-socialiste, afin de faire de la propagante dans les départements.

Le groupe international de Paris y prend part ostensiblement par des souscriptions, des envois de fonds et la publication, dans la *Marseillaise* du 27 janvier, d'un manifeste des sections parisiennes dans lequel on félicite les ouvriers du Creusot, et qui porte, entre autres, les signatures de Malon, correspondant des Travailleurs unis (banlieue de Paris); Murat, du centre mutuelliste, fondé de pouvoirs du conseil général; Varlin, secrétaire correspondant de la section des ouvriers relieurs de Paris, et Combault, correspondant de la section de Vaugirard.

Le 5 février, le même journal insérait un appel de la chambre syndicale des ouvriers mécaniciens de Paris en faveur des ouvriers du Creusot, auxquels elle a voté un secours de deux cents francs ; Avrial et Dugaucques figurent au nombre des signataires.

Enfin, la grève est terminée. Les travailleurs ont repris le cours de leur travail.

L'Association internationale, si active à Paris et en province, cherchait encore à se ramifier en Amérique, et c'était le sieur Cluseret qui s'était chargé de la relier aux sociétés de même nature qui y existent.

La propagande porte ses fruits, et un sieur Weiss, de Mulhouse, écrit à Varlin pour lui indiquer la situation et lui demander l'envoi des statuts de l'Internationale.

L'œuvre de la constitution définitive de la fédération des sections parisiennes n'a cessé de marcher pendant ce temps. Les statuts ont été soumis aux différents groupes : ils sont adoptés dans une réunion tenue le 18 mars par les délégués de onze corporations et doivent être soumis à une assemblée générale le 20 avril suivant. Ces statuts portent que, conformément aux articles 6 des statuts généraux de l'Internationale et 5 du règlement annexé, le conseil fédéral se mettra en communication avec le conseil central et lui enverra, chaque mois, un exposé de l'état de l'Internationale à Paris. Réciproquement, le conseil central devra fournir, tous les trois mois, au conseil fédéral, un exposé de la situation de l'Internationale dans tous les pays.

Le 21 mars, une nouvelle grève se déclare au Creusot, parmi les ouvriers mineurs, sans qu'aucun symptôme permette de la prévoir, sans qu'elle puisse s'expliquer par aucune cause locale ou industrielle. Assy était revenu depuis quelque temps au Creusot ; par ses soins, le journal la *Marseillaise* y était répandu à profusion dans la classe ouvrière. Tout à coup, un certain nombre d'individus se présentent aux puits, en annonçant qu'il y a du nouveau à Paris, et en poussant le cri de : « Vive la République ! » Ils contraignent les mineurs à cesser leurs travaux ; des scènes violentes se produisent et appellent l'intervention énergique de l'autorité.

Les chefs de l'Internationale ne restent pas inactifs en présence de cette complication, à l'origine de laquelle leurs menées n'ont pas été assurément étrangères.

La France est appelée à voter sur la Constitution nouvelle. Le parti démocrate socialiste, l'Association internationale qui le résume, publient à cette occasion des manifestes révolutionnaires et s'efforcent par tous les moyens d'agiter l'opinion publique.

Le 11 avril, paraît dans le journal la *Marseillaise* le document suivant :

ASSOCIATION INTERNATIONALE DES TRAVAILLEURS.
(BRANCHE FRANÇAISE.)
Section fédérale, à Londres.

Adresse aux citoyens français.

« Londres, le 11 avril 1870.

» Citoyens,

» Le plébiscite qui est proposé par l'Empire au peuple français n'est qu'un piége. Nous ne pouvons voter ni pour l'empire parlementaire, ni pour l'empire autoritaire. Nous voterons tous pour la république, en déposant des billets blancs dans l'urne.

» Pas d'abstentions. Des billets blancs. »

Bientôt le comité parisien suivra cet exemple en faisant à son tour un manifeste antiplébiscitaire, et descendra ainsi publiquement dans l'arène politique.

En attendant, des réunions publiques sont organisées, sous prétexte de discussion électorale, mais dans le but réel de propager les idées de l'Association internationale. C'est ce que déclarent le sieur Rocher, à la salle Lhomond, et le sieur Nougues, à la salle

Molière, en invitant tous les assistants à donner leur adhésion à l'Association.

Chacune de ces réunions avait acclamé comme président ou assesseur honoraire Mégy, le meurtrier de l'agent Mourot. Déjà, le 21 mars, dans une séance du Cercle socialiste collectiviste que présidait Avrial, Combault avait proposé d'envoyer à l'accusé l'expression des sympathies de l'assemblée, et c'est Malon qui avait reçu mission de la lui porter.

C'est encore sous le même patronage que se place la réunion générale des membres composant les sections parisiennes de l'Internationale, qui est tenue le 19 avril dans la salle de la *Marseillaise*, et dont rend compte le *Réveil* du lendemain : 1,500 à 2,000 travailleurs y ont assisté, dit-on. Le citoyen Mégy est, par acclamation, nommé président d'honneur ; Varlin est président effectif, Robin et Avrial, assesseurs. On discute chacun des articles du contrat de fédération, puis on l'adopte dans son ensemble, et la fédération des sections parisiennes est officiellement constituée. Casse saisit ensuite l'assemblée de la question du plébiscite ; Richard, de Lyon, prend part à la discussion, et on décide la nomination d'une commission chargée d'élaborer un projet de manifeste au nom de l'Association internationale. Casse, Combault, Johannard en font partie.

Le journal la *Marseillaise* du 20 avril, en rendant compte de la même assemblée, reproduit les discours prononcés par Varlin et Combault. Il convient d'en signaler les passages suivants :

« Nos exploiteurs se sont partagé les rôles, dit Varlin ; aujourd'hui tout cela doit changer. Déjà l'Inter-

nationale a vaincu les préjugés de peuple à peuple. Nous savons à quoi nous en tenir sur la Providence, qui a toujours penché du côté des millions : le bon Dieu a fait son temps... En voilà assez... Nous faisons appel à tous ceux qui souffrent et qui luttent. Nous sommes la force et le droit, nous devons nous suffire à nous-mêmes. C'est contre l'ordre juridique, économique et religieux que nous devons tendre nos efforts...
— Jamais la classe ouvrière, s'écrie Combault, n'a voulu accepter quoi que ce soit du vainqueur de la France, qu'elle a toujours regardé comme son plus cruel ennemi... L'Internationale a subi les dures lois de la nécessité ; elle s'est tue jusqu'au jour où elle a pu dire : Nous ne voulons pas de l'Empire ; et depuis plusieurs années c'est son cri le plus aigu... Nous devons nous occuper de politique, puisque le travail est soumis à la politique. Il faut dire tout haut, une fois pour toutes, que nous voulons la république sociale avec toutes ses conséquences... »

Ces discours sont suivis de la lecture d'une adresse des ouvriers de Brest. C'est une adhésion à la fédération. Elle se termine par la déclaration nette et ferme d'une volonté bien arrêtée de ne jamais reculer devant les insolentes prétentions de l'exécutif et de ses gens.

Le jour même, une nouvelle réunion avait lieu dans la salle de la *Marseillaise;* on y discutait les modifications à introduire dans les statuts de l'Internationale, à l'effet d'assurer la création d'une caisse de ressources. Des déclarations faites à cette occasion, il résulte que le chiffre des membres inscrits de l'Association est de 245,000. Enfin, le 24 avril, paraît dans la *Marseillaise* le manifeste des sections parisiennes fédérées de l'Internationale et de la chambre fédérale des sociétés ouvrières à tous les travailleurs français. Il suffit de citer la conclusion de ce document, rempli de récriminations violentes et d'excitations audacieuses : « Changement radical des impôts ! plus de conscription ! La république démocratique et sociale ! » Les affiliés Combault, Casse, Johannard, Franquin, Thein, Avrial, Pindy ont signé ce document.

Vers la même époque, des troubles éclatent à Saint-Quentin et à Fourchambault, à l'incitation des agents de l'Internationale. Il est établi que Varlin était en rapport avec un des fauteurs de la sédition de Saint-Quentin ; d'un autre côté, Malon s'était empressé de se rendre à Fourchambault et de se mettre en relations suivies avec l'instigateur avéré de la grève.

L'autorité voulut un terme à ces agissements révolutionnaires, qui, préparés à la faveur d'une organisation dont les rouages étaient soigneusement cachés, venaient s'étaler ainsi, avec une audace toujours croissante, par la presse, les réunions publiques et les grèves. Des perquisitions furent opérées au domicile des principaux affiliés de l'Internationale, et amenèrent la saisie de documents divers.

Pour compléter cet exposé, il convient de citer encore un dictionnaire spécial découvert, avec d'autres pièces analogues, chez Richard, de Lyon, et dans lequel les mots usuels, les noms et qualités d'un certain nombre de personnes sont représentés par des chiffres ou des lettres convenues. Parmi les locutions traduites en chiffres, on lit celles-ci : « Organisation secrète internationale... allié secret international, etc... Tous les noms des principaux chefs de l'Association, Yung, Eccarius, Dupont, Hins, de Paepe, Robin, Brismée, Perron, etc., ont leurs équivalents, ainsi que les mots nitro-glycérine, picrate de potasse, armes, poudre, munitions, etc.

Il est impossible de ne pas rapprocher ces dernières énonciations de celles d'une note dont le sieur Pindy était possesseur et qui est écrite de sa main même. Elle contient une recette pour la fabrication de la nitroglycérine, de bâtons puants pour les égouts, d'une composition au sulfure de carbone destinée à être mise en flacons bien bouchés et jetés par les fenêtres, et enfin d'une poudre au chlorate et au prussiate de potasse.

On ne saurait méconnaître, en présence de tous ces faits, que l'Association Internationale des Travailleurs ne présente tous les caractères d'une société politique, quelque chose comme une Sainte-Wehme du socialisme.

Sa puissance, souvent niée, son influence la plupart du temps bafouée, viennent de s'affirmer comme on sait...

La révolution de mars, le triomphe de la Commune, la guerre civile, c'est à l'Internationale que nous les devons. C'est elle qui tient les fils de ce pantin à la fois héroïque et coupable qui a nom : le peuple parisien ! Le peuple de Paris, qu'une poignée d'audacieux a, de tout temps, mené à sa guise, s'est, le 18 mars, livré corps et âme à l'Internationale, gigantesque araignée dont la toile habile, tendue de main de maître, était toute prête à le recevoir.

Pourtant tous les chefs de l'association n'approuvaient pas le mouvement; la lettre suivante, adressée par Marx Karl, le grand-maître de la section de Londres, à Sérailler, de Paris, l'indique clairement :

« Citoyen,

» C'est avec un profond sentiment de douleur que nous voyons ici l'avenir de la Société Internationale des travailleurs compromis par la façon d'agir d'un certain nombre de ses membres. Rien ne saurait nous être plus préjudiciable que cette apparition spontanée, mais stérile, d'hommes qui, sous le voile de notre Société, prétendent arriver aux premières places de la République.

» Beaucoup de ces hommes nous sont presque inconnus, étant parmi nous les ouvriers de la dernière heure; d'autres ont des personnalités honorables et bien connues.

« Malheureusement, si c'est pour nous un succès de voir arriver nos frères à représenter la classe ouvrière au Parlement français, il est pénible d'avouer que bien peu d'entre les associés de la branche française prennent au sérieux le rôle si beau, si digne, si plein d'avenir de la Société Internationale. Même au moment où leur pays succombe, que les Français prennent exemple sur leurs frères d'Allemagne. Comme vous, ils sont persécutés, emprisonnés, mis hors la loi.

» Cependant, ils ne cherchent point leur force dans l'émeute. C'est par la persécution, par l'emprisonnement de Jacobi, Diebneck, et tant d'autres, que la

Société a grandi et s'est fortifiée, grande de l'estime de tous, voire même de ses bourreaux. Dites-le bien à tous les ouvriers français : notre force est dans l'observation des lois, jusqu'au jour où le poids de l'intelligence, joint au poids des injustices et des persécutions de la société entière, fera pencher la balance en notre faveur. Jusque-là, restons unis et calmes, et placés au-dessus des mesquines et petites rivalités des peuples, jetons les fondements indestructibles de la fraternité universelle des travailleurs et des déshérités de la société.

» Marx Karl.

» Londres, 28 février 1871. »

Malgré cette protestation, et bien d'autres, un mois plus tard, l'Internationale montait au Capitole...Dans le cours de ce livre, nous verrons comment l'Association marcha bientôt à grands pas vers la Roche Tarpéienne.

Signe de reconnaissance des membres de l'internationale.

VI

L'ASSASSINAT DE LA RUE DES ROSIERS.

Les généraux Lecomte et Clément Thomas.

Récit de la journée du 18 mars 1871, par un témoin oculaire, prisonnier des insurgés depuis le matin (M. le capitaine Beugnot, officier d'ordonnance du ministre de la guerre.)

Nul ne peut raconter plus fidèlement que moi cette lugubre scène, car j'ai assisté à toutes les péripéties de ce drame, qui remplira désormais une des plus sombres pages de notre histoire.

J'ai été fait prisonnier par les insurgés à neuf heures du matin, au haut du boulevard Magenta ; j'étais à cheval, accompagné d'une escorte de deux cavaliers, et chargé par le général Le Flô, ministre de la guerre, d'explorer les quartiers de Belleville et de Montmartre, pour lui rendre compte de l'opération projetée de l'enlèvement des canons.

Malgré les avis de nombreux passants qui, voyant un officier en uniforme, s'avancer vers un quartier déjà fort agité, craignaient pour sa sécurité, je dépassai la gare du Nord me dirigeant vers les hauteurs ; mais dès que j'arrivai à l'intersection du boulevard Magenta et de l'ancien boulevard extérieur, je fus entouré par un groupe de trente ou quarante gardes nationaux armés qui s'élancèrent d'un poste, saisirent mon cheval par la bride, et le renversèrent à moitié sur le trottoir. Au bout de quelques minutes, plus de 400 forcenés étaient réunis autour de moi, hurlant et gesticulant avec leurs fusils de la manière la moins rassurante : « On vient de tirer sur nous, me crient-ils, on vient de tuer nos frères! Vous allez sans doute porter des ordres à la troupe! A bas! à bas! » Mon cheval, affolé par leurs cris, se cabre ; ils profitent de son mouvement pour me passer une jambe au-dessus de la selle et ils me renversent. Mes deux cavaliers d'escorte, entourés comme moi par la foule, ne purent m'être d'aucun secours. Ils me menèrent alors au milieu d'une haie de cent à cent cinquante gardes nationaux au comité central, disaient-ils, qui siége dans le Château-Rouge, établissement de bals publics, situé rue de Clignancourt. Pendant le trajet, qui dura environ une demi-heure, ils s'excitaient entre eux, m'accablaient d'injures et de menaces. Une mise en scène, préparée d'avance, acheva d'irriter contre moi la population armée ; on porta une civière vide et recouverte d'une toile à matelas devant moi, comme si elle contenait une victime tombée sous nos coups de feu.

Enfin nous arrivâmes au Château-Rouge, et après avoir traversé le jardin, je fus amené au pavillon où je devais rendre compte de ma conduite au comité annoncé. On me fit attendre plus d'une demi-heure devant la porte; une foule de gardes nationaux m'entourait toujours, et devenait d'autant plus menaçante que personne ne donnait d'ordres. Le plus forcené était un vieux capitaine de la garde nationale à cheveux et à barbe blanches, décoré de la médaille de Juillet, qui répétait avec délices qu'il faisait des révolutions depuis quarante ans. Il semblait furieux contre moi, et m'annonçait que mon affaire ne serait pas longue; je commençais à voir clair dans la situation et je ne me dissimulais plus le danger que je courais

Il était alors dix heures à peu près; les uns voulaient me laisser dans le jardin, probablement pour en finir avec moi plus vite; les autres voulaient me faire monter dans la maison auprès du comité; ces derniers réussirent, et après une rixe violente avec leurs camarades, ils m'enlevèrent au premier étage de la maison. Là, je fus introduit dans une chambre où je trouvai un capitaine du 79ᵉ bataillon de la garde nationale qui me reçut, je dois le dire, de la manière la plus courtoise, sans vouloir cependant me dire au nom de qui il me faisait comparaître devant lui, et surtout de quel droit on m'avait arrêté. Il se contenta seulement d'une manière évasive, mais toujours très-polie, de me dire que son parti avait besoin de garanties pour la journée, et que nous étions des otages; le grand mot était lâché, et toutes les représailles devenaient possibles contre moi.

Je demandai son nom à ce capitaine ; il me dit se nommer M. Mayer, être journaliste, avoir un fils au service et prisonnier des Prussiens, et être toujours, ajoutait-il, prêt à adoucir autant qu'il le pourrait les rigueurs de ma position. Il m'annonça aussi que le général Lecomte avait été fait prisonnier par une foule furieuse qui s'était jetée sur lui, que ses troupes l'avaient abandonné, et que seul, un jeune capitaine du 18e bataillon de chasseurs à pied de marche, M. Franck, avait voulu l'accompagner, cherchant à le dégager jusqu'au dernier moment. Je m'aperçus, en effet, de la présence du capitaine Franck, que j'avais d'abord pris pour un officier de la garde nationale.

Nous étions gardés à vue par deux gardes nationaux armés, et nous ne pouvions avoir aucune communication avec le général Lecomte. Sur ces entrefaites arrivèrent d'autres prisonniers faits par les insurgés ; c'étaient M. Pousargues, chef du 18e bataillon de chasseurs à pied, qui était sous les ordres du général Lecomte, et qui, ayant appris que le général avait été fait prisonnier, avait voulu généreusement s'enquérir de son sort, et avait été arrêté ; puis un chef de bataillon du 89e de marche, je crois ; deux capitaines du 115e de ligne abandonnés par leurs hommes à la gare du Nord, et un capitaine du 84e en bourgeois, qui revenait de captivité en Allemagne, et avait été arrêté à sa descente du chemin de fer comme *mouchard*, disait-il. Je restai dans la compagnie de ces messieurs jusqu'à trois heures et demie ; le capitaine Mayer, auquel nous demandions sans cesse de nous montrer enfin ce comité dont tout le monde parlait autour de nous, était fort embarrassé de nous répondre, mais très-attentif pour nous et plein de prévenances.

A ce moment, je me mis à la fenêtre, et je vis se produire dans le jardin un mouvement de mauvais augure : des gardes nationaux formaient la haie, mettant la baïonnette au canon. Tout cela semblait annoncer un départ. Il était évident que nous allions être emmenés du Château-Rouge. Effectivement, le capitaine Mayer vint nous prévenir qu'il avait ordre de nous faire mener aux buttes Montmartre, où se tenait définitivement le comité, qu'on cherchait, nous dit-il, depuis le matin. Je vis bien clairement alors que ce comité n'existait pas, ou bien ne voulait pas s'occuper de nous; et j'en conclus que nous étions bel et bien perdus, que nous allions ajouter un deuxième acte à la tragédie du général Bréa et de son aide de camp, Mangin, lâchement assassinés le 24 juin 1848, à la barrière Fontainebleau.

Nous descendîmes, c'est alors que je vis pour la première fois le général Lecomte qui avait été gardé au secret dans une chambre séparée; il avait l'air calme et résolu. Nous le saluâmes, et les officiers de la garde nationale en firent autant; mais les hommes qui faisaient la haie nous injurièrent en nous menaçant d'une fin prochaine. Je n'y étais pour ma part que trop préparé !

Maintenant commence notre véritable supplice, notre chemin de la croix. Nous traversons, au milieu des huées et des imprécations de la foule, tout le quartier de Montmartre. Nous sommes assez énergiquement défendus par les officiers de la garde nationale, qui cependant devaient savoir que nous exposer ainsi à cette foule furieuse, à leur propre troupe affolée, c'était nous condamner à mort.

Nous gravissons le calvaire des buttes Montmartre, au milieu d'une brume épaisse, au son de la charge (amère dérision !) que sonnait gauchement un clairon de la garde nationale. Des femmes, ou plutôt des chiennes enragées, nous montrent le poing, nous accablent d'injures et nous crient qu'on va nous tuer.

Nous arrivons dans ce cortége infernal au haut de la butte et l'on nous fait entrer dans une petite maison située rue des Rosiers : j'ai remarqué le nom de cette rue. Cette maison est composée d'une porte cochère, d'une cour découverte, d'un rez-de-chaussée et à deux étages. La foule veut s'engouffrer avec nous dans la cour, mais tous ne peuvent pas nous suivre, car ils sont près de deux mille ; on nous tire un coup de fusil au moment où nous entrons dans la cour, mais personne n'est touché.

On nous bouscule dans une salle étroite et obscure au rez-de-chaussée, et le vieux décoré de juillet à la barbe blanche nous dit que le comité va statuer sur notre sort. Le général Lecomte demande à voir immédiatement le comité, répétant maintes fois que nous sommes arrêtés depuis le matin sans raison et sans jugement. On lui répond qu'on va le chercher. Le capitaine Mayer qui nous avait protégés des brutalités des hommes armés du Château-Rouge n'était pas monté avec nous à la rue des Rosiers. Mais nous eûmes à nous louer grandement, en son absence, du lieutenant Meyer du 79ᵉ bataillon, qui nous fit bien des fois un rempart de son corps, et d'un jeune garde national, dont malheureusement le nom m'échappe et qui me défendit vingt fois contre les attaques de la foule.

Et le comité n'arrivait toujours pas. La foule extérieure, lasse de l'attendre, lui et sa décision, avait brisé les carreaux de la fenêtre et, à chaque instant, nous voyions un canon de fusil s'abattre vers nous ; mais les officiers de la garde nationale, comprenant toute la gravité de notre situation et revenant trop tard sur la légèreté avec laquelle ils nous avaient fait sortir du Château-Rouge et exposés à la fureur d'une populace qui en croyant que chacun de nous avait au moins tué dix hommes de sa main dans la matinée, ces officiers relevaient les armes dirigées sur nos poitrines, parlaient à la foule qui hurlait : « A mort ! » tâchaient de gagner du temps, nous promettaient qu'ils défendraient notre vie au péril de la leur.

Mais tout cela ne faisait qu'irriter davantage la foule qui hurlait toujours notre mort.

Le châssis de la fenêtre se brise sous les efforts du dehors et livre passage aux plus furieux. Dois-je dire que les premiers qui mirent la main sur le général furent un caporal du 3ᵉ bataillon de chasseurs à pied, un soldat du 88ᵉ de marche et deux gardes mobiles ? Un de ces derniers misérables, lui mettant le poing sur la figure, lui criait : « Tu m'as donné une fois trente jours de prison, c'est moi qui te tirerai le premier coup de fusil. » C'était une scène hideuse, à rendre fou, bien que nous ayons tous fait le sacrifice de notre vie. Il était cinq heures. Une clameur immense domine toutes les autres, une bousculade affreuse se passe dans la cour, et nous voyons tout à coup jeter au milieu de nous un vieillard à barbe blanche, vêtu d'habits bourgeois noir et coiffé d'un chapeau de haute forme. Nous ne savions pas quel était ce nouveau prisonnier et nous plaignions, sans le connaître, ce vieillard inconnu qui n'avait évidemment plus que quelques instants à vivre. Le lieutenant Meyer me dit que c'était Clément Thomas, qu'il vient d'être arrêté rue Pigalle, au moment où il se promenait en curieux, qu'il a été reconnu par des gardes nationaux et traîné aux buttes Montmartre pour partager notre sort.

Dès lors, la fureur des gardes nationaux ne connaît plus de bornes ; c'est à peine s'ils n'assomment pas leurs courageux officiers qui nous défendent avec énergie et désespoir, car ils sentent qu'ils deviennent impuissants à nous protéger longtemps. En vain un individu vêtu d'une chemise rouge monte-t-il sur un mur d'où il adjure la foule de nommer une cour martiale qui statuera sur le sort des prisonniers ; en vain leur dit-il qu'ils vont commettre un lâche assassinat et souiller la république qu'ils acclament si haut. Tout est inutile. L'arrivée imprévue du malheureux général Thomas, détesté dans ces bataillons de Montmartre et de Belleville, à cause de sa juste sévérité pendant le siège, cette arrivée nous a tous perdus : la foule, bête, furieuse et déchaînée, veut du sang. Celui de Clément Thomas coule le premier ; on le saisit au collet, malgré la résistance du lieutenant Meyer, et de quelques autres citoyens courageux qui retombent épuisés, pendant que nous autres, toujours gardés à vue et couchés en joue à chaque instant, nous ne pouvons bouger.

Le vieux capitaine décoré de juillet est un des plus ardents à invectiver le malheureux général, qui disparaît à nos yeux, est entraîné à quelques pas de là et fusillé par dix à douze coups qui répondent lugubrement dans nos cœurs. Ce ne fut pas un feu de peloton, mais des coups isolés tirés l'un après l'autre comme dans un feu de tirailleurs.

Le malheureux général Lecomte subit quelques instants après le même sort, de la même manière. Il était cinq heures et demie.

Nous n'avons pas assisté à cette exécution infâme, et nous ne pouvons dire quelles furent les dernières paroles de ces deux nobles et généreuses victimes ; mais tant que les deux généraux restèrent avec nous, ils furent silencieux, calmes, résignés. Ils sont morts comme des soldats (ceux de l'ancienne école) savent mourir.

Puis, c'était notre tour ; nous étions préparés à la mort, et chacun de nous s'attendait à ouvrir la marche funèbre. Mais nos défenseurs de la garde nationale, après une demi-heure de suprême effort, parvinrent en partie à apaiser la foule qui s'était éclaircie après le meurtre des deux généraux, et obtinrent d'elle de nous ramener à notre prison du Château-Rouge, où nous serions mis à la disposition du comité encore une fois.

Il est six heures. Nous sortons de cette maison de sang où nous étions depuis deux mortelles heures et d'où chacun de nous ne croyait plus sortir vivant. La garde nationale qui nous escorte et forme la haie autour de nous semble revenue de ses affreux instincts du matin. Le crime odieux qui vient de se commettre pèse sur toutes les consciences et serre bien des gosiers. A peine avions-nous fait quelques pas pour redescendre des buttes que nous voyions accourir effaré et très-pâle un homme vêtu de noir et portant en sautoir une écharpe tricolore. « Où menez-vous ces officiers? » s'écrie-t-il. Il croit qu'on nous mène au supplice, et le malentendu qui s'engage entre lui et notre escorte nous fait perdre du temps, ameute encore la foule et manque de nous devenir fatal. Nous demandons quel est cet homme. On nous répond que c'est M. Clémenceau, maire du dix-huitième arrondissement et député de Paris. Depuis, M. Clémenceau a expliqué à la tribune de l'Assemblée nationale sa conduite dans cette journée. Nous tenons seulement à constater qu'il n'a paru, au milieu de ces scènes honteuses et sanglantes qu'il aurait pu peut-être empêcher, qu'à six heures du soir, après l'assassinat des deux généraux.

Nous parvenons enfin au Château-Rouge. Au moment où nous allions y rentrer, nous rencontrons le capitaine Meyer, porteur d'un papier qu'il dit être l'ordre d'élargissement de tous les prisonniers, y compris les malheureux généraux. Il dit que les nombreuses courses qu'il a eu à faire pour obtenir cet ordre du Comité lui ont fait perdre du temps et arriver après le crime accompli. On nous réintègre dans le pavillon du Château-Rouge, et on nous dit d'attendre, toujours gardés à vue par des gardes nationaux, la décision de ce comité invisible. A sept heures, enfin, le lieutenant Meyer revient avec un ordre émanant du Comité : c'est un mandat d'amener lancé contre moi, avec ordre de comparution immédiate devant le Comité central. Était-ce un nouvel arrêt de mort ou une lueur d'espérance ? Je l'ignorais parfaitement. Mais, après les émotions de cette terrible journée, je n'avais plus rien à apprendre, et je me laissai mener dans une maison située rue de Clignancourt, près du Château-Rouge, où mon sort définitif devait se régler.

A l'entresol de cette maison, je trouvai deux chambres converties en bureaux où deux hommes écrivaient, puis une dernière pièce fort étroite où je fus mis en présence d'un chef de bataillon de la garde nationale nommé Jaclard, qui me sembla embarrassé dans ses questions et peu ferré sur son mandat. Il se contenta de me demander le récit de la journée et parut attacher beaucoup d'importance à mes paroles qu'il fit en partie consigner par écrit. A la suite de cet interrogatoire, il me fit mettre en liberté ; mais c'était une mesure illusoire pour ma propre sûreté, car la rue était pleine de gardes nationaux et de gens encore très-surexcités. Néanmoins, grâce à la nuit, grâce surtout à la présence du lieutenant Meyer et du jeune garde national dont je parlais au début, je pus m'échapper sain et sauf et regagner ma maison. Une heure plus tard, M. le capitaine Franck pouvait également sortir du Château-Rouge ; mais les autres prisonniers, dont le commandant de Pouzargues faisait encore partie, ne purent s'échapper que le lendemain matin ; car les gardes nationaux qui les avaient séquestrés ne voulaient pas reconnaître les ordres émanés de ce bureau qui m'avait rendu la liberté.

Tel est le récit parfaitement exact de cette journée du 18 mars pour tout ce qui regarde l'assassinat des deux généraux, les faits de Montmartre et du Château-Rouge. Les officiers de la garde nationale qui étaient les chefs du mouvement insurrectionnel, le matin, virent, vers midi, quelles conséquences affreuses aurait leur conduite, et firent, je dois à la vérité de le dire, tous les efforts possibles pour sauver les deux victimes et les autres prisonniers dont la mort fut certaine pendant deux heures.

Ce qui est le plus triste à constater, c'est que les misérables soldats français ont été les premiers, dans un moment pareil, à tirer sur leur général, seul et désarmé, et que les autorités municipales de Montmartre, ainsi que ce fameux comité dont on nous parlait à chaque instant, ne parurent ni au Château-Rouge, ni à la maison de la rue des Rosiers, et ne firent dans la journée aucun effort apparent pour sauver les apparences.

23 mars 1871.

Signé : Capitaine BEUGNOT,
Officier d'ordonnance du Ministre de la Guerre.

Réfutation de M. Clémenceau
adressée au journal *La France*.

Paris, le 30 mars 1871.

Monsieur le Rédacteur,

Vous avez publié dans votre numéro du courant un récit de la journée du 18 mars par M. le capitaine Beugnot, officier d'ordonnance du ministre de la guerre.

On me le communique, et j'y relève les deux phrases suivantes :

« Nous tenons seulement à constater que M. Clémenceau n'a paru au milieu de ces scènes honteuses et sanglantes, qu'il aurait pu peut-être empêcher, qu'à six heures du soir, après l'assassinat des deux généraux.

» .... Ce qui est plus triste à constater, c'est que... les autorités municipales de Montmartre ne parurent, ni au Château-Rouge, ni à la maison de la rue des Rosiers, et ne firent dans la journée aucun effort apparent pour sauver les apparences. »

Je ne m'arrête pas à ce qu'il y a de contradictoire à me reprocher, d'une part, de n'être venu qu'à six heures à la maison de la rue des Rosiers, et, d'autre part, de n'y pas être venu du tout.

Je n'insiste même pas sur une troisième phrase où l'auteur du récit, qu'une émotion bien naturelle a, sans doute, empêché de se rendre un compte exact de la situation, se plaint de ce que les efforts que je fis en sa faveur faillirent lui être fatals.

Je veux seulement déclarer que les deux phrases que je viens de citer renferment un reproche que je n'accepte pas et une insinuation sur laquelle je suis heureux de voir M. Beugnot s'expliquer.

Je passai la journée du 18 mars à la mairie où me retenaient de nombreux devoirs, dont le plus impérieux peut-être était de veiller sur le sort des prisonniers qu'on m'avait amenés le matin. Il est inutile d'ajouter que je n'avais et ne pouvais avoir aucune connaissance des faits qui étaient en train de s'accomplir et que rien ne pouvait faire prévoir.

J'ignorais absolument l'arrestation du citoyen Clément Thomas, que, sur la foi des journaux, je croyais en Amérique.

Je savais le général Lecomte prisonnier au Château-Rouge ; mais le capitaine Mayer, dont le nom revient à plusieurs reprises dans le récit de M. Beugnot et qui avait été chargé par moi de pourvoir à tous les besoins du général, m'avait affirmé que la foule n'était point hostile. Enfin, je m'étais assuré que le Château-Rouge était gardé par plusieurs bataillons de la garde nationale.

De nombreux groupes armés défilèrent tout le jour sur la place de la Mairie, au son d'une musique joyeuse. Je le répète, rien ne pouvait faire prévoir ce qui se préparait.

Vers quatre heures et demie, le capitaine Mayer accourut et m'apprit que le général Clément Thomas avait été arrêté, qu'il avait était conduit, ainsi que le général Lecomte, à la maison de la rue des Rosiers, et qu'ils allaient être fusillés si je n'intervenais au plus vite. Je m'élançai dans la rue en compagnie du capitaine Mayer et de deux autres personnes. J'escaladai la butte en courant.

J'arrivai trop tard. J'omets à dessein de dire quels risques j'ai courus, et quelles menaces j'ai bravées au milieu d'une foule surexcitée qui s'en prenait à moi du coup de force tenté le matin par le gouvernement à mon insu.

Je demande seulement à M. le capitaine Beugnot de me dire avec une netteté parfaite ce que j'aurais dû, ce que j'aurais pu faire, que je n'aie pas fait.

Je lui demande surtout de s'expliquer clairement sur la phrase où il reproche aux autorités municipales de Montmartre « de n'avoir pas fait d'efforts apparents pour sauver les apparences. »

Si, ce que je me refuse à croire, il entendait par là que j'ai connu le danger que couraient les deux généraux, et que c'est en connaissance de cause que je me suis abstenu d'intervenir jusqu'à quatre heures et demie (et non pas six), je me verrais dans l'obligation de donner à cette assertion le démenti le plus formel et le plus catégorique, démenti que je pourrais appuyer du témoignage de personnes qui ne m'ont pas quitté de toute cette journée.

Je vous prie, Monsieur le rédacteur, de vouloir bien publier cette lettre, et d'agréer l'assurance de mes sentiments distingués.

G. Clémenceau.

Ex-maire du 18e arrondissement,

M. Clémenceau disculpé, restent les assassins...

Le meurtre des généraux Lecomte et Clément Thomas restera comme un stigmate infamant au front de chacun des révolutionnaires de Montmartre.

VII

LES SÉANCES SECRÈTES DU COMITÉ CENTRAL
A L'HÔTEL DE VILLE.

Séance du 19 mars.

PRÉSIDENCE DU CITOYEN ASSY.

Un membre ouvre la séance par un projet de décret sur les loyers. — Le citoyen Ferrat pense que ce projet de loi est au moins inopportun.

La discussion s'engage, et après quelques explications données par le citoyen Ferrat, le projet de loi est retiré.

Le citoyen président du conseil prend la parole. — Citoyens, il est de toute utilité de faire cesser l'état anormal où Paris est plongé par l'état de siége prolongé indéfiniment.

Nous sommes ici au nom de la liberté, c'est à nous de la faire large et entière.

A tous ceux qui nous accusent de vouloir abuser du pouvoir, il faut donner un exemple éclatant de modération et de justice.

L'état de siége n'est, même quand l'ennemi est aux

portes d'une ville, qu'un moyen de domination despotique.

C'est au comité central à mettre de côté les armes du despotisme militaire.

Citoyens délégués, je vais mettre aux voix, par assis et levé, la levée de l'état de siége de Paris.

La levée de l'état de siége est votée à l'unanimité.

Un groupe de délégués des différents bataillons de Belleville et de Montmartre est introduit. Ces citoyens viennent demander que l'on distribue des armes à tous ceux qui en manquent. Le citoyen Gouhier appuie la proposition. Le comité désigne alors la salle de la Marseillaise comme lieu de la distribution d'armes.

Un membre du comité déclare que, rue de Grenelle, les citoyens pourront se procurer des armes.

Les citoyens Arnaud, Billioray, Fortuné et Fabre, émettent l'avis de décréter une amnistie pour les crimes et délits politiques.

Après quelques paroles du citoyen Assi, le décret est voté à l'unanimité.

La séance est suspendue pour une heure. Pendant ce temps, le comité reçoit les rapports et les communications des délégués des divers bataillons.

La séance est reprise à quatre heures. La question des loyers, agitée de nouveau et soutenue par divers délégués, est écartée comme inopportune.

Le citoyen Boursier annonce que dans toute la ville la mort des généraux Lecomte et Thomas est appréciée de façons bien diverses.

Le citoyen Assi propose de décliner dans une proclamation la responsabilité du fait, mais d'en accepter les conséquences.

Le citoyen Geresme est chargé de rédiger ce document.

Le président propose alors d'abolir les conseils de guerre de l'armée active et de soumettre les soldats au droit commun.

Des raisons importantes, citoyens, militent en faveur de cette proposition. — Les conseils de guerre sont et ne peuvent être autre chose que des tribunaux d'exception. — Devant eux l'on est condamné d'avance, la justice en est illusoire. — Devant les faits qui viennent de s'accomplir, il est de notre devoir d'émanciper l'armée. C'est à sa solidarité avec la garde nationale que nous devons la victoire de la liberté.

Je viens donc vous proposer un décret ainsi conçu: Les conseils de guerre de l'armée permanente sont abolis.

Le citoyen Dupont appuie la motion du préopinant. Il est de notre devoir, de notre dignité, de soustraire les soldats aux rigueurs de la loi militaire. Cette loi est une menace perpétuelle pour tous les soldats qui nous ont aidés si généreusement à fonder la liberté; nous devons donc les y soustraire par tous les moyens possibles.

Le décret est voté à l'unanimité.

Le citoyen Géresme est prié de donner communication à l'assemblée de la proclamation qu'il a rédigée.

La proclamation est adoptée à l'unanimité.

Le président soumet à l'assemblée quelques propositions ayant pour but de régler l'administration de la ville.

Ces mesures sont : la nomination d'employés à la surveillance des rues. La nomination aux divers emplois des ministères vacants.

Ces résolutions sont adoptées.

Le comité s'ajourne au lendemain, et la séance est levée au cri de : *Vive la République!*

Séance du 20 mars.

PRÉSIDENCE DU CITOYEN ASSY.

Le citoyen Varlin appelle l'attention du Comité sur la question de la prorogation des échéances. — La loi sur les échéances est une loi mal faite et dont le commerce parisien souffre énormément.

Les temps que nous sommes obligés de traverser nous font un devoir de suppléer au manque de prévoyance des législateurs de l'Assemblée nationale.

Le citoyen Billioray fait observer que le Comité, n'étant pas gouvernement, ne peut pas décréter la prorogation des effets de commerce.

Le citoyen Mortier appuie la motion du préopinant en développant cette idée que : La prorogation des effets de commerce ne peut appartenir qu'à la Commune qui va être nommée.

Le citoyen Varlin invoque l'urgence.

Le projet est réservé.

Le délégué Grollard prend la parole : Une difficulté, dit-il, s'est présentée : la solde de la garde nationale s'est faite difficilement. — Il faut remédier sans retard à cette difficulté; il faut avant tout que les citoyens vivent et fassent vivre leurs familles.

Le citoyen Assi développe cette idée, que, bien que le gouvernement doive savoir la situation, il n'a rien laissé au comité en fait de numéraire.

Il ajoute : Le Comité, tout en évitant les reproches de sybaritisme faits au gouvernement de 1848, doit lever la difficulté ; les fonds nécessaires à la solde de la garde nationale doivent forcément se trouver. Un impôt immédiat serait difficile à recouvrer et peut-être illégal. Le Comité enverra des délégués à la Banque et aux grandes administrations. Ces institutions de crédit fourniront dans la limite du strict nécessaire les fonds indispensables. La proposition est votée à l'unanimité.

Le citoyen Bourgeret appelle l'attention du Comité sur la situation des soldats errants dans Paris.

— Le Comité, dit-il, a le devoir de les protéger et de les nourrir.

L'Assemblée vote que l'on prendra sur les fonds à percevoir la somme nécessaire pour empêcher les militaires de mourir de faim.

Le citoyen Rousseau appelle aussi l'attention sur l'opposition qui commence à se manifester dans Paris.

Le citoyen Assi déclare, au nom de la liberté, que toutes les mesures sont prises pour assurer la liberté des élections, mais que les opinions de chacun sont libres.

— C'est là notre force, ajoute-t-il, la liberté doit être notre légalité.

La question des loyers, proposée par le citoyen Blanchet, est réservée. Toutefois le projet assurant le paiement des gros loyers seuls paraît avoir plus de partisans.

De nombreux délégués des bataillons de la garde nationale auraient assuré le Comité de leur dévouement. Le citoyen Assi espère que les quelques dissidents se rallieront le lendemain.

Les généraux apportent leurs rapports, tous favorables.

La séance est levée aux cris de : Vive la République !

—

Séance du 21 mars.
PRÉSIDENCE DU CITOYEN ASSY.

Le citoyen Varlin, délégué aux finances, demande à ce que des fonds soient mis à sa disposition pour solder et faire vivre les soldats errant dans Paris. Beaucoup de francs-tireurs, qui ont offert leur concours au Comité, se trouvent dans le même cas et ont besoin de secours.

Le citoyen Maljournal est d'avis que la Banque de France doit fournir, de concert avec les établissements de crédit, les fonds nécessaires au Comité. Le citoyen Rousseau propose d'envoyer des délégués à toutes les gares de chemin de fer. Ces délégués seront chargés de vérifier les recettes et de les frapper d'un impôt proportionnel. La mesure est adoptée.

On agite ensuite la question du paiement de l'indemnité prussienne. Le citoyen Grollard est d'avis que l'on doit confisquer et faire vendre au profit de la Commune les biens de tous les députés, sénateurs et ministres, qui ont voté la guerre contre la Prusse. Le citoyen Blanchet appuie la proposition ; mais il est d'avis que l'on doit ajouter à cette mesure de salut public un impôt sur le montant des loyers, payés ou non. La proposition est adoptée ; il sera statué ultérieurement sur la quotité de l'impôt à payer.

Le citoyen Fabre est d'avis que les objets déposés au Mont-de-Piété pendant le siége soient rendus à leurs dépositaires contre un tiers de la valeur en numéraire.

Les objets au-dessous de 20 francs seront rendus gratis.

La motion, mise aux voix, est adoptée à l'unanimité.

Le citoyen Lullier propose de former à l'Hôtel de Ville un ou deux bataillons solides et dévoués, pour les porter où le besoin s'en ferait sentir. — La proposition est adoptée ; le commandement de cette troupe est remis à monsieur Lullier (sic). Le citoyen délégué Geresme est d'avis de recommander aux chefs des patrouilles la plus grande vigilance et de bien se défier des agents de police qui pourraient se faufiler dans les hommes. — La proposition est adoptée. Le citoyen Geresme est chargé de la rédaction.

Pour ne pas grever trop les finances du comité, le citoyen Varlin propose de mettre à la disposition des chefs de postes des bons de réquisition suivant le nombre de chaque poste. Ces bons seront réglés ultérieurement. La mesure est adoptée.

Le citoyen Lisbonne est d'avis de remplacer par des

vivres requis les provisions de l'Hôtel de Ville, qui diminuent d'une façon inquiétante.

— On peut, dit l'orateur, se trouver cerné par une insurrection, et quelques jours de vivres sont indispensables.

La motion est adoptée.

Le citoyen Viard est d'avis qu'il est grand temps de faire cesser les manifestations contre le Comité.

Les réactionnaires, dit-il, veulent profiter des manifestations en faveur de l'ordre pour troubler la paix publique. — Le citoyen Lullier est chargé du maintien de l'ordre.

—

Séance du 22 mars.

PRÉSIDENCE DU CITOYEN ASSY.

La question des loyers, soulevée par le citoyen Grollard, est à l'unanimité réservée à la Commune élue. Sur la proposition du citoyen Avoine fils, le Comité déclare que par mesure d'ordre aucun propriétaire ne pourra congédier ses locataires, jusqu'à nouvel ordre.

Les commandants des divers points occupés font leurs rapports. Il en résulte que la réaction, plus puissante que les jours derniers, relève la tête. Une manifestation doit avoir lieu. Le citoyen délégué Lullier et le citoyen Moreau sont chargés de prendre des mesures énergiques pour empêcher, sans effusion de sang si faire se peut, cette manifestation.

Le citoyen Babick propose de suspendre la solde des bataillons dissidents. Le citoyen Assy lui répond que les dissidents ne peuvent toucher leur solde du comité central, mais que rien ne les empêche de la recevoir de Versailles. Le citoyen Blanchet propose, conjointement avec le citoyen Chouteau, de nommer le général Menotti Garibaldi, dont l'arrivée est annoncée, gouverneur des forces de Paris. La résolution est adoptée à l'unanimité.

Un délégué du poste central de la place Vendôme annonce qu'une manifestation importante se promène sur les boulevards, ayant en tête le drapeau de la nation. Le chef d'état-major général du Bisson est chargé, conjointement avec le général Cremer, de faire respecter les volontés du peuple.

Le citoyen Billioray est d'avis de régulariser immédiatement la position des soldats errants, en les incorporant dans la garde nationale.

Le citoyen Rousseau objecte que l'on ne doit pas avoir grande confiance dans des hommes qui ont pris l'habitude de vendre leurs armes au premier venu. — Le citoyen Lullier prend chaudement la défense de l'armée. La discussion s'engage à ce sujet. Après une lutte oratoire d'une demi-heure, à laquelle prennent part les citoyens Assy, Lullier pour, Rousseau, Grollard contre, la proposition mise aux voix est adoptée.

Le citoyen Maljournal prend la parole et développe la proposition de retarder les élections de quelques jours. En présence de l'attitude de la presse, les élections seront faites sous une pression plus ou moins grande. Donc on doit retarder les élections et préparer les candidatures démocratiques. Mais, pour cela, il faut supprimer les journaux antidémocratiques.

Le citoyen Assy prend la parole. Il s'oppose à la suppression des journaux.

Le citoyen Billioray propose de ne pas supprimer les journaux avant de s'assurer provisoirement des rédacteurs hostiles. A cet instant, un officier d'état-major vient annoncer le résultat de la manifestation de la place Vendôme.

Le citoyen président donne lecture du rapport du général du Bisson. Le citoyen Avoine offre de voter des remerciements au général et à tout l'état-major, qui a bien mérité de la patrie.

La proposition est votée à l'unanimité. Le citoyen Viard est d'avis de ne pas permettre à l'avenir de semblables manifestations. Pour cela, il faut de la cavalerie. Le citoyen Rousseau demande où on la prendra. Le citoyen Viard répond qu'on la réquisitionnera. La proposition est adoptée.

La discussion est reprise sur les élections et les journaux. Après quelques mots du citoyen Assy, le Comité vote à l'unanimité la prorogation des élections au dimanche, maintient la liberté de la presse, sous réserve de poursuivre les journalistes coupables d'excitation à la résistance. Le journal étant une propriété, ne peut être confisqué. — Le Comité ratifie les condamnations à mort prononcées la veille sur la proposition des généraux Henry et du Bisson.

Le citoyen Viard demande à ce que l'on envoie à Versailles des émissaires secrets, chargés d'instruire la troupe de ligne de ses véritables devoirs. Le citoyen Assy déclare que les émissaires sont partis depuis plusieurs jours. Place Vendôme, un garde national a été tué par imprudence. Le Comité vote à l'unanimité l'adoption de ses enfants par la Commune de Paris.

—

Séance du 23 mars.
PRÉSIDENCE DU CITOYEN ASSY.

Le Comité, sur le rapport du citoyen Billioray, convient de laisser aux journaux l'attitude qu'ils voudront conserver, pourvu que cette attitude ne soit pas une provocation permanente à la révolte.

Le citoyen Lullier est d'avis que la liberté de la presse doit être pleine et entière, et que les condamnations de la presse ont fait plus de mal à tous les pouvoirs qui se sont succédé depuis cent ans que la liberté la plus complète.

L'orateur est d'avis de rapporter le projet voté la veille. Sa proposition mise aux voix n'est pas adoptée. Le citoyen Henry propose au Comité de vouloir bien faire occuper par les bataillons fidèles les mairies dissidentes. Sur la proposition du citoyen Assy, il est convenu que l'on tentera d'abord de faire occuper les mairies par les bataillons ralliés au Comité de chaque arrondissement.

Les bataillons de l'Hôtel de Ville occuperont les quartiers où les bataillons du Comité ne seront pas en force. Le citoyen Bergeret est d'avis que les gardes nationaux de garde touchent une haute paie, la solde de un franc cinquante centimes étant regardée comme un secours indispensable, dans les moments que nous traversons.

Le citoyen Varlin fait observer que l'état des finances ne permet pas d'appliquer cette mesure à tous les gardes nationaux, et que l'on peut à peine le faire pour les plus nécessiteux.

La question des élections est mise à l'ordre et débattue. Le citoyen Babick est d'avis que le mandat de conseiller municipal doit être, comme celui de député, un titre à l'inviolabilité. — Une commission tirée au sort est chargée de désigner les candidats à la municipalité. — Tous les membres du Comité sont portés sur la liste à côté des membres influents et connus de chaque quartier.

Le citoyen Grollard lit un rapport où il constate que les troupes de Versailles sont animées du meilleur esprit.

Le citoyen Assy est immédiatement prié de faire savoir cette nouvelle aux gardes nationaux présents.

Le citoyen Arnaud pense que l'on doit songer à la question des loyers, si importante pour le petit commerce et les ouvriers.

— Le citoyen Castioni pense que les loyers au-dessous de 500 francs doivent ne pas être payés du tout. — Le motif en est simple, puisque l'ouvrier, qui est réduit à ce loyer, ne pourra payer et restera écrasé sous sa dette.

Les loyers de 500 francs à 1,000 francs devront être réduits de moitié, et encore un délai de deux ans sera accordé au locataire. — Les loyers de 1,000 à 2,000 francs seront diminués d'un tiers et un délai de paiement sera accordé. Le citoyen Jourde est d'avis que les loyers au-dessous de 1,500 francs soient réduits de moitié.

Le citoyen Assy, tout en se ralliant aux propositions du premier orateur, est d'avis que la proposition soit renvoyée devant le conseil municipal élu. Son avis est adopté. Un délégué demande à ce que les percepteurs et receveurs particuliers soient requis de verser le montant des contributions aux mains du Comité. La motion, mise aux voix, est adoptée.

Revenant sur l'attitude menaçante et injurieuse de certains journaux à l'égard des élus du peuple de Paris, le citoyen Viard propose de punir sévèrement les journalistes les plus contraires aux droits du peuple et à l'exercice de sa souveraineté.

Dans les circonstances actuelles, dit-il, la souveraineté du peuple ne saurait être mise en doute; c'est un principe que l'on ne discute pas et que l'on ne doit pas laisser discuter. Des mesures énergiques doivent donc être prises. La proposition, mise aux voix, est adoptée.

La séance est levée aux cris de : Vive la République !

―

Séance du 24 mars.

PRÉSIDENCE DU CITOYEN ASSY.

Le citoyen Assy prend la parole et annonce que les nouvelles que le comité vient de recevoir de Versailles sont excellentes.

Le pouvoir exécutif, fatigué de lutter contre la

droite et contre la gauche, fait d'importantes concessions. Toutefois, il ne faut pas s'abuser, la parole d'un ministre ne saurait avoir une grande importance, surtout au point de vue de la sécurité individuelle des membres du comité.

Le citoyen Moreau est d'avis que l'on doit essayer de faire une tentative de conciliation.

Le citoyen Avoine est d'avis que l'on doit surtout essayer de ramener par la persuasion les quelques arrondissements dissidents.

Sur la proposition du citoyen général Bergeret, le comité convient d'envoyer à la mairie du 1er arrondissement une députation assez nombreuse pour se mettre en rapport avec la municipalité. Le citoyen président est d'avis de faire accompagner la députation par une troupe assez nombreuse pour la faire respecter.

Le général Brunel est chargé de commander les bataillons chargés d'escorter les citoyens délégués.

Le citoyen Maljournal est d'avis que l'on fasse tout ce qu'il sera possible de faire pour occuper le plus rapidement possible les positions qui sont encore au pouvoir des insurgés. La proposition mise aux voix est adoptée.

Les citoyens Fabre et Ferrat pensent que les négociations doivent être reprises au plus vite, si l'on veut arriver à quelque chose.

Le citoyen Fortuné (Henri) appuie la proposition.

Le citoyen Assy répond qu'il est prêt à se rendre à l'avis émis par les préopinants, mais que cela ne dépend pas de lui seul. — Les maires et les députés de Paris ne méritent aucune confiance; les ministres sont des canailles, les députés des imbéciles féroces; il est donc bien difficile de pouvoir mettre une ombre de confiance dans des gens pareils.

Une députation de la mairie du deuxième arrondissement est introduite. Elle vient discuter les conditions ou plutôt confirmer les paroles de l'amiral Saisset.

On convient de déléguer deux membres auprès de l'amiral, pour qu'il puisse leur confirmer ce qu'il a annoncé dans la matinée.

Le citoyen Grollard pense que les délégués doivent être envoyés à la mairie du 2ᵉ arrondissement.

Le comité se forme en séance secrète.

Séance secrète.

Le citoyen Assy prend la parole.

— Citoyens, dans les circonstances actuelles, la guerre civile peut être un crime civique, elle est certainement une nécessité que nous pouvons dire fatale. Voici les conditions que nous offre le gouvernement. (Suit la lecture des propositions.) Certes, je suis prêt à vous proposer de les accepter; mais en présence du retard demandé pour les élections et de l'attitude douteuse de l'Assemblée, je crois qu'il est sage de les rejeter.

Si nous retardons les élections, le pouvoir, qui est le synonyme de la réaction, viendra peser de tout son poids sur les électeurs. Il dirigera le vote de telle façon que nous, les vainqueurs d'aujourd'hui, nous serons non-seulement les vaincus, mais les proscrits de demain.

Nous sommes les maîtres de la situation; nos adversaires, bien que décidés en apparence à la lutte, n'ont ni organisation ni communauté d'idées. Un seul jour de retard peut tout perdre. Si les maires et le gouvernement ne veulent pas accepter la date de dimanche pour les élections, nous devons rompre les négociations.

Le citoyen Bergeret est d'avis de rompre les négociations et de se préparer à la lutte à outrance. — Après quelques mots du citoyen Billioray, l'assemblée nomme deux membres qui doivent se rendre à la mairie du 2ᵉ arrondissement.

Ces délégués doivent accepter au nom du Comité toutes les conditions proposées par l'amiral Saisset, mais les élections devront être faites au jour fixé par les représentants de la garde nationale. La séance est suspendue.

A minuit, les délégués reviennent annoncer que le gouvernement repousse les élections à bref délai.

Le Comité, à l'unanimité, déclare les négociations entamées nulles et non avenues.

La séance est levée aux cris de : *Vive la République! Vive la Commune!*

—

Séance du 25 mars.

PRÉSIDENCE DU CITOYEN ASSY.

Le citoyen président annonce que depuis le matin il reçoit des adhésions de plus en plus nombreuses de tous les points de la Capitale, et surtout des divers corps de l'armée campée à Versailles.

Le général Bergeret vient annoncer que les 92e et 100e bataillons de la garde nationale viennent d'envoyer leur adhésion formelle au Comité. Les maires, suivant le citoyen Billioray, viennent de se rallier au Comité. La situation est donc excellente.

Le citoyen Gaudier demande au président s'il a reçu une communication quelconque des maires ou des députés de Paris.

Le citoyen Assy déclare qu'il ne sait rien d'officiel à ce sujet, mais qu'il peut affirmer que, moyennant quelques concessions personnelles, les représentants de Paris seront prêts à faire cause commune avec le peuple.

Le citoyen Fabre pense que l'on doit se défier des maires et des adjoints de Paris. — Le citoyen Assy prend la parole et réplique que les négociations entamées par les maires ont toujours été loyales et sincères ; il ne peut en dire autant de celles entamées par le gouvernement.

D'après ce que les envoyés ont rapporté de Versailles, il sera toujours impossible de s'entendre avec l'Assemblée.

Le citoyen Mortier établit qu'il est impossible de se fier au gouvernement de M. Thiers, qui a été l'un des créateurs de l'Empire. Toutefois il n'a aucun motif de défiance contre les maires et les députés de Paris.

La séance est suspendue.

Le citoyen Assy, à la reprise de la discussion, déclare que les maires viennent d'adhérer aux résolutions du comité. Les envoyés des municipalités sont introduits.

L'adhésion des autorités municipales est acceptée à l'unanimité, aux conditions suivantes :

Les bataillons séparatistes abandonneront leurs postes, qui seront occupés par les bataillons de la fédération.

Aucune poursuite ne pourra être dirigée contre les séparatistes.

Les prisonniers seront relâchés.

Les maires seront libres de faire afficher les candidatures aux élections qui auront lieu dimanche 26 mars.

Les officiers municipaux devront veiller à la liberté des élections et faire maintenir l'ordre ; ils seront responsables des troubles.

Les délégués des mairies acceptent au nom des officiers municipaux et des députés de Paris.

Le citoyen Guival propose de voter des remercîments aux maires et aux députés de Paris, qui ont su se séparer de l'Assemblée réactionnaire et se joindre au peuple de Paris pour éviter l'effusion du sang français. La proposition est adoptée.

Le citoyen Varlin, délégué aux finances, demande des fonds pour les besoins les plus pressants. — Le Comité décide qu'on ira les demander à la Banque de France.

Le citoyen Jourde demande quelle devra être l'attitude de l'Assemblée municipale, si l'Assemblée de Versailles ne veut pas la reconnaître?

Le citoyen Assy prend la parole et explique que le conseil municipal de Paris doit se renfermer dans ses fonctions d'assemblée communale.

Toutefois, si l'Assemblée voulait mettre Paris au ban de la France, ce serait alors au conseil municipal de régler la Constitution qui devrait régir Paris.

Toutefois, on ne doit pas penser que l'Assemblée ose désapprouver les élections de Paris ; ce serait un acte trop grave, surtout devant l'attitude des grandes villes de province prêtes à s'unir à la Capitale.

Le Comité s'ajourne au lendemain de bonne heure pour sa dernière séance, après avoir réglé les détails et fixé l'heure des élections.

La séance est suspendue jusqu'à six heures.

Le citoyen Assy ouvre la séance en déclarant qu'avant de se séparer, le Comité doit nommer un sous-Comité, qui jusqu'aux élections veillera à l'organisation de la garde nationale.

Le citoyen Billioray est d'avis de tirer au sort les noms des membres de cette commission.

La proposition est rejetée.

―

Séance du 26 mars.

PRÉSIDENCE DU CITOYEN ASSY.

Le citoyen président prend la parole.

Il annonce que les délibérations du Comité vont prendre fin. Malgré l'opposition systématique des journaux, malgré les efforts de la réaction, la République est à jamais fondée.

Il remercie les membres du Comité de l'appui qu'ils ont prêté à la République. Il pense que les républicains sauront gré à tous ses collègues des efforts surhumains qu'ils ont faits pour maintenir l'ordre.

Les citoyens Geresme et Chouteau sont priés de rédiger une proclamation à la garde nationale et au peuple de Paris.

Le comité se déclare en permanence jusqu'à ce que le résultat du vote soit connu.

Les citoyens délégués aux services publics viennent prendre part à la séance.

Le citoyen Varlin déclare que les nécessités financières deviennent de jour en jour plus graves.

Le Comité décide que jusqu'à ce que le conseil municipal soit élu, il ne peut ni ne veut prendre une décision. Le conseil de la Commune avisera.

Les rapports reçus de tous les arrondissements, sauf le deuxième, sont excellents ; encore, vu le grand nombre d'abstentions, la liste du Comité passera probablement. Partout ailleurs le comité aura la majorité.

Le Comité décide de nommer le citoyen Assy au sous-Comité en qualité de président. Le citoyen Assy s'adjoindra les hommes les plus capables pour l'administration et la réforme de la garde nationale.

Le citoyen Varlin pense qu'il doit rendre compte au Comité de ce qui a été fait pour la garde nationale. Trente mille paires de souliers ont été distribuées, trente mille autres paires ont été commandées et seront livrées dans quelques jours. Les bons de réquisition sont enregistrés régulièrement, et le contrôle sera facile le jour où les fournisseurs voudront en toucher le montant.

Le Comité déclare que c'est au conseil municipal de régler avec les fournisseurs, sur la proposition du citoyen Avoine.

Sur la proposition du citoyen Assy, le Comité se déclare dissous et prêt à remettre ses pouvoirs aux mains du conseil municipal.

Il s'ajourne au lendemain pour proclamer le résultat des votes.

La séance est levée aux cris de : Vive la Commune! Vive la République! Vive la Fédération!

—

Séance du 27 mars.
PRÉSIDENCE DU CITOYEN ASSY.

Le Comité se déclare en permanence jusqu'à ce que le résultat des votes soit connu.

Le citoyen Andignoux demande à ce que la proclamation des votes soit accompagnée d'une solennité imposante. Le citoyen président déclare que tout sera digne de l'admirable peuple de Paris.

Le citoyen Gouhier pense que l'on doit prendre modèle sur la fête de la Fédération de l'immortelle Révolution de 89.

La proposition est adoptée. Le citoyen Geresme est chargé de l'organisation de la manifestation et de se mettre en rapport avec les délégués des divers bataillons.

Le citoyen Varlin déclare que les fonds nécessaires ne pourront être fournis par le trésor. Sur la proposition du citoyen Henri, le Comité déclare que le conseil municipal réglera la question.

Le citoyen Billioray déclare que l'on devrait s'occuper de régler quelles seraient exactement les attributions du conseil municipal. Le citoyen Assy fait observer que l'Assemblée communale étant souveraine, puisqu'elle prend son autorité du peuple qui est le seul souverain légitime, réglera la question avec de pleins pouvoirs. Suivant le citoyen, le Comité ne peut s'occuper de cette question, où il est incompétent. La proposition mise aux voix est rejetée.

Le citoyen Assy, après avoir fait connaître les excellentes dispositions de la population parisienne, propose au Comité de s'ajourner au lendemain pour la proclamation du résultat des élections.

La proposition est adoptée; mais avant de se séparer, le Comité vote d'urgence la mise en liberté de 22 prisonniers.

Séance du 28 mars.

PRÉSIDENCE DU CITOYEN ASSY.

Le citoyen président prend la parole; il communique à l'Assemblée le résultat définitif du vote. Les abstentions ont été nombreuses, mais le résultat n'en reste pas moins acquis.

Dans peu de jours les abstentionnistes seront ralliés au conseil municipal, si le gouvernement, d'accord avec le peuple, sait maintenir l'ordre et arrêter la réaction.

Dans quelques jours, dit-il, l'Assemblée nationale elle-même, revenue de ses injustes méfiances, tendra la main au conseil municipal et sera obligée de compter avec lui.

Le citoyen Fabre demande l'élargissement de tous

les prisonniers. Le citoyen Assy répond que partout où les détenus ne relèvent pas spécialement du Comité, ils ont été élargis. Le petit nombre qui reste ne peut être relâché; le conseil élu de la garde nationale ou le Comité, s'il y a urgence, statuera sur leur compte.

La proposition du citoyen Fabre est repoussée.

Le citoyen Arnaud propose de nommer deux membres pour rédiger une adresse au peuple de Paris, pour le remercier d'avoir confirmé par son vote la conduite du Comité.

Le citoyen Assy et le citoyen Geresme sont chargés de rédiger la proclamation.

Le Comité, sur la proposition du président, nomme six commissaires qui seront chargés d'installer le conseil municipal.

Les délégués détachés aux services publics font de droit partie de cette commission.

Le Comité se déclare dissous, aux cris de Vive la République! Vive la Commune! Il restera chargé de l'expédition des affaires jusqu'à l'installation du conseil municipal, auquel il devra rendre ses comptes.

VIII

LES DISSENSIONS DU COMITÉ.

—

Ainsi qu'on a pu le voir déjà en parcourant le compte rendu des séances les plus intéressantes, tenues par Messieurs du Comité central à l'Hôtel de Ville, la « plus franche cordialité » ne régnait pas toujours en cette *noble* assemblée.

Voici une lettre qui simule une rectification en démontrant clairement que le besoin d'affirmer la fraternité qui *devait* exister entre les membres du Comité, se faisait nécessairement sentir :

Paris, 28 mars 1871.

Au rédacteur en chef du Paris-Journal,
  2, rue Favart.

Citoyen rédacteur,

Dans un article du 25 courant, consacré aux faits et gestes des membres du Comité central, vous affirmez qu'une discussion s'étant élevée entre le citoyen Assy et le citoyen Varnagen (lisez Valigrane, je vous prie), commandant militaire de l'Hôtel de Ville, il en est résulté une querelle dégénérant en une rixe augmentée de coups de poings (*sic*).

Pour rétablir la vérité et réduire à néant vos allégations mensongères, permettez-moi d'ajouter, citoyen rédacteur :

1° Que jamais aucune discussion ou contestation quelconque ne s'est élevée entre le citoyen Assy et moi, et que par conséquent aucune voie de fait n'a pu être échangée entre nous ;

2° Que les rapports fréquents que notre situation respective nous impose quotidiennement ont été constamment empreints d'un caractère fraternel, poli, je dirai même sympathique, le citoyen Assy étant un des membres que j'ai pu apprécier de plus près dans nos entrevues de tous les instants ;

3° Qu'en tout cas, la dignité seule de notre caractère, et les notions les plus élémentaires de savoir-vivre, nous interdisent absolument l'emploi de semblables procédés, et ne vous autorisent nullement à nous gratifier de certaines qualités physiques dont nous abandonnons volontiers le privilége exclusif aux forts de la Halle, voire même aux ex-membres des Gourdins désunis, pour ne nous souvenir que d'un principe immuable : Le droit prime la force.

Apôtres résolus de l'application de ce principe immortel, nous avons audacieusement assumé la responsabilité d'une tâche aussi périlleuse que nécessaire, convaincus profondément que nos efforts persévérants et le concours de la sanction populaire nous en faciliteraient l'accomplissement.

Tel a été notre unique but, ne nous préoccupant nullement des obstacles suscités par la réaction ou par l'indifférence, dédaigneux avant tout des attaques et des récriminations intéressées d'une presse salariée qui n'obéit qu'aux inspirations malsaines des partis réduits à l'impuissance de leur haine.

Dans l'attente que vous voudrez bien insérer cette rectification dans votre prochain numéro,

Agréez, citoyen rédacteur, l'assurance de ma considération distinguée.

L. Valigrane,
Colonel commandant le 129e bataillon, ex-commandant militaire de l'Hôtel de Ville (1).

---

(1) Une chose surprenante, c'est le besoin qu'éprouvent ces gens de se donner des qualités. Mais il en est certaines, bien à eux pourtant, qu'ils laissent dans l'oubli; celui-ci, par exemple, aurait pu ajouter : ex-caporal au 65e de ligne, cassé quatre fois pour inconduite.

IX

LES ÉLECTIONS DE LA COMMUNE.
(26 mars 1871.)

Rapport de la Commission des élections.

La commission qui a été chargée de l'examen des élections a dû examiner les questions suivantes :

Existe-t-il une incompatibilité entre le mandat de député à l'Assemblée de Versailles et celui de membre de la Commune ?

Considérant que l'Assemblée de Versailles, en refusant de reconnaître la Commune élue par le peuple de Paris, mérite par cela même de ne pas être reconnue par cette Commune ;

Que le cumul doit être interdit ;

Qu'il y a du reste impossibilité matérielle à suivre les travaux des deux Assemblées ;

La commission pense que les fonctions sont incompatibles.

Les étrangers peuvent-ils être admis à la Commune ?

Considérant que le drapeau de la Commune est celui de la République universelle ;

Considérant que toute cité a le droit de donner le titre de citoyen aux étrangers qui la servent ;

Que cet usage existe depuis longtemps chez des nations voisines ;

Considérant que le titre de membre de la Commune étant une marque de confiance plus grande encore que le titre de citoyen, comporte implicitement cette dernière qualité.

La commission est d'avis que les étrangers peuvent être admis, et vous propose l'admission du citoyen Frankel.

Les élections doivent-elles être validées d'après la loi de 1849, exigeant pour les élus le huitième des électeurs inscrits ?

Considérant qu'il a été établi que les élections seraient faites d'après la loi de 1849, la commission est d'avis que le huitième des voix est nécessaire en principe ;

Mais considérant que l'examen des listes électorales de 1871 a fait reconnaître des irrégularités qui sont d'une importance telle, qu'elles ne présentent plus aucune certitude sur le véritable chiffre des électeurs inscrits. Les causes qui ont influé sur l'inexactitude des listes sont de différente nature : c'est le plébiscite impérial, pour lequel une augmentation insolite s'est produite, le plébiscite du 3 novembre, les décès pendant le siége, le chiffre élevé des habitants qui ont abandonné Paris après la capitulation, et, d'un autre côté, le chiffre considérable, pendant le siége, des réfugiés étrangers à Paris, etc., etc. ;

Considérant qu'il a été matériellement impossible de rectifier à temps toutes les erreurs, et qu'on ne peut s'en rapporter à une base légale aussi évidemment faussée ;

En conséquence, la commission propose de déclarer validées, aussi bien que toutes les élections qui ont obtenu le huitième des voix, les six élections qui resteraient en suspens, en s'en rapportant à la majorité relative des citoyens qui ont rempli leur devoir étroit en allant au scrutin.

Pour la commission :

Le rapporteur,
PARISEL.

La Commune a adopté les conclusions du rapport.

Commune de Paris.

ÉLECTIONS DU 26 MARS 1871.

Premier arrondissement (Louvre).

12 sections, 84,665 habitants, 4 conseillers.

Inscrits	22,060
Le huitième	2,757
Votants	14,056
Adam (élu)	7,272
Meline (élu)	7,251
Rochard (élu)	6,629
Barré (élu)	6,294
Grandjean	3,665
Vésinier	3,458
Pillot	3,369
Miot	3,210
Andrieux	549
Napis-Piquet	319
Pyat (Félix)	195
Delescluze	187
Blanqui	153
Bulletins blancs et nuls	170

Deuxième arrondissement (Bourse)

20 sections, 79,909 habitants, 4 conseillers.

Inscrits 22,858
Le huitième 2,857
Votants 14,143

Brélay (élu)	7,025
Loiseau (élu)	6,932
Tirard (élu)	6,386
Chéron (élu)	6,018
Pothier	4,422
Sérailler	3,711
Durand	3,656
Johannard	3,639
Turpin	794
Pyat	182
Blanqui	126
Thorel	116
Ranc	110
Rogeard	88
Vaillant	56
Delescluze	43
Divers	340

Troisième arrondissement (Temple)

12 sections, 92,680 habitants, 5 conseillers.

Demay (élu)	9,004
Arnauld (élu)	8,912
Pindy (élu)	8,095
Murat (élu)	5,904
Dupont (élu)	5,752
Cléray	5,698
Amouroux	5,697
Bonvalet	3,906
Rogeard	2,796
Briosnes	2,602
Sourd	2,460
Landeck	2,043
Ferré	1,586
Albert	1,539
Hudelot	1,116
Viard	1,075

Chavagnat.	879
Frère	508
Blanqui.	154
Mousseron.	134
Divers.	1,030

Quatrième arrondissement (Hôtel de Ville).

11 sections, 98,648 habitants, 5 conseillers.

Inscrits	32,060
Le huitième	4,007
Votants	13,910
Arthur Arnould (élu).	8,608
Lefrançais (élu)	8,619
Clémence (élu)	8,163
Gérardin (élu).	8,104
Amouroux (élu)	7,950
Louis Blanc	5,680
Vautrin.	5,133
Châtillon	4,991
Loiseau.	4,849
Calon	4,743
Divers.	1,094

Cinquième arrondissement (Panthéon).

10 sections, 104,083 habitants, 5 conseillers.

Inscrits	21,632
Le huitième	2,704
Votants	12,422
Régère (élu)	7,469
Jourde (élu)	7,310
Tridon (élu)	6,469
Blanchet (élu).	5,994
Ledroy (élu)	5,848
Collin	3,049
Murat	2,858
Treillart	1,577
Jourdan	1,529
Pierron.	1,234
Vacherot	1,208
Longuet	1,095
Thomas	1,040

Griffe	1,037
Betesti	1,029
Louis Blanc	1,011
Rouillet	846
Acanin	471
Murat adjoint	421
Murat	284
Ducoudray	242
Salicis	230
Larmier	156
Bertillon	92
Marie	87
Rogeard	73
Blanqui	73
Cluseret	46
Divers	962
Blancs	274
Nuls	231

Sixième arrondissement (Luxembourg).

13 sections, 75,438 habitants, 4 conseillers.

Inscrits	24,807
Le huitième	3,100
Votants	9,499

Leroy (élu)	5,800
Goupil (élu)	5,111
Robinet (élu)	3,904
Varlin (élu dans les 17ᵉ et 12ᵉ)	3,602
Courbet	3,242
Lacord	2,941
Lauth	2,362
Hérisson	2,279
Jozon	2,202
Chouteau	2,128
Ferrat	2,062
Massot	1,509
Rogeard	1,402
Gambetta	637
Vaillant	570
Floquet	484
Armand Lévy	385

Masson. 102
Blanqui 67
Divers 999
Bulletins blancs 189
Nuls. 205

Septième arrondissement (Palais-Bourbon).

19 sections, 75,438 habitants, 4 conseillers.

Inscrits 22,092
Le huitième 2,206
Votants 5,065

Parizel (élu) 3,367
Lefèvre (élu) 2,859
Urbain (élu) 2,803
Brunel 2,163
Ribaucourt 1,376
Toussaint 1,063
Arnaud (de l'Ariége). 986
Lallemand. 935
Hortus 812
Bellaigues 725
Dargent. 685
Blanqui. 95
Pyat (Félix) 26
Ant. Arnaud 26
Divers 715
Nuls 16
Blancs 77

Huitième arrondissement.

8 sections, 70,259 habitants, 4 conseillers.

Inscrits 17,825
Le huitième 2,228
Votants 4,396

Raoul Rigault (élu) 2,173
Vaillant (élu) 2,145
Arthur Arnould (élu). 2,114
Alix (élu) 2,028
Carnot. 1,922
Denormandie. 1,806
Aubry 1,740
Belliard 1,718
Divers 825

12.

Neuvième arrondissement (Opéra).

9 sections, 106,221 habitants, 5 conseillers.

Inscrits 26,608
Le huitième 3,326
Votants 10,340

Ranc (élu). 8,950
U. Parent (élu) 4,770
Desmarest (élu) 4,232
E. Ferry (élu) 3,732
Nast (élu). 3,691
Dupont de Bussac 2,893
Avenel. 2,377
Lemeri. 2,228
Briosnes 2,197
Delescluze. 1,699
Malon 1,337
Bonni 1,012
Duchêne 987
Blanqui. 744
V. Hugo 695
Massol 540
Chaudey 496
Gaudillot 412
Gromier 381
Picchio. 327
Beslay 248
Pyat 91
Assy 21
Muls 210
Blancs 157

Dixième arrondissement (Enclos St-Laurent).

14 sections, 116,438 habitants, 6 conseillers.

Inscrits 28.801
Le huitième 3,600
Votants 16,765

Gambon (élu) 13,734
Félix Pyat (élu) 11,813
Henri Fortuné (élu) 11,364
Champy (élu). 11,042
Babick (élu) 10,934

— 143 —

Rastoud (élu)	10,738
Ollive	3,985
Gambetta	3,758
Alcan	3,001
Marchand	2,685
Coquentin	2,623
Murat	1,330
Duball	878
Brelay	861
Degouves-Demiége	536
Nuls	466

Onzième arrondissement (Popincourt).

32 sections, 149,641 habitants, 7 conseillers.

Inscrits	42,153
Le huitième	5,269
Votants	25,183
Mortier (élu)	21,186
Delescluze (élu dans le 19e)	20,264
Assy (élu)	19,890
Protot (élu)	19,780
Eudes (élu)	19,276
Avrial (élu)	17,944
Verdure (élu)	17,351
Mottu	4,614
Raspail	4,558
Ranc	4,449
Poirrier	4,015
Havard	3,577
Rebierre	3,303
Millière	2,760
Malarmet	1,544
Couturat	1,401
Cluseret	944
Tolain	283
Blanqui	253
Minet	251
Blanchon	185
Pyat	140
Divers	1,298
Blancs	468
Nuls	65

Douzième arrondissement (Reuilly).

10 sections, 78,635 habitants, 4 conseillers.
Inscrits 19,990
Le huitième 2,498
Votants 11,329

Varlin (élu dans le 17e et le 6e) 9,843
Geresme (élu). 8.896
Theitz (élu dans le 18e). 8,710
Fruneau (élu). 8,629
Denizot 1,581
Dumas. 1,563
Turillon 1,553
Grivot 456
Barroud 93
Montels 81
Millière 30
Divers 870
Blancs. 233
Nuls 96

Treizième arrondissement (Gobelins).

5 sections, 70,192 habitants, 4 conseillers.
Inscrits 16,597
Le huitième 2,074
Votants 8,010

Léo Meillet (élu) 6,531
Duval (élu) 6,482
Chardon (élu). 4,663
Frankel (élu) 4,080
Lucipia. 1,540
Sicard. 1,455
Combes 402
Cayol 270
Gougenot 221
Blanqui 194
Félix Pyat. 103
Bousery 38
Pernolet 41
Beauchéry. 36
Paty 22

Besançon 23
Blancs 147
Nuls 32

Quatorzième arrondissement (Observatoire).

8 sections, 65,506 habitants, 3 conseillers.
Inscrits 17,769
Le huitième 2,221
Votants 6,570

Billioray (élu) 6,100
Marfelet (élu) 5,912
Decamp (élu) 5,835
Ducoudray 570
Avoine fils 332
Héligon 130
Asseline 118
Blanqui 104
Brideau 38
Divers 516
Blancs 320
Nuls 43

Quinzième arrondissement (Vaugirard).

9 sections, 69,340 habitants, 3 conseillers.
Inscrits 19,681
Le huitième 2,460
Votants 6,467

Clément (élu) 5,025
J. Vallès (élu) 4,403
Langevin (élu) 2,417
Joblée-Duval 1,833
Henriot 1,731
Andignoux 1,606
Sextus Michel 1,600
Chauvière 1,500
Castioni 1,425
Trouille 210
Blanqui 185
Conduché 148
Maublanc 27

V. Hugo	9
Divers	442
Blancs	173
Nuls	71

Seizième arrondissement (Passy).

5 sections, 42,187 habitants, 2 conseillers.

Inscrits	10,731
Le huitième	1,371
Votants	3,732

Marmottan (élu)	2,036
De Bouteiller (élu)	1,909
Félix Pyat	1,332
V. Hugo	1,274
Chaudey	95
H. Martin	93
Delescluze	82
Flotard	46
Divers	254
Blancs	67
Nuls	20

Dix-septième arrondissement (Batignolles-Monceaux).

9 sections, 98,193 habitants, 5 conseillers.

Inscrits	26,574
Le huitième	3,321
Votants	11,394

Varlin (élu)	9,356
Clément (élu)	7,121
Ch. Gerardin (élu)	6,142
Chalin (élu)	4,545
Malon (élu)	4,199
Taillez	3,548
Martine	3,111
Dupas	2,511
Tridon	2,253
Vergès	1,941
Calmels	1,660
Maillard	969
Favre	717

Cachent.	589
Villeneuve.	457
Crousset	427
Maljournal.	384
Blanqui.	211
Divers	660

Dix-huitième arrondissement (Buttes-Montmartre).

9 sections, 130,456 habitants, 7 conseillers.

Inscrits	32,962
Le huitième	4,120
Votants	17,443

Blanqui (élu)	14,923
Theisz (élu)	14,950
Dereure (élu)	14,661
Clément (élu)	14,188
Ferré (élu).	13,784
Vermorel (élu).	13,402
Pascal Grousset (élu)	13,359
Dupas	2,098
Félix Pyat.	1,750
Assy	1,254
Lefrançais.	1,248
Briosne.	1,157
Gally	899
Clémenceau	752
Jaclard.	503
Lafond.	449
L. Blanc	130
Divers.	1,982
Blancs et nuls	716

Dix-neuvième arrondissement (Buttes-Chaumont).

16 sections, 113,000 habitants, 6 conseillers.

Inscrits	28,270
Le huitième	3,533
Votants	11,282

Oudet (élu).	10,065
Puget (élu)	9.547
Delescluze (élu dans le 11ᵉ)	5,846

J. Miot (élu)	5,520
Ostein (élu)	5,165
Flourens (élu)	4,100
Henry	4,084
Pillioud	3,860
Cavol	3,622
Mallet	721
Lavalette	600
Blanqui	548
Pyat	222
Lagarde	195
Lefrançais	173
Divers	1,387
Nuls	415

Vingtième arrondissement (Ménilmontant).

13 sections, 87,444 habitants, 4 conseillers.

Inscrits	28,270
Le huitième	3,533
Votants	11,282

Bergeret (élu)	15,290
Ranvier (élu)	15,049
Flourens (élu)	14,089
Blanqui (élu)	13,859
Tridon	1,304
Dumont	1,054
Lefrançais	269
L. Blanc	49
Eudes	47
Voix diverses	534
Blancs	449
Nuls	151 (1)

---

(1) Nous avons cru indispensable de donner le tableau complet des élections. Son ensemble forme un document qui aura peut être encore plus d'intérêt dans l'avenir que dans le présent. Il peut arriver certains événements qui feront, de la recherche de tous les noms mis en avant dans cette circonstance, une étude des plus curieuses.

La commune de Paris décrète :

Art. 1er. Les membres de la Commune ont la direction administrative de leur arrondissement.

Art. 2. Ils sont invités à s'adjoindre, à leur choix et sous leur responsabilité, une commission pour l'expédition des affaires.

Art. 3. Les membres de la Commune ont seuls qualité pour procéder aux actes de l'état civil.

La Commune de Paris.

 " Dans le rapport sur les élections, présenté à la Commune et qui est inséré dans le *Journal officiel*, nous remarquons, avec un étonnement renouvelé des soupières électorales de l'empire, dans le vingtième arrondissement :

» Inscrits	28,270
» Votants	11,282

 " Et immédiatement après :

Bergeret (élu)	15,290
Ranvier (élu)	15,049
Flourens (élu)	14,089
Blanqui (élu)	13,856
Tridon	1,301
Etc.	

 " Les quatre élus ont eu large mesure de voix. "

Néanmoins il résulte des chiffres officiels du dépouillement du scrutin pour l'élection des membres de la Commune, que le nombre des votants n'est égal à la moitié des inscrits que dans six arrondissements, et que le total des voix obtenues par les candidats qui tiennent la tête de chaque liste des adhérents au comité, atteint à peine 140,000 suffrages sur 447,000 électeurs inscrits.

En admettant, ce qui dépasse de beaucoup les proportions ordinaires, que le nombre des abstentions involontaires soit du quart des inscrits, le comité n'aurait encore eu que 140,000 voix contre près de 200,000.

Pourquoi alors s'est-on abstenu?

La discipline des partis a-t-elle donc suivi en France la marche des fatals événements qui avaient fait disparaître celle de l'armée?

L'union fait la force, citoyens.

—

On sait que de nombreuses démissions ayant été données, le gouvernement de la Commune a dû procéder à des élections nouvelles : voici le résultat de cette épreuve néfaste pour la Commune, qui, plus encore que le 26 mars, a été condamnée et combattue par abstention le 16 avril. C'est un parti pris.

RAPPORT DES ÉLECTIONS DU 16 AVRIL 1871.

La commission nommée pour la validation des élections du 16 avril avait déposé le rapport suivant :

Considérant que dans certains arrondissements, un grand nombre d'électeurs se sont soustraits par la fuite à leur devoir de citoyens et de soldats, et que, dans les graves circonstances que nous traversons, nous ne saurions tenir compte pour la validité des élections du nombre des électeurs inscrits, nous déclarons qu'il est du devoir de la Commune de valider toutes les élections ayant obtenu la majorité absolue sur le nombre des votants.

En conséquence, ont obtenu la majorité absolue sur le nombre des votants :

Premier arrondissement.

4 conseillers à élire ; votants, 3,274, dont la moitié plus 1 est 1,636.
Sont élus, les citoyens :

Vésinier	2,626
Cluseret	1,968
Pillot	1,748
Andrieu	1,736

Deuxième arrondissement.

4 conseillers à élire ; votants, 3,601, dont la moitié plus 1 est 1,801.
Sont élus :

Pothier	3,452
Serrailler	3,141
Durand	2,874
Johannard	2,804

Troisième arrondissement.

Pas d'élus.

Sixième arrondissement

3 conseillers à élire ; votants, 3,469, dont la moitié plus 1 est 1,735.

Courbet	2,418
Rogeard	2,292

Septième arrondissement.

1 conseiller à élire ; votant, 1,939 ; dont la moitié plus 1 est 970.

Sicard	1,699

Huitième arrondissement.

Pas d'élus.

Neuvième arrondissement.

5 conseillers à élire ; votants, 3,176 ; moitié plus 1, 1,589.

Briosne	2,456

Douzième arrondissement.

2 conseillers ; votants, 5,423 ; moitié plus 1, 2,762.

Philippe	3,483
Lonclas	2,810

Treizième arrondissement.
Pas d'élus.

Seizième arrondissement.
2 conseillers à élire; votants, 1,590; moitié plus 1, 796.
Longuet. 1,058

Dix-septième arrondissement.
2 conseillers à élire; votants, 4,848; moitié plus 1, 2,425.
Dupont 3,450

Dix-huitième arrondissement.
2 conseillers à élire; votants, 10,068; moitié plus 1, 5,035.
Cluseret. 8,480
Arnold 5,402

Dix-neuvième arrondissement.
1 conseiller à élire; votants, 7,090; moitié plus 1, 3,545.
Menotti Garibaldi 6,076

Vingtième arrondissement.
2 conseillers à élire; votants, 9,204; moitié plus 1, 4,603.
Viard. 6,968
Trinquet. 6,774

Les conclusions du rapport sont adoptées par la Commune à la majorité des voix : 26 pour, 13 contre.

Ont voté pour : Les citoyens J. Allix, Amouroux, Ant. Arnaud, Babick, Billioray, Blanchet, Champy, E. Clément, Delescluze, Demay, Dereure, Franckel, Gambon, Paschal Grousset, Jourde, Ledroit, Martelet, Malon, Melliet, Protot, Ranvier, Régère, Raoul Rigault, Urbain, Vaillant, Varlin.

Ont voté contre : Les citoyens Arthur Arnoul, Avrial, Beslay, Clémence, V. Clément, Geresme, Langevin, Lefrançais, Miot, Rastoul, Vallès, Verdure, Vermorel.

Les Secrétaires de la séance,
ANT. ARNAUD, AMOUROUX.

X

LA PLACE VENDÔME.

Paris s'émut enfin et on se décida à manifester, pacifiquement; il s'agissait de fraterniser avec l'insurrection, afin de la ramener au parti de l'ordre.

Versailles eût pu rendre l'intervention des bourgeois inutile, en reconnaissant la Commune, qui, après tout, était le résultat d'un vote, et en accordant à Paris quelques franchises municipales, celles qui existent en Belgique, par exemple, car la conciliation était fort possible encore; mais la droite de l'assemblée regardait comme indigne d'elle de pactiser avec l'émeute. L'amour-propre en politique a toujours fait beaucoup de mal.

Les bourgeois décidèrent de se réunir.

« Le 22 mars, vers une heure de l'après-midi, un grand nombre de citoyens s'étaient réunis sur la place du Nouvel-Opéra, pour une manifestation pacifique. Ils étaient environ deux mille sans armes.

» Les groupes étaient composés des éléments les plus divers : gardes nationaux, mobiles, soldats de la ligne, ouvriers, bourgeois, négociants, hommes de lettres. L'élément civil s'y trouvait en grande majorité. Il y avait là aussi beaucoup de promeneurs, des curieux indifférents, quelques femmes et même des enfants.

» Vers une heure et demie, une pancarte portant ces mots : *Appel aux hommes d'ordre!* fut promenée dans les groupes. On se rassemble aux cris de : Vive la République! Vive la France! Vive l'Assemblée!

» Plusieurs officiers sans armes, de même que tous les citoyens indistinctement qui se trouvaient là, sont accueillis par des démonstrations sympathiques de la foule qui grossit d'instant en instant.

» On dit dans les groupes que la situation actuelle de Paris ne peut pas se prolonger, que tous les citoyens qui veulent associer la République à la légalité, à l'ordre, doivent prendre part à cette manifestation pacifique.

» Enfin un drapeau tricolore est déployé, et trois à quatre mille citoyens se mettent en marche.

» Ils s'avancent dans la rue de la Paix, vers la place Vendôme.

» Arrivés à la hauteur de la rue Neuve-des-Petits-Champs, ils rencontrent les sentinelles d'un bataillon aux ordres du comité central. Derrière les sentinelles, les compagnies de ce bataillon viennent se former en ligne.

» Les citoyens placés en tête de la manifestation demandent aux sentinelles de leur livrer passage ; ils essuient un refus. Une partie de la foule reprend pendant quelques instants la direction des boulevards avec le porteur du drapeau tricolore.

» D'autres citoyens continuent à parlementer avec les sentinelles. Bientôt ceux qui sont groupés autour du drapeau reviennent sur leurs pas vers la place Vendôme. Quelqu'un s'écrie : « Ce sont des citoyens » comme nous, et ils ne tireront pas sur des hommes » désarmés. »

» Tout à coup des roulements de tambour se font entendre dans la partie qui est comprise entre la rue Neuve-des-Petits-Champs et la place Vendôme.

» Ensuite plusieurs coups de fusil sont tirés en l'air et jettent l'épouvante au sein de la foule. Plusieurs courageux citoyens s'écrient : « Restons! » L'un d'eux ajoute : « Il n'est pas possible que des » Français veuillent tirer sur des compatriotes sans » défense. »

» Mais au même instant les fusils s'abaissent et un feu de mousqueterie est dirigé sur la foule, qui fuit affolée d'horreur dans la rue de la Paix. Ceux qui occupent les trottoirs cherchent un abri contre les balles dans l'embrasure des portes cochères, malheureusement fermées ; quelques-unes s'ouvrent, et beaucoup de citoyens y trouvent un refuge contre la mort.

» En un clin d'œil, la rue de la Paix est vide ; mais les victimes, dont le nombre nous est encore inconnu, ne sont point toutes relevées au moment, où le cœur navré de douleur et de dégoût, nous nous éloignons de cette lamentable scène.

» La Bourse était à peine ouverte, qu'à la nouvelle des événements de la place Vendôme, des bataillons du 2e arrondissement, s'attendant à être attaqués par les hommes de l'Hôtel de Ville, ont fait évacuer le palais de la Bourse.

» Trois coups de feu ont été tirés rue Le Peletier, dans l'après-midi, quelques heures après, sans motif connu. Heureusement personne n'a été atteint.

» Sur le quai des Tuileries, la foule se pressa autour d'un jeune homme qui, tout couvert de poussière et les vêtements déchirés, parlait avec une extrême véhémence. Il raconta qu'il arrivait de la rue de la Paix, qu'il faisait partie de la manifestation du matin, que cette manifestation venue sans armes et en criant : *Vive la République!* avait été reçue à coups de fusil par ceux qui gardaient les abords de la place, que de nombreuses victimes étaient restées sur le carreau, et que tout le reste avait couru chercher ses fusils.

» Cette nouvelle, qui se répandit avec une rapidité électrique, porta l'émotion à son comble : toutes les boutiques se fermèrent; les omnibus, au fur et à mesure qu'ils arrivaient, s'empressaient de regagner le dépôt le plus voisin de la station ; le rappel fut battu partout. Bientôt des piquets stationnant de distance en distance, arrêtèrent la circulation sur une foule de points. Bref, une collision paraissait imminente.

» Pauvre Paris! bien des fois déjà nous t'avons vu barricadé, armé jusqu'aux dents et prêt à livrer bataille; mais alors l'ennemi n'était pas à cent cinquante mètres de tes murailles !

» A trois heures, des estafettes apportèrent à l'Hôtel de Ville la nouvelle que plusieurs bataillons étaient en marche. Aussitôt les officiers crièrent : Aux armes ! La foule se dispersa par les rues adjacentes. Les boutiques se fermèrent. Une grande émotion se manifesta dans le quartier.

» Les estafettes repartirent avec des ordres du Comité, afin de chercher des renforts.

» Dans la rue de Rivoli, des groupes stationnaient au coin des rues et commentaient les événements. L'anxiété était générale.

» Plusieurs bataillons vinrent successivement se masser sur la place Saint-Germain-l'Auxerrois. Les 1er, 2e, 12e, 70e et le 5e bataillons défilèrent. Ce dernier paraissait être au grand complet. Une compagnie se détacha et se rendît à la grille du Louvre, rue de Rivoli, où elle intima aux gardes nationaux du comité d'ouvrir. Sur le refus du chef de poste, elle se retira et rejoignit son bataillon sur la place. Un instant après, un officier se présenta à la grille sur le quai. Le factionnaire lui cria : « On ne passe pas ! » L'officier continua d'avancer. « Au large ! » lui crie le garde national en croisant la baïonnette. L'officier rebroussa chemin.

» Après avoir pris position sur la place Saint-Germain-l'Auxerrois, les bataillons formèrent des faisceaux. Une compagnie veilla sur le quai du Louvre, à la hauteur du Pont-Neuf. Des factionnaires interdirent le passage des rues qui aboutissent à la place. Les groupes qui s'étaient formés rue de Rivoli furent dissipés. On faisait circuler.

» Pendant le repos, on distribua des cartouches.

» A quatre heures, on battit la générale dans tous les quartiers du centre.

» Les gardes nationaux se rendirent en foule à la

place de la Bourse, où l'amiral Saisset avait établi son quartier général.

» Des gardes mobiles et des francs-tireurs s'étaient mêlés aux gardes nationaux. A l'entrée de la rue Vivienne et dans la rue Montmartre, on voyait des officiers de l'armée et de la mobile, le chassepot ou le fusil de chasse à la main.

» On lisait avec avidité une affiche signée des délégués des 1er, 5e, 12e, 13e, 14e, 70e, 111e, 11e, 113e, 171e, 196e bataillons du 1er arrondissement, qui, à l'exemple des bataillons du 2e et du 16e arrondissement, protestaient de leur dévouement à l'Assemblée nationale.

» A la place de la Trinité, le 116e bataillon, commandant Langlois, s'était réuni pour aller occuper le boulevard.

» Partout les magasins et les cafés furent fermés. En même temps le faux bruit suivant se répandait dans Paris :

« La garde nationale du comité a pris hier soir possession du Mont-Valérien. A la même heure, cinq ou six bataillons du 11e arrondissement se rendaient sans ordre à Vincennes. A leur arrivée, ils trouvèrent le pont levé. Le commandant consulta ses officiers ; il voulait faire tirer. Les gardes nationaux mirent la crosse en l'air et poussèrent le cri de : Vive la République ! Les artilleurs du fort, au nombre d'environ 500, y répondirent par le même cri.

» A ce moment, le commandant donna l'ordre de baisser le pont, et les bataillons pénétrèrent dans l'intérieur. On les a logés dans l'ancien fort.

Telle fut l'histoire de cette sanglante journée, l'une des plus regrettables à tous égards des guerres civiles dont Paris fut le théâtre.

Nous tenons les détails suivants d'un témoin oculaire qui n'a échappé que par miracle à la fusillade des fédérés.

La manifestation s'avança en bon ordre ; mais elle se trouva vis-à-vis de bataillons dont les tambours se firent constamment entendre ; de la multiplicité des ordres résulta l'impossibilité de faire convenablement les sommations de rigueur.

Plusieurs manifestants arrivèrent près des fédérés, l'insulte aux lèvres et leur adressèrent tout d'abord des injures ; d'autres se précipitèrent sur eux, tentant de les désarmer.

D'où partit le premier coup de feu ? Plus que probablement, jamais on ne le saura ; mais ceux qui tirèrent d'abord en l'air, puis sur les manifestants, se trouvaient massés autour de la Colonne.

Les manifestants ne furent pas poursuivis. La décharge faite, les bataillons communaux restèrent en place.

L'histoire jugera, nous ne pouvons que raconter.

XI

LES PRUSSIENS ET LA COMMUNE.

—

Les ennemis, la veille, avaient daigné entrer en rapport direct avec la Commune, le matin même du 22.

Le *Journal officiel* publie ce qui suit :

« Le Comité central a reçu du quartier général prussien la dépêche suivante :

Au commandant actuel de Paris.

Commandement en chef du 3ᵉ corps d'armée.

Quartier général de Compiègne, le 21 mars 1871.

Le soussigné, commandant en chef, prend la liberté de vous informer que les troupes allemandes qui occupent les forts du nord et de l'est de Paris, ainsi que les environs de la rive droite de la Seine, ont reçu l'ordre de garder une attitude amicale et passive, tant que les événements dont l'intérieur de Paris est le théâtre ne prendront point à l'égard des armées allemandes un caractère hostile et de nature à les mettre en danger, mais se maintiendront dans les termes arrêtés par les préliminaires de paix.

Mais dans le cas où ces événements auraient un caractère d'hostilité, la ville de Paris serait traitée en ennemie.

Pour le commandant en chef du 3ᵉ corps des armées impériales,

Le chef du quartier général,
Signé : von Schlosheim,
Major général. »

« Le délégué du Comité central aux relations extérieures a répondu :

Paris, le 22 mars 1871.

Au commandant en chef des armées impériales prussiennes.

Le soussigné, délégué du Comité central aux affaires extérieures, en réponse à votre dépêche en date de Compiègne, 21 mars courant, vous informe que la révolution accomplie à Paris par le Comité central ayant un caractère essentiellement municipal, n'est en aucune façon agressive contre les armées allemandes.

» Nous n'avons pas qualité pour discuter les préliminaires de la paix votés par l'Assemblée de Bordeaux.

» *Le membre du Comité central, délégué aux relations extérieures.* »

Voilà ce qui doit expliquer pourquoi M. Pascal Grousset a cru devoir notifier aux puissances étrangères les intentions pacifiques et fraternelles de la

Commune pour leur gouvernement. — Notification qui fut couronnée par la lettre suivante du même citoyen Grousset, déjà nommé :

COMMUNE DE PARIS.

Au commandant en chef du 3ᵉ corps.

Général,

Le délégué de la Commune de Paris aux affaires extérieures a l'honneur de vous adresser les observations suivantes :

La ville de Paris est intéressée au même titre que le reste de la France à l'observation des conventions de paix conclues avec la Prusse ; elle a donc le devoir de connaître comment le traité s'exécute. Je vous prierai en conséquence de vouloir bien me faire savoir notamment si le gouvernement de Versailles a fait un premier versement de cinq cents millions et si, par suite de ce versement, les chefs de l'armée allemande ont arrêté la date de l'évacuation de la partie du territoire du département de la Seine et aussi des forts qui font partie intégrante du territoire de la Commune de Paris.

Je vous serais obligé, général, de vouloir bien me renseigner à cet égard.

Le délégué aux affaires extérieures,
Signé : Paschal Grousset.

Singulier temps que le nôtre.

XII

LA COMMUNE PROCLAMÉE.

—

Le journal officiel du 29 mars commençait par ces mots :

Le Comité central a remis ses pouvoirs à la Commune, qui étaient suivis des deux proclamations suivantes :

Citoyens,

Votre Commune est constituée.

Le vote du 26 mars a sanctionné la Révolution victorieuse.

Un pouvoir lâchement agresseur vous avait pris à la gorge ; vous avez, dans votre légitime défense, repoussé de vos murs ce gouvernement qui voulait vous déshonorer en vous imposant un roi.

Aujourd'hui, les criminels, que vous n'avez même pas voulu poursuivre, abusent de votre magnanimité pour organiser aux portes même de la cité un foyer de conspiration monarchique. Ils invoquent la guerre civile ; ils mettent en œuvre toutes les corruptions ; ils acceptent toutes les complicités ; ils ont osé mendier jusqu'à l'appui de l'étranger.

Nous en appelons, de ces menées exécrables, au jugement de la France et du monde.

Citoyens,

Vous venez de vous donner des institutions qui défient toutes les tentatives.

Vous êtes maîtres de vos destinées. Forte de votre appui, la représentation que vous venez d'établir va réparer les désastres causés par le pouvoir déchu : l'industrie compromise, le travail suspendu, les transactions commerciales paralysées vont recevoir une impulsion vigoureuse.

Dès aujourd'hui, la décision attendue sur les loyers ;

Demain, celle des échéances ;

Tous les services publics rétablis et simplifiés ;

La garde nationale, désormais seule force armée de la cité, réorganisée sans délai.

Tels seront nos premiers actes.

Les élus du peuple ne lui demandent, pour assurer le triomphe de la République, que de les soutenir de leur confiance.

Quant à eux, ils feront leur devoir.

Hôtel de Ville, 29 mars 1871.

La Commune de Paris.

Ces deux proclamations dont la violence accuse assez quel était l'état des esprits, reposent sur une accusation grave qui, malheureusement pour l'Assemblée, puisait une espèce de raison d'être dans le départ de celle-ci et de l'autorité pour Versailles.

Lorsqu'on fera un jour le relevé des fautes commises, nous ne doutons pas que l'émigration de ceux qui avaient le pouvoir en main, ne soit considérée comme une des plus graves fautes de ces sinistres jours.

Afin d'affirmer son pouvoir, la Commune voulut donner un certain éclat à la proclamation des votes municipaux du 26 mars.

En temps ordinaire, cette cérémonie se passe en famille, dans la salle Saint-Jean de l'Hôtel de Ville, au milieu de quelques centaines de fidèles.

Par les journaux, la population entière connaît, trois ou quatre jours avant cette proclamation officielle, le résultat définitif. Le magistrat chargé de publier hautement les noms des élus n'a pas grand'chose à apprendre au public, qui, sur ce point, en sait déjà autant que lui. Aussi, l'affluence est-elle médiocre. Les rigoristes de la légalité seuls, avec les chauds partisans de tel ou tel candidat heureux, croiraient leur civisme déshonoré, s'ils n'assistaient pas à pareille fête.

Quand ils ont entendu sortir triomphant, de la bouche d'un adjoint ou d'un conseiller, le nom de l'homme de leur choix, ils sont contents et leur conscience de citoyens est tranquille.

Jusqu'à ce jour, la proclamation des votes à l'Hôtel de Ville était une formalité officielle plutôt qu'une fête, et son apparat passait presque inaperçu dans le tourbillon de la vie parisienne.

La Commune, logique avec ses principes, qui lui disent :

— Qu'étais-tu ? — Rien.

— Que dois-tu être ? — Tout.

La Commune a décidé que l'annonce, au peuple, du

résultat des votes municipaux se ferait désormais en grande pompe.

Une immense estrade fut élevée devant la porte centrale de l'Hôtel de Ville. Des draperies rouges et des faisceaux de drapeaux rouges décoraient cette tribune, sur laquelle avaient pris place les 80 nouveaux élus, les uns en frac noir et en cravate blanche, les autres en costume d'officiers de la garde nationale et le sabre au côté.

Tous les bataillons fédéralistes avaient été invités à venir saluer de leurs vivats et de leurs acclamations l'avénement de la Commune.

Le nombre qui arriva, le vendredi 31 mars, sur la place de l'Hôtel de Ville fut considérable. Clairons chantant leurs fanfares et tambours battant leurs marches, défilaient en tête. Chaque bataillon envoyait immédiatement sa députation et son porte-drapeau, qui se rangeaient au pied de l'estrade municipale.

Lorsque le défilé fut exécuté, la place de Grève se trouvait couverte de gardes nationaux qui, à la proclamation du nom de leur élu, éclataient en cris de : Vive la République ! Vive la Commune ! agitant leurs képis au bout de leurs baïonnettes.

Le spectacle était vraiment grandiose et bien fait pour frapper les imaginations.

Mais qu'a dû penser de tout cela le parti positiviste du Comité, qui, en fait de force morale, en tant que moyen de gouvernement, n'admet que les manifestations de la raison pure ?

Nous ajouterons que, sous le règne de Louis-Philippe, que les quinquagénaires commencent à regretter, le maréchal Lobau dissipa une émeute en l'aspergeant au moyen de pompes à incendie.

Le gouvernement, s'il n'avait jamais mérité le titre de gouvernement de Versailles, eût eu encore ce jour-là beaucoup de chances de redevenir le maître de la situation, en usant d'un moyen analogue.

Hélas! il était à Versailles, et le respect du pouvoir n'ayant jamais précisément, en France, été une qualité autochtone, il dut subir ce qu'il ne pouvait empêcher, et M. Charles Beslay, doyen de la Commune, lui adressa le discours suivant, pour clore la cérémonie :

« Citoyens,

» Votre présence ici atteste, à Paris et à la France, que la Commune est faite; et l'affranchissement de la Commune de Paris, c'est, nous n'en doutons pas, l'affranchissement de toutes les communes de la République.

» Depuis cinquante ans, les routiniers de la vieille politique nous bernaient avec les grands mots de décentralisation et de gouvernement du pays par le pays. Grandes phrases qui ne nous ont rien donné.

» Plus vaillants que vos devanciers, vous avez fait comme le sage qui marchait pour prouver le mouvement : vous avez marché et l'on peut compter que la République marchera avec vous.

» C'est là en effet le couronnement de votre victoire pacifique. Vos adversaires ont dit que vous frappiez la République ; nous répondons, nous, que si nous l'avons frappée, c'est comme le pieu que l'on enfonce plus profondément en terre.

» Oui, c'est par la liberté complète de la Commune que la République va s'enraciner chez nous. La République n'est plus aujourd'hui ce qu'elle était aux grands jours de notre Révolution. La République de 93 était un soldat qui, pour combattre au dehors et au dedans, avait besoin de centraliser sous sa main toutes les forces de la patrie ; la République de 1871 est un travailleur qui a surtout besoin de liberté pour féconder la paix.

» Paix et travail ! voilà notre avenir ! Voilà la certitude de notre revanche et de notre régénération sociale, et, ainsi comprise, la République peut faire de la France le soutien des faibles, la protectrice des travailleurs, l'espérance des opprimés dans le monde et le fondement de la République universelle.

» L'affranchissement de la Commune est donc, je le répète, l'affranchissement de la République elle-même ; chacun des groupes sociaux va retrouver sa pleine indépendance et sa complète liberté d'action.

» La Commune s'occupera de ce qui est local.

» Le Département s'occupera de ce qui est régional.

» Le Gouvernement s'occupera de ce qui est national.

» Et, disons-le hautement : La Commune que nous fondons sera la Commune modèle. Qui dit travail, dit ordre, économie, honnêteté, contrôle sévère, et ce n'est pas dans la Commune républicaine que Paris trouvera des fraudes de 400 millions.

» De son côté, ainsi réduit de moitié, le gouvernement ne pourra plus être que le mandataire docile du suffrage universel et le gardien de la République.

» Voilà, à mon avis, citoyens, la route à suivre ; entrez-y hardiment et résolûment. Ne dépassons pas cette limite fixée par notre programme, et le pays et le gouvernement seront heureux et fiers d'applaudir à cette révolution si grande et si simple, et qui sera la plus féconde révolution de notre histoire.

» Pour moi, citoyens, je regarde comme le plus beau jour de ma vie d'avoir pu assister à cette grande journée, qui est pour nous la journée du salut. Mon âge ne me permettra pas de prendre part à vos travaux comme membre de la Commune de Paris ; mes forces trahiraient trop souvent mon courage, et vous avez besoin de vigoureux athlètes. Dans l'intérêt de la propagande, je serai donc obligé de donner ma démission ; mais soyez sûrs qu'à côté de vous, comme auprès de vous, je saurai, dans la mesure de mes forces, vous continuer mon concours le plus dévoué, et servir comme vous la sainte cause du travail et de la République.

" *Vive la République ! vive la Commune !*

XIII

BIOGRAPHIE DES MEMBRES DE LA COMMUNE.

Rien n'est de soi, en ce monde ; tout commence, tout procède d'un élément antécédent. Les hommes dont nous donnons la biographie dans les pages suivantes, ont des devanciers qui les expliquent ; aussi, avant d'arriver aux personnages du jour, devons-nous remettre en lumière deux hommes qui, en 1848, fournirent sans s'en douter la raison d'être de leurs successeurs. L'un de ces hommes, d'ailleurs, se succède à lui-même, puisqu'il a retrouvé en 1871 l'influence qu'il exerça en 1848.

Toutefois, leur action à cette époque fut en quelque sorte commune ; nous devons donc les produire dans leur accouplement.

BLANQUI. — SOBRIER. — La manifestation du 16 avril 1848 devait aboutir à la proclamation d'une Commune de Paris où l'élément « ouvrier » aurait dominé. Les acteurs de cette journée étaient à peu près les mêmes que ceux qui, à vingt-deux ans de distance, ont envahi l'Hôtel de Ville et proclamé la Commune de Paris. Blanqui, l'âme du mouvement, s'était associé un jeune homme, Sobrier — l'Assy de ce temps-là. — Sobrier habitait une maison de la rue de Rivoli, au coin de celle des Pyramides. Cette maison, véritable forteresse, où des armes et des munitions avaient été entassées en nombre considérable, était à la fois un club et une caserne ; les bureaux du journal de Sobrier, la *Commune*, y avaient été installés ; un poste de vingt montagnards, fourni par la préfecture de police, montait la garde nuit et jour et protégeait cette étrange demeure, asile de Blanqui et foyer de toutes les trames.

Les acteurs, nous l'avons dit, étaient à peu près les mêmes qu'aujourd'hui. Louis Blanc, qui venait de fonder les états généraux du peuple au Luxembourg, insistait auprès du Gouvernement provisoire pour obtenir que le drapeau rouge fût substitué au drapeau tricolore ; Félix Pyat s'agitait dans le vide.

Tous voulaient dominer. Blanqui, le plus fort par la ruse, osa proposer à Ledru Rollin de partager la dictature avec lui.

Louis Blanc, toujours indécis, ambitieux sans audace, crédule, rêvait aussi la dictature.

« La dictature, a écrit Proudhon, est bonne tant
» que Louis Blanc l'espère pour lui-même. Dès que
» paraît Blanqui, Blanqui suspect d'arriver aussi à la
» dictature, Louis Blanc n'en veut plus. Il revient à
» ses habitudes, il est doctrinaire. »

Paris, la veille du 16 avril, était autant menacé par le parti de la Commune de Blanqui et Sobrier que par les États généraux du peuple, qui siégeaient au Luxembourg sous la présidence de Louis Blanc.

L'entrain, le courage, la rapide intervention de la

garde nationale de Paris rendirent impossible l'invasion de l'Hôtel de Ville.

Paris rentra dans le calme.

Tous les républicains sincères eurent conscience d'avoir échappé à un grand danger ; mais ce danger, on n'en put mesurer l'étendue, la gravité, que le jour où l'on trouva chez Sobrier les projets de décrets suivants :

PIÈCES TROUVÉES CHEZ SOBRIER.

PREMIER DÉCRET.

Déchéance de l'Assemblée nationale.

Au nom du peuple *régénérateur* de Paris, fondateur de la République en février et mai 1848, le Comité de salut public déclare :

Que l'Assemblée nationale, composée en grande partie de réactionnaires, a violé son mandat ;

Qu'elle a perdu un temps précieux, quand la misère réclamait de promptes mesures ;

Qu'elle a refusé de créer un ministère du travail ;

Qu'elle a cherché sa force dans les amas d'armes, déposées dans l'enceinte de l'Assemblée, quand elle devait se faire respecter par sa force morale seulement, en accomplissant sa mission avec zèle et dévouement ;

Qu'elle s'est attribué le droit et le *pouvoir* d'oppression, en laissant les troupes dans Paris et en accordant au président le droit de les convoquer, ainsi que toutes les gardes nationales de France ;

Qu'elle a attenté à la liberté et à la souveraineté du peuple, proclamées sur les barricades de février, en interdisant au peuple, par une loi, le droit de présenter lui-même une pétition ;

Qu'enfin elle a fait tirer sur le peuple qui venait paisiblement présenter une pétition en faveur des Polonais.

En conséquence :

Le peuple de Paris, sentinelle avancée, s'est chargé de veiller à l'exécution des mandats donnés aux représentants, et a reconnu qu'ils avaient violé ces mandats, *les a déclarés déchus de tout pouvoir, et a constitué un Comité de salut public, composé de neuf membres, qui sont les citoyens* . . . .
. . . .
. . . .

Lequel Comité est investi de pouvoirs illimités, afin de prendre toutes mesures pour constituer et organiser une véritable République démocratique, et étouffer la réaction par les moyens les plus énergiques, si elle osait se montrer encore une fois.

Les membres du Comité de Salut public...

Comme on voit, la suprématie de Paris est une idée qui n'appartient pas aux hommes de 1871, et elle est si bien dans le programme de la démocratie française, à quelque nuance qu'elle appartienne, que c'est principalement contre cette suprématie que se révoltent les provinces, seule raison qui puisse légitimer l'étrange appellation d'*insurgés* que les hommes de Paris décernent aux hommes de Versailles, aux *ruraux*, aux élus du Suffrage universel!

DEUXIÈME DÉCRET.

Défense d'émigrer.

Le Comité de Salut public, au nom du peuple de Paris, fondateur de la République,

Déclare et proclame :

Le pardon et l'oubli du passé pour tous les citoyens qui voudront marcher dans sa voie, quels que soient leurs torts passés et le mal qu'ils ont produit;

Que tous ses soins et ses décrets doivent tendre à apporter immédiatement un remède aux souffrances du pauvre, de l'ouvrier, du petit commerçant et du petit propriétaire;

Qu'un des premiers moyens d'y parvenir, c'est d'empêcher la sortie des espèces du territoire de la République,

Décrète :

Nul citoyen ne peut sortir du territoire de la République jusqu'à nouvel ordre. Tout individu pris émigrant sera considéré comme traître à la patrie; la République lui ôte la protection qu'elle doit aux personnes et le met hors la loi.

Les membres du Comité de salut public.

TROISIÈME DÉCRET.

Organisation de la force ouvrière.

Au nom du peuple de Paris, premier fondateur de la République,

Décrète : Tous les pouvoirs administratifs, judiciaires, charges et fonctions publiques, priviléges et monopoles, sont abolis sans distinction et quelle que soit la puissance qui les ait créés. Il sera avisé prochainement à reconstituer de nouveaux pouvoirs et à indemniser les acquéreurs détenteurs des charges. La police des villes et des communes appartiendra à la force ouvrière ci-après constituée.

Les commissaires extraordinaires, ou leurs délégués réformeront ce que ce premier comité pourrait avoir de défectueux dans sa composition.

Art. 4. Les patriotes *connus* formeront entre eux une force armée pour la sûreté et l'exécution de nos décrets ; ils seront autorisés à requérir les armes chez tous les citoyens sans distinction. Cette force prendra le nom de force ouvrière.

Art. 5. Le surplus de la garde nationale et surtout la partie bourgeoise, ne pourront se montrer en public et revêtus d'uniformes militaires ou en armes.

Art. 6. Tout citoyen de ceux désignés en l'art. 5 qui enfreindra le présent décret sera mis hors la loi.

QUATRIÈME DÉCRET.

Impôt sur les riches.

Au nom du peuple de Paris, fondateur de la République ;

Considérant qu'il importe de soulager immédiatement les citoyens nécessiteux, et que ceux qui peuvent le faire sont les riches actuels qui, depuis trois mois, cachent le numéraire ;

Considérant qu'il faut que la fraternité écrite sur tous les monuments publics ne soit plus un vain mot, mais se manifeste par des actes,

Décrète :

Art. 1er. Les capitalistes connus comme tels par le Comité municipal devront verser dans le délai de cinq jours, sur la sommation qui leur en sera faite, la somme de 200 fr. par 1,000 fr. de rente, notoirement connus, au-dessus de 1,500 fr. de rente, par tête, jusqu'à 3,600 fr., et de 250 fr. à partir de 3,500 fr. jusqu'à 5,000 fr., en suivant ainsi une progression jusqu'à la moitié du revenu.

Art. 2. Dans le même délai, tout propriétaire foncier payant plus de 100 fr. de contributions foncières sera tenu de verser 25 fr. par 50 fr. de contributions qu'il payera en sus jusqu'à 250 fr. ; à partir de 250 fr. de contributions jusqu'à 1,000 fr., ils payeront 100 fr. par 500 fr. de contributions ; à partir de 1,000 fr. jusqu'à 5,000 fr.; ils payeront 50 fr. par 50 fr. ; au-dessus de 5,000 fr., ils payeront 200 fr. par 50 fr.

Art. 3 Les capitalistes et propriétaires qui refuseront de satisfaire au présent décret dans le délai fixé, *verront leurs biens fonciers déclarés biens communaux, et leur argent confisqué au profit des nécessi'eux.* La force ouvrière est, dans ce dernier cas, autorisée à se livrer à des recherches, et si elles sont fructueuses, les citoyens qui auront refusé l'impôt fraternel seront mis hors de loi.

Art. 4. Les fonds trouvés et ceux versés librement seront déposés chez le caissier municipal.

Art. 5. Il sera fait immédiatement, sur les premiers fonds versés, une distribution aux nécessiteux, dans la proportion de 3 fr. par famille de trois personnes, et de 8 fr. par famille de plus de six personnes.

Le secours ainsi donné, au nom de la fraternité, sera de quatre jours dans la proportion ci-dessus, et la distribution s'en fera par lettre alphabétique; les citoyens majeurs ou chefs de famille, les veuves majeures, devront se présenter avec ordre et attendre le tour de la lettre qui commence leur nom.

Art. 6. La force ouvrière est chargée du maintien de l'ordre.

Art. 7. Tout citoyen trouvé ivre sera mis en prison pour trois jours et nourri seulement de soupe, de pain et d'eau.

Hélas! ce dernier paragraphe est singulièrement méconnu en 1871! Est-ce le progrès qui l'a fait supprimer? Nous ne savons; mais l'homme ivre est précisément la plaie de la classe qui revendique ses droits le fusil à la main, et véritablement elle en abuse!

CINQUIÈME DÉCRET.
Appel aux Communes.

Le comité de salut public ordonne :

Que les comités municipaux convoqueront immédiatement les communes pour faire connaître la République actuelle avec le comité de salut public comme pouvoir.

Ils feront leur rapport et le confieront à un commissaire qui passera *franco* par toute la France.

Le comité avisera en cas de refus.

SIXIÈME DÉCRET.

Formation du Conseil municipal.

L'organisation du travail, sur une base possible actuellement, sera promulguée dans trois semaines. Elle sera tout entière dans l'intérêt des ouvriers, en sauvegardant *autant que possible* les justes droits du maître.

Les maires seuls conserveront la portion des pouvoirs suffisants pour faire exécuter le présent décret.

ARTICLE PREMIER. Appel sera fait par proclamation, affiches, à son de caisse ou de trompe, aux patriotes connus avant et depuis le 24 février 1848. Ils seront invités par le comité de salut public à se réunir le même jour, *à une heure fixe de la soirée*, pour choisir entre eux un comité municipal, composé de sept patriotes, dont *cinq au moins seront ouvriers*, sachant lire, écrire, additionner ; à leur défaut, des citoyens pris dans les *non*-électeurs avant le 24 février.

ART. 2. Le comité municipal entrera de suite en fonctions après sa formation et destituera l'ancien conseil municipal.

Art. 3. Les fonctions du comité municipal seront : 1° celles des conseils municipaux actuels ; 2° celles des vérificateurs de la fortune publique ; 3° celles des juges dans les questions de police, d'ordre et d'exécution de nos décrets. La procédure suivie devant eux sera provisoirement celle suivie devant les justices de paix, et le ministère d'avocats ou de mandataires y est formellement prohibé.

Ainsi, de 1848 à 1871, la plèbe n'a pas fait un pas ! Travaillée dans tous les sens, dominée par ses instincts, sans organisation, sans responsabilité, conduite par des meneurs obscurs qui excitent ses appétits, elle n'a d'autres tendances, d'autre politique, d'autre horizon tous les vingt ans qu'un bouleversement social qui la ruine, la domination éphémère de ses chefs, la haute paye de 30 sous par jour et le terrorisme enfantin de la rue qu'on lui abandonne.

C'était le grand désespoir de Proudhon, le seul ami véritable qu'ait eu la plèbe depuis cinquante ans : « Je mourrai, nous disait-il un jour avec désespoir, avant d'avoir pu débrouiller ce chaos, discipliner cette plèbe que j'aime et dont je suis sorti avant d'avoir p démasquer ces grotesques. »

Et voyant les Blanqui, les Sobrier, les Félix Pyat, les Louis Blanc rôder autour du pouvoir pour s'en emparer, faire appel aux instincts de la plèbe, à ses fureurs, au lieu d'invoquer sa justice et son bon sens, il prononça ce mot fatal qui pèse sur tous nos vainqueurs d'hier : « La démocratie, c'est l'envie ! »

Voyons maintenant les nouveaux. Cependant, pour éviter des redites, nous laisserons de côté les personnalités trop connues, telles, par exemple, celle de Gustave Flourens, dont la vie est connue de tout le monde.

Parmi les plus ignorés jusque-là, il faut citer le nommé Bergeret, ouvrier typographe, devenu général, puis commandant de la place de Paris, puis tombant du pouvoir pour passer en conseil de guerre, sous l'accusation de haute trahison.

Quel que soit le jugement du tribunal, l'accusation est au moins hors de proportion. Bergeret, nature vulgaire, d'une demi-instruction élémentaire, était tout aussi incapable de trahir que de servir sa cause : Un garçon sans esprit, sans discernement, ayant des joies juvéniles à cause des broderies de son costume de général; fier comme un dindon, à cause de l'état-major d'officiers de Franconi dont il était entouré, il était plutôt réjoui de tout ce gâchis où il trônait. Maigre cavalier, il conduisait dans un fiacre ses colonnes au combat. A le voir à Asnières après l'attaque du Mont-Valérien, alors que la déroute était complète, on se tenait les côtes de rire, malgré le deuil, les morts et les blessés, tant ce général et ses suivants avaient l'air de se disposer à faire des tours sur la place d'Asnières. En somme, ils étaient enchantés de ce qui se jouait; ils s'étaient *repliés en bon ordre* chez un marchand de vins, et s'en donnaient comme des hommes : pourquoi eurent-ils été tristes? Jamais pareille aubaine ne leur était échue.

Le plus drôle, ce fut le marchand de vins. C'était un nommé Maxime, et un grand républicain; il le croyait du moins, parce qu'il parlait de faire couper la tête à tous ses voisins. Aussi était-il tout fier d'abreuver Bergeret et son cirque. Mais quand vint le quart d'heure de Rabelais et qu'en paiement de ses fournitures, il reçut un *bon* de la Commune, il eut un serrement de cœur qui dans le moment refroidit légèrement son républicanisme.

Varlin est un relieur, qui eut quelques démêlés fort vifs, à propos de la caisse de secours de sa corporation, dont on l'avait chargé.

Il disparut à la suite, on ne l'a revu qu'à la Commune, où ses antécédents l'ont tout naturellement fait mettre dans la *Commission des finances*.

Grélier, assez brave homme, qu'ils ont mis à l'Intérieur, où il croit en pleine candeur à tout ce qui arrive, est le maître d'une maison de bains et lavoirs, boulevard de la Villette, n° 80.

Un maître de bains nous étonne assez parmi ces messieurs. Comment l'ont-ils connu ?

Le docteur Goupil, de la Commission de l'enseignement, est ce médecin maniaque qui explique tout par la connaissance des urines. Il en fit même un journal, l'*Uroscopie*, dont il nous inonda pendant plus d'un an.

C'est aujourd'hui une des lumières de la Commune. Elle prend si volontiers des vessies pour des lanternes!

Jules Vallès, son *copin* de l'enseignement, est encore plus connu. N'allez pas croire qu'il a été nommé là parce qu'il fut rédacteur en chef du journal *la Rue*. Non, il doit cet honneur à son ancien titre de maître d'étude, *pion* de 7º, au lycée de Caen.

Jean Larocque, qui s'est fait le commandant militaire archigalonné de l'Hôtel de Ville, est un ancien commis-rédacteur du ministère du commerce, où il entra au sortir du séminaire.

C'est un béat pédant et philosophique.

On l'a vu trotter menu et l'œil sournois, dans une foule de journaux et de revues, le *Journal de l'instruction publique*, la *Revue des Provinces*, le *Parlement*, où, pendant la grève du Creusot, il fit des articles plus qu'obliques dont le citoyen Assy dut être fort satisfait.

De là ses grandeurs inattendues. On ne s'attendait pas surtout à ce qu'elles fussent si militaires.

Billioray est le plus connu de tous, et, on peut le dire, le plus répandu ; c'est *l'homme à la vielle*, célèbre par sa barbe noire, son chapeau pointu et ses accords.

La Commune lui a fait quitter les cours pour la Ville ; mais, pour se rester fidèle à lui-même, il s'est mis dans les *services publics*.

On se prend à regretter Mangin. Que ne serait-il pas devenu dans ce gouvernement de boniment et de banquisme ? Et Pradié, le bâtonniste ! Quel sort lui eût fait la Commune, où il faut si bien s'entendre au tour de bâton !

Deux des principaux chefs de l'insurrection sont originaires du département de la Manche : le *général* Duval (né à Marigny, dit-on), dont nous avons annoncé la mort dans les rangs des insurgés, et le *général* Eudes, ministre de la guerre du Comité révolutionnaire ; ce dernier est fils d'un bimbelotier, né à Roncey, arrondissement de Coutances. Brun, le nez gros, les yeux bleus, vifs et intelligents, Eudes a une figure expressive et distinguée. Après avoir commencé ses études au collége de Saint-Lô, il se rendit à Paris, où habitait son père ; il étudia le droit dans tous les établissements publics du quartier latin ; là il entamait avec ses amis et amies des discussions politiques à perte de vue ; de brasserie en café, de café en bastringue, et de bastringue en caboulot, il acheva de parfaire son éducation politique et de dépenser la petite fortune péniblement amassée par son père ; en dernier lieu, il était marchand de contre-marques à la porte des théâtres. Peu de jours avant le 4 septembre, il assassina un pompier à la Villette ; condamné à mort par un conseil de guerre, il ne dut la vie qu'à une haute intervention ; un sursis lui fut accordé, et aujourd'hui.... il porte un veston bleu de hussard, galonné d'argent partout et, surtout, un pantalon de même couleur, des bottes molles, un shako bleu presque tout entier envahi par des étages de galons à n'en plus finir.

C'est sous ce costume qu'il exerce, d'un air assez crâne, les fonctions de ministre de la guerre que lui a confiées la Commune. On suppose que le sieur Eudes aura trouvé un instant au milieu de sa vie agitée pour se marier, car on nous apprend que Mme Eudes a donné un bal, au ministère de la guerre, où elle trône avec une grâce parfaite, en revenant de la barricade, où elle avait fait le coup de feu.

Tout y est ainsi : grâce et courage ! Heureux temps, où revient la vertu romaine !

Le citoyen Longuet. — Celui-ci ne fait partie ni de la Commune ni du Comité, mais il ne mérite pas moins d'être photographié ici, sa position de « Délégué rédacteur en chef du *Journal officiel* » lui donnant une importance particulière. C'est le citoyen Longuet qui jugea à propos de publier dans cette feuille un article sur le régicide, dû à la plume du citoyen Ed. Vaillant, et de le faire précéder de cette note d'un laisser-aller touchant : « Nous reproduisons l'article suivant du citoyen Ed. Vaillant, *article qui nous paraît répondre d'une façon satisfaisante à une des difficultés du moment.* »

Le citoyen Charles Longuet est un long citoyen, grand, maigre, dégingandé, turbulent, fort chevelu, plus mouvementé encore, doué d'une voix dont la puissance ferait pâlir l'ombre de feu Stentor, et qui jouit depuis plusieurs années déjà d'une immense renommée... dans les cafés et près des « demoiselles » du quartier latin.

Tandis qu'il était censé faire son droit à Paris, il passait son temps à danser des cancans échevelés à Bullier ou à boire d'innombrables chopes au café Molière, sis à l'angle de la rue Soufflot et du boulevard Saint-Michel. Dans le premier, il télégraphiait avec ses jambes ; dans le second, il télégraphiait avec ses bras. C'est peut-être pour cela que son intime et son inséparable, le citoyen Lucien Combatz, avait été tout d'abord nommé par le Comité central « directeur général des télégraphes. »

Quoi qu'il en soit, le long citoyen Longuet s'ennuyait parfois, bien qu'il pérorât avec succès dans tous les établissements chorégraphiques et bachiques du quartier du Luxembourg ; — car il possède cette faculté rare de pouvoir parler pendant vingt-quatre heures sans cracher ni tousser. Or, quand il s'ennuyait, il fondait un journal, — un de ces journaux comme on en a tant vu depuis dix ans, de l'autre côté de l'eau, — et fulminait, en mauvais français à la première page du nouveau canard, un réquisitoire contre l'Empire.

C'est ainsi, de brasserie en café, de café en bastringue, et de bastringue en caboulot, que le citoyen Charles Longuet fit et parfit son éducation politique ; c'est ainsi qu'il acquit et développa ce tempérament d'homme d'État, si remarquable chez lui, et qui se déploie avec une ampleur si majestueuse dans les colonnes du *Journal officiel*. Il eût été vraiment fâcheux qu'un tel homme ne passât point à la postérité ; et c'est pourquoi, tandis qu'il en est temps encore, nous nous empressons de fixer ses traits sur le papier et de le livrer ainsi à l'immortalité.

ARNOLD. — Celui-ci a trente ans environ ; il appartient à une famille pauvre et est originaire du département du Nord.

Après avoir appris le dessin, il voulut devenir architecte, et, il y a une douzaine d'années, il obtint l'une des bourses que le Conseil général du Nord vote chaque année pour l'entretien d'un certain nombre d'élèves à l'École des beaux-arts de Lille.

Nous trouvons les lignes suivantes, dont on remarquera la précision, dans une notice écrite sur lui, et fournie à un journal de province, *le Progrès de la Marne*, par un de ses compatriotes :

« Arnold entra dans l'atelier André, où, dans des

circonstances différentes, il commit des actes d'indélicatesse, qui donnèrent à ses camarades le droit de lui dire qu'*il était capable de tout*, et à tous, sans exception, une triste idée de sa moralité.

» Après plusieurs années d'études, il fut admis à concourir en loge pour le grand prix de Rome ; mais il échoua. Peu de temps après, il obtint une place de sous-inspecteur des travaux de Paris, et quitta l'école ; mais ses mauvais instincts le décidèrent à cacher ce fait au préfet de son département, ce qui lui permit de continuer à toucher sa bourse en même temps que le traitement attaché aux fonctions qu'il avait obtenues.

» Comme il arrive toujours en pareil cas, ce nouvel acte d'indélicatesse ne tarda pas à être connu ; la bourse lui fut retirée ; mais il prit part, concurremment avec deux autres élèves de son ancien atelier, au concours qui avait lieu à Lille, pour la construction d'un édifice public. Bien qu'Arnold eût pris, dans la circonstance, certaines précautions qu'un homme qui se respecte et qui, comme lui, avait toujours le mot d'*égalité* à la bouche, devrait rougir d'employer, les projets de ses deux jeunes concurrents furent couronnés, et il en éprouva un vif dépit.

» A partir de ce moment, il mit tout en œuvre pour enlever à ses anciens camarades la direction des travaux : lettres anonymes, dénonciations, dénigrements, etc., rien n'y manqua. Mais il échoua encore, et il en était là lorsque arriva la chute du second Empire..... »

On le voit, nous n'avons pas voulu parler nous-même ; nous avons laissé parler un narrateur parfaitement renseigné, et qui semble connaître singulièrement celui dont il a tracé le portrait.

Nous ajouterons que le citoyen Arnold, qui avait lié connaissance, depuis le commencement de son séjour à Paris, avec beaucoup d'hommes exaltés dont il comptait se servir, ne put, malgré toute son activité, son habileté, son ambition, se faire nommer officier dans la garde nationale lorsque celle-ci fut organisée après le 4 septembre, et dut se contenter des galons de sergent-major, qu'il portait encore lorsque fut conclu l'armistice du 28 janvier. Mais pendant les quatre mois et demi que dura le siége de Paris, il ne cessa de fréquenter les clubs et les réunions publiques, et trouva le moyen de devenir l'un des membres de ce fameux comité central, à qui nous devons les jolies choses qui se passent en ce moment. C'est lui qui, avec le citoyen Ranvier, signa la « Convention » intervenue entre le comité et les maires de Paris, pour les élections de la Commune.

Là pourtant il ne fut pas heureux, car aucun des vingt arrondissements de Paris n'a jugé à propos de l'envoyer comme son représentant à l'Hôtel de Ville.

CHARLES-FERDINAND GAMBON. — Il y a des personnalités qu'un seul jour fait connaître et marque à tout jamais d'un mot caractéristique. De même que le nom de Romieu entraîne une auréole d'excentricités, de même le nom de Gambon fait entrevoir une vache au bout.

M. Gambon, membre de la Commune de Paris, est en effet ce citoyen qui, à l'exemple de M. de Genoude, osa, dans un temps où cela coûtait cher — sous l'Empire — refuser l'impôt. On lui prit une génisse dans son étable ; elle fut vendue à la criée par le gouvernement, et les journaux s'amusèrent fort de l'*homme à la vache*, personnalité qu'il est intéressant de connaître dans ses antécédents.

M. Gambon est né à Bourges, le 19 mars 1820, d'une bonne famille de la ville, qui l'envoya faire son droit à Paris. Son père lui inculqua, dès son jeune âge, les principes d'un républicanisme pur et tel qu'il se pratique en Suisse, dont sa famille tire son origine.

Doué d'une intelligence précoce, à seize ans les études classiques du jeune homme, orphelin de bonne heure, étaient complétement terminées. A dix-neuf ans, il était avocat, et fonda, à cette époque, au quartier Latin, le journal *les Ecoles*.

En 1848, il quitte Paris et va à Cosne (Nièvre) refaire sa santé compromise par les labeurs incessants auxquels il se livrait ; on l'y nomme juge suppléant au tribunal civil.

A ce moment, les idées de démocratie du jeune écrivain révèlent une forme plus virile ; il engage la lutte à chaque scrutin électoral, refuse le toast au roi dans un banquet officiel, et, pour ce fait, est déféré à la Cour de cassation, où, sur le rapport de M. Dupin, il est condamné à cinq ans de suspension.

Lors de la République de 1848, il fut un des plus ardents apôtres de cette forme gouvernementale, qui réalisait toutes ses aspirations, et un siége à la Constituante fut la récompense de son zèle et de ses ardentes convictions.

Déjà, dans cette Assemblée, il émit plusieurs idées,

entre autres l'*Affranchissement du travail par l'association*.

C'est un fervent disciple d'une révolution avant tout sociale.

Proscrit avant le 2 décembre, avec son ami, M. Delescluze, il profita de l'amnistie pour rentrer en France, et se consacra à des travaux d'agriculture.

Quant au caractère du citoyen, il tient — par la prudence — de celui de M. Félix Pyat. C'est un insurrectionnel en chambre, qui épuisera les résistances légales, mais non les munitions de sa cartouchière.

M. Gambon porte de grands cheveux et possède une belle barbe, comme il convient à un socialiste de sa trempe, ce qui ne donne nullement un air agréable à sa physionomie, un peu ingrate déjà.

Il a été arrêté par le gouvernement de Versailles, au moment où il allait chercher Garibaldi en Italie.

Le citoyen BESLAY, doyen des membres de la Commune. — Ce citoyen a reçu en naissant le prénom de Charles, et n'est guère moins âgé de soixante-quinze ans. C'est un patriarche chez lequel l'âge n'a point trahi la verdeur de l'intelligence. Dès le début de la guerre contre la Prusse, le citoyen Beslay prit du service comme engagé volontaire dans l'armée active, au 23e de ligne; mais ses forces le trahirent et il ne put faire son service. Néanmoins, c'est là, il faut le reconnaître, un acte de bon patriote, et assez commun dans cette noble Bretagne dont il est originaire.

Si le citoyen Beslay père est Breton, M. Beslay fils ne l'est pas moins; mais il l'est d'une façon plus normale; car nous ne sommes pas habitués à voir les descendants de la vieille Armorique à la tête de l'athéisme et de la révolution.

Aussi, dans le cas présent, le proverbe : " Tel père, tel fils ! " est complétement faux ; M. Beslay le fils est rédacteur en chef du journal bien pensant et monarchique, le *Français*.

Le citoyen Beslay est né à Dinan le 4 juillet 1795, d'une famille estimée, et qui avait donné déjà des représentants à la Chambre des députés sous l'Empire, sous la Restauration et sous Louis-Philippe.

Il pouvait dire : " Fils de député, député moi-même... " car il siégea en même temps que son père.

Le citoyen Beslay, de sa profession ingénieur, s'est occupé de logements d'ouvriers ; et, de ses tendances libérales et économiques, on peut dire qu'il a commencé par la pratique pour finir par la théorie, contrairement à l'usage suivi par ceux qui ne se font qu'un manteau de leurs principes.

En 1830, il établit, dans le quartier Popincourt, de vastes ateliers pour la construction des machines et a souvent formé avec ses ouvriers comme une société entre son capital et leur travail. Ce n'est pourtant pas ce quartier qui l'a amené à la Commune !

Sa parole est douce, sa bonté égale son humanité ; mais devant le triomphe de ses doctrines, le patriarche disparaît pour faire place à l'apôtre.

En 1848, il fit partie du Comité du travail ; en 1871, il n'a pas conservé ce département : il fait maintenant partie de la commission des finances. Pourquoi?

Il faut évidemment que les opinions sociales aient fait pardonner au citoyen Beslay sa conduite politique, car il fit peu d'opposition à la cause napoléonienne en 1849 et il fut un des amis de Cavaignac dont il soutint la politique. En un mot, comme républicain, c'est un bleu ; comme socialiste, il est nécessairement rouge.

Le bleu et le rouge sont les couleurs de Paris.

MALON. — Il faut des secousses sociales comme celles que nous éprouvons, pour que des hommes à peine entrés dans la vie, médiocres à tout prendre, même avec une certaine intelligence, inexpérimentés, peu instruits, se fassent presque un nom, amènent à eux la foule, et se taillent, à bon compte, une sorte de notoriété politique.

Voyez le citoyen Malon, absolument inconnu en 1869. Il a vingt-huit ans à peine ; il semble que la nature n'ait rien fait pour lui, car il est doué d'un physique assez fâcheux ; et un défaut de prononciation qui approche beaucoup du bégaiement lui rend l'exercice de la parole laborieux et difficile. Eh bien, à l'âge où tant d'autres n'entrevoient que dans un avenir éloigné la satisfaction possible d'une ambition modeste, le citoyen Malon est tout à la fois député de la Seine à l'Assemblée nationale et membre de la Commune de Paris.

Que l'on ne se méprenne pas sur notre pensée. Nous savons que Malon est honnête, loyal ; que c'est un homme de cœur, et que ceux qui le connaissent, professent pour lui une estime véritable et sincère. Tout cela est très-bien ; mais tout cela est-il bien suffisant pour faire un homme politique ?

Un brave ouvrier, à qui l'on demandait un jour pourquoi lui et tant d'autres, parmi les hommes de travail, avaient voté pour Malon, répondit que c'était un excellent garçon, un très-bon enfant.

— Parbleu, répondit-on, en renouvelant une vieille plaisanterie ; Cadet Rousselle aussi, était un bon enfant, et l'on n'en a pourtant pas fait un député.

En vérité, nous le répétons, il faut des moments de bouleversement, de désorganisation sociale, de renversement intellectuel, pour que des hommes, très-honnêtes d'ailleurs et pénétrés des meilleurs sentiments, mais fort ordinaires par leurs facultés, dominent ainsi la situation et tiennent le haut du pavé.

Malon est Forézien. Il a vu le jour dans un village des environs de Saint-Etienne, de parents qui étaient de braves paysans. Il apprit le métier de polisseur ; mais une fois en état de l'exercer, il s'aperçut qu'il savait à peine lire. Il alla alors demander des leçons à son frère aîné, qui était instituteur, avec le désir d'entrer à l'école normale primaire, et de suivre la même carrière. Il fut refusé à l'examen.

Il voulut se retourner d'un autre côté. Mais il était menacé d'un grand malheur : sa vue faiblissait avec une effroyable rapidité, et il craignait de devenir aveugle. Il se fit alors commis-voyageur en librairie ; mais, au bout de peu de mois, sa vue s'étant rétablie, il entra chez un avoué. Sa position n'était pas mauvaise, lorsqu'un jour la démangeaison lui prit de voir Paris. Ce désir devint bientôt invincible. Comme tant d'autres, il prit un jour un bâton, quelques pièces de monnaie, et se mit en route, comptant trouver Paris au bout de son pied.

Il y arriva en effet, mais à moitié mourant de faim, ayant le gousset complétement vide, et ne sachant où donner de la tête. Pourtant, il finit par entrer dans un atelier. Là, la vue de la misère des autres le fit, dit-on, réfléchir, et ce furent ces réflexions qui l'amenèrent à se plonger dans les doctrines du socialisme.

Il chercha à propager ces doctrines, acquit une certaine influence sur les ouvriers, ses camarades, et se mit à la tête de deux grèves, qui, toutes deux, réussirent. Mais elles réussirent surtout à le faire proscrire par tous les patrons, qui ne voulaient plus de lui dans leurs ateliers.

Ce fut à cette époque qu'il s'enrôla dans l'Internationale. Impliqué dans le second procès fait par l'Empire à cette société, il fut condamné à trois mois de prison, ce qui commença sa popularité. Lors des affaires du Creusot, il y fut envoyé par le journal *la Marseillaise*, à qui il adressa pendant quelque temps des correspondances assez bien faites. Mais lorsqu'il fut de retour de Paris, où l'on organisait déjà le plébiscite, il fut arrêté, interné pendant six semaines à Mazas, puis passa en jugement comme l'un des fondateurs de l'Internationale, et fut condamné à un an de prison.

Le 4 septembre le rendit à la liberté, et, lors des élections municipales, il se vit nommer adjoint du 17e arrondissement. On dit qu'il a fait preuve, dans ses fonctions, d'un grand dévouement et d'une véritable intelligence administrative. Pour le récompenser, ses électeurs le nommaient député le 8 février, et, tout récemment, lui donnaient un siége à la Commune, où il fait partie du Comité de travail et de commerce.

M. Lefrançais, président de la Commune de Paris. — C'était au temps des réunions publiques de 1869, au temps où Gaillard père — dont on a connu plus tard les attaches — Briosne et Ducasse transformaient les salles de danse en temples de la vérité.

Parmi tous les orateurs qui se succédaient à ces tribunes improvisées, deux d'entre eux attiraient déjà l'attention des gens qui — sans parti pris — étaient conduits là par un motif de curiosité bien légitime sur ce réveil des doctrines socialistes. C'étaient MM. Millière et Lefrançais, deux communistes aux idées arrêtées, à la parole ferme, et dont les discours étaient empreints d'un cachet de bonne compagnie que ne réflétaient pas toujours certaines improvisations farouches et mal coordonnées de certains prédicants de la *nouvelle parole !*

M. Millière est député, il siége en ce moment à Versailles ; M. Lefrançais est président de la Commune de Paris; il siége à l'Hôtel de Ville.

M. Lefrançais, que j'ai entendu au Waux-Hall, où il fut une révélation, puis à la salle du Pré-aux-Clercs, et enfin aux Folies-Belleville, semble appartenir, par de nombreux côtés, à la doctrine de Cabet, de Cabet l'Icarien.

Il est, comme orateur, méthodique dans la forme et quelque peu retenu dans le fond.

Il a été maître d'école et traitait un peu son auditoire comme une classe. Classe tapageuse, il est vrai, turbulente, n'admettant ni remontrances ni punitions, mais séduite par le ton calme et la parole nette de l'orateur. C'est assurément à cela qu'il a dû d'être nommé président de la Commune, de préférence à d'autres personnalités plus connues, mais plus fougueuses.

Physiquement, M. Lefrançais est un apoplectique : petit buste, forte tête, cou imperceptible. Ajoutez à cela le nez de Hyacinthe, des yeux vifs, un grand front, des cheveux noirs, des sourcils noirs et une barbe encore plus noire que le reste, et vous aurez à peu près la physionomie de l'élu du 4e arrondissement (Hôtel de Ville).

Quant à ce que sera son rôle dans le nouveau gouvernement de Paris, c'est ce que nous apprendrons un jour ; mais si les idées émises par lui dans les réunions publiques sont jamais appliquées, nous verrons avant peu le principe de l'hérédité supprimé comme contraire à la justice, et la propriété collective mise à la place de la propriété individuelle.

Nous verrons aussi l'*union libre* substituée au mariage légal ; ce qui détruira la famille au profit d'une idée sociale qui évidemment ne la remplacera jamais.

M. Lefrançais était, tout dernièrement encore, employé à la comptabilité de la compagnie Richer.

Le citoyen RANVIER. — Grand, maigre, osseux, presque aussi grêlé que M. Louis Veuillot, et orné d'une bouche qui, fort heureusement pour elle, se voit barrer le passage par les oreilles, — tel est, au physique, le citoyen Gabriel Ranvier, jadis peintre en laque, très-habile, aujourd'hui « homme politique » et l'un des membres influents de la jeune Commune de Paris.

Venu à Paris à l'âge de vingt ans environ, Ranvier, qui en a aujourd'hui cinquante ou cinquante-cinq, apprit seulement alors son état de peintre-décorateur, dans lequel il excella bientôt et fut promptement renommé. Devenu l'un des meilleurs ouvriers de sa partie, il était recherché par tous les patrons, et gagnait largement sa vie. Aussi se maria-t-il bientôt avec une femme d'une nature distinguée, qui lui donna le goût du bien-être et du confortable. Ouvrier tranquille, rangé, laborieux, Ranvier habitait alors une jolie petite maison de Belleville, dans le jardin de laquelle on voyait s'ébattre ses enfants.

Au bout de quelques années, il trouva l'occasion d'acheter le fonds d'un de ses patrons, et s'établit à son compte. Mais l'opération ne fut pas heureuse pour lui. Outre qu'il avait mal calculé ses chances de réussite, et payé trop cher l'établissement dont il était devenu le propriétaire, il lui arriva un accident fâcheux. Un de ses ouvriers ayant reproduit sur un meuble, sans qu'il le sût lui-même, un dessin de Traviès, qui appartenait à l'éditeur Goupil, celui-ci poursuivit Ranvier en contrefaçon, se montra inflexible avec lui, et le fit condamner à des dommages-intérêts qu'il lui était impossible de payer. Ranvier dut se mettre en faillite.

Tombé, à la suite de cette affaire, dans un état de gêne voisin de la misère, Ranvier n'eut ni la force ni le courage de réagir contre la fatalité. Loin de se roidir contre la malechance et d'agir en vue de se relever, il perdit peu à peu l'habitude du travail, devint rapidement flâneur, et en vint à passer la plus grande partie de ses journées au café, se bornant à faire travailler chez lui des apprentis qu'il ne surveillait pas, et qui, par conséquent, lui rapportaient fort peu de chose.

Bientôt il se lança à corps perdu dans la politique, bien que son instruction fût plus que médiocre. Mais on sait que, pour la plupart des ouvriers, il est entendu qu'il n'est besoin de rien savoir pour traiter cette science si ardue, si délicate et si complexe qui s'appelle la politique, et qui n'est autre chose que l'art de gouverner les hommes.

Quoi qu'il en soit, Ranvier, à partir de ce moment, se détacha absolument de toute espèce de travail, fréquentant les lieux où l'on s'occupait de la « chose publique, » et ne quittant plus les réunions et les clubs. Si bien que, vers la fin de l'Empire, il fut poursuivi et condamné pour délit de réunion. Cette condamnation fut loin de lui être désagréable : d'abord, parce qu'elle lui valut une popularité parmi les siens; ensuite, parce qu'elle lui procura l'avantage — inappréciable pour lui — d'être cité dans tous les journaux, ce qui, de tout temps, avait été son plus cher désir.

Rendu à la liberté, à la suite de la journée du 4 septembre, il se vit peu après nommé chef d'un des bataillons de la garde nationale de Belleville. Impliqué dans l'affaire du 31 octobre, poursuivi et emprisonné de ce chef, il n'en fut pas moins nommé maire du 20° arrondissement, lors des élections municipales qui suivirent. Enfin, il a été l'un des membres influents du Comité central, et vient d'être, pour son arrondissement, nommé par 14,000 voix membre de la Commune, où il fait aujourd'hui partie de la « commission militaire. » On a remarqué, à ce propos, que Ranvier, qui de sa vie n'a manié un fusil, est devenu d'emblée chef de bataillon, puis membre de cette commission spéciale.

Actif, intelligent, mais médiocrement instruit, comme nous l'avons dit plus haut, Ranvier, dont le caractère est faible et sans consistance, subit facilement l'influence de ceux qui l'entourent. Mais, quoique d'une nature assez douce, on le dit capable des résolutions les plus extrêmes, précisément pour faire croire à la fermeté et à l'énergie qui lui manquent. C'est là, on le sait, une particularité assez fréquente chez les natures faibles, et qui, dans des temps de crise, peut avoir des résultats lamentables.

Le citoyen LULLIER. — Celui-ci se fit connaître par ses excentricités dans les derniers jours de l'Empire. Nous n'y reviendrons pas. Durant le siége de Paris, au début, il se fit arrêter. On ne sut jamais pourquoi. Mais une note dans les journaux apprit qu'il avait été relâché, et que le gouvernement lui avait confié une mission de confiance. Laquelle? Chacun chercha quelle mission de confiance un gouvernement de bon sens pouvait-il conférer à un fou? A force de chercher, on trouva ou du moins on crut trouver. Et certains dirent savoir que le gouvernement de la défense nationale (Trochu, Jules Favre, d'honnêtes gens après tout, et si piètres politiques et militaires qu'ils soient), avait confié à Lullier la mission de poignarder le roi Guillaume. Il va sans dire qu'il n'y avait pas un mot de vrai dans ce bavardage ; mais comme on connaissait Lullier, cela ne surprenait nullement. Voilà l'homme.

La Commune devait nécessairement utiliser ses facultés. En effet, il *travailla* pour elle ; mais il y eut bientôt de la brouille, et il fut jeté en prison par ses frères, à la suite de la scène suivante :

Le lendemain du jour de la fusillade de la place Vendôme, M. Lullier aurait tenté de ramener ses collègues à la conciliation. Ces paroles furent mal accueillies et valurent à leur auteur l'accusation de réactionnaire, de dictateur, de partisan de Chanzy.

Ces qualifications irritèrent M. Lullier, et l'amenèrent à répondre au Comité sur le même ton. « Que seriez-vous ici sans moi? leur dit-il ; je vous ai menés ici, et celui qui vous a établis au pouvoir peut vous en renvoyer. » Cette menace effraya les collègues de M. Lullier, qui, pour en prévenir l'effet, appelèrent des gardes nationaux à eux et le firent arrêter. Cette garde, au dire du Comité central, aurait été mise aux côtés de M. Lullier, pour empêcher M. Lullier de se jeter par les fenêtres, parce que (toujours d'après la version du Comité central) il serait atteint de folie.

Quoi qu'il en soit, les journaux ne tardèrent pas à publier une énergique protestation :

Conciergerie, ce 28 mars 1871.

» Gardes nationaux, citoyens,

» J'ai pris la barre du gouvernail au milieu de la tempête. Tant que le vent a soufflé en foudre, j'ai donné froidement des ordres, sans m'inquiéter des qu'en dira-t-on de l'équipage.

» Aujourd'hui le navire a touché au port; capitaine, je viens rendre compte de mes manœuvres..

» Dans la journée du 18 mars, à peine de retour à Paris, dans cette ville dont m'avait éloigné une insigne fourberie, le Comité central de la garde nationale me fit rechercher et me remit, rue de Barroy, 11, tous ses pouvoirs pour lui assurer, le plus rapidement possible et par tous les moyens que je jugerais convenables, la possession de Paris. Toutes les forces disponibles de la garde nationale étaient, par deux ordres que j'ai encore en main, placées sous mon commandement immédiat.

» Parti avec douze gardes nationaux et trois ordonnances seulement du siége du Comité, je ralliai tous les bataillons épars sur ma route, et, après avoir perdu deux de mes ordonnances tuées à mes côtés, et avoir vu vingt fois ma vie menacée, je m'emparai successivement, dans la nuit du 18 au 19 mars, de l'Hôtel de Ville, de la préfecture de police, de la place de Paris et des Tuileries, que je fis occuper aussitôt et où je laissai un commandant militaire.

» Nommé le lendemain, par le Comité, général de division et commandant en chef de la garde nationale de Paris, je fis occuper, le jour même et les jours suivants, les ministères et les portes de l'enceinte. L'Hôtel de Ville, siége du nouveau gouvernement, fut, par mes soins personnels, transformé en camp retranché et abondamment pourvu d'artillerie et de munitions; ses trois souterrains furent occupés et ses abords gardés au loin. Les sept points stratégiques de la rive droite et les quatre points stratégiques de la rive gauche furent également mis à l'abri de toute surprise.

» Le service des subsistances, organisé par mes soins, mit, dès le 20 mars, 60,000 rations d'excellents vivres de campagnes (pain, vin, conserves anglaises) à la disposition de la garde nationale et des troupes cantonnées dans les casernes, ayant fait leur soumission au nouveau gouvernement.

» Dans cinq jours, j'ai dormi en tout 7 1/2 heures, pris trois repas, passé vingt-huit heures à cheval, et expédié dans toutes les directions près de 2,500 ordres militaires.

» Le 24, à une heure du matin, brisé, harassé de fatigue, ne tenant plus debout, je vins dire aux membres du Comité :

» — « Citoyens, nous sommes maîtres de Paris au point de vue militaire ; je réponds de la situation sur ma tête ; mais agissons avec une extrême prudence au point de vue politique. »

» Et, pour la quatrième fois, j'ai réclamé l'élargissement du général Chanzy.

» Dès lors, on n'avait plus besoin de moi.

» Le lendemain, on m'appela au Comité ; on fit verrouiller les portes, on me fit entourer d'une trentaine de gardes, et, sans autre formalité, sous prétexte que j'avais délivré un sauf-conduit au citoyen Glais-Bizoin, on me fit jeter en prison comme ayant des communications avec Versailles. Le général de brigade du Bisson, mon chef d'état-major général, et le colonel Valigrane, mon sous-chef d'état-major, ont été en même temps arrêtés.

» Je ne descendrai pas à me disculper. Mon caractère est au-dessus du soupçon. En face d'un inénarrable outrage, je me recueille, et de ma poitrine gonflée s'échappe un seul cri, une évocation suprême à ceux dont j'ai toujours défendu la cause au péril de ma vie :

» Peuple de Paris, j'en appelle à ta conscience ! Peuple, j'en appelle à ta justice !

» CHARLES LULLIER. »

Toutefois il n'y resta pas longtemps ; car, le 3 avril, le *Mot d'ordre* publiait la lettre suivante :

« Mon cher Rochefort,

» Vous savez de quelle infâme machination j'ai été victime. Arrêté, sans motif, par ordre du Comité central, je me suis vu jeté au dépôt de la préfecture de police et mis au secret, au moment où Paris a si besoin d'hommes d'action et de praticiens militaires.

» Le dépôt est transformé en prison d'État, et les précautions les plus rigoureuses sont prises contre les détenus.

» Néanmoins, suivi de mon secrétaire, j'ai trouvé l'occasion de franchir tranquillement le seuil de ma cellule, où j'étais gardé à vue, de passer deux préaux gardés par une douzaine de gardiens, de me faire ouvrir trois portes fermées, et de me faire présenter les armes par tous les factionnaires de la préfecture. A cette heure, j'ai deux cents hommes déterminés qui me servent d'escorte, et trois bons revolvers chargés dans mes poches.

» J'ai eu trop longtemps la simplicité de voyager sans armes et sans amis ; aujourd'hui je suis bien décidé à casser la tête au premier venu qui viendra pour m'arrêter. Je ne me cache pas; je circule librement et ouvertement sur les boulevards.

» Je vous serre fraternellement les deux mains.

» Votre ami dévoué,
» CHARLES LULLIER. »

On pourrait croire que sa mésaventure était capable de le dégoûter des hommes de la Commune. Point du tout, car le 18 germinal de l'an 79 de la République une et indivisible, il parlait ainsi aux électeurs du 20° arrondissement :

« Citoyens,

» L'armée de Versailles resserre ses lignes et menace Paris d'un second investissement. Le canon gronde à vos portes, et vous manquez de chefs !

» Ayant passé ma vie à étudier l'art de la guerre, j'ai cru devoir inviter la Commune à m'appeler à sa barre pour lui soumettre d'importants avis militaires. Ma voix n'a pas été entendue, les conseils d'un républicain éprouvé par l'étude et par la lutte ont été dédaignés.

» En sollicitant vos suffrages, je viens vous offrir ma tête et mon bras et vous demander le mandat impératif d'aller défendre notre sainte cause par le conseil et par l'épée.

» CHARLES LULLIER. »

Beaucoup d'autres personnages furent les collègues de ceux-ci; mais ce ne furent pas assez des personnalités pour que nous en comblions ce volume. D'autres ne firent qu'y passer, quittaient la partie dès qu'il leur fut donné de pénétrer le secret de la comédie. Dès le 6 avril, les journaux publiaient ce qui suit :

« Citoyens,

» Désapprouvant sur plusieurs points graves la direction imprimée au mouvement communal; ne voulant pas, d'autre part, créer de dissentiment au moment où la République a le plus besoin d'unité d'action, je prends le parti de me retirer et de vous adresser ma démission.

» Je rentre dans les rangs et redeviens simple soldat de Paris, de la Commune et de la République.

» Salut et fraternité !

» A. RANC. »

Un personnage sur lequel ils comptaient à la Commune leur fit faux-bond, se tirant heureusement de la bagarre : c'est CREMER.

« Monsieur le Rédacteur, » écrivait-il au *Gaulois*, à la date du 28 mars 1871, « je ne veux pas répondre à tous les journaux qui m'ont attaqué, insulté, vilipendé sans me connaître, sans daigner me demander rien et sans même publier les rectifications premières que les circonstances me permettaient de leur envoyer.

» Aujourd'hui, la tâche que mon brave colonel Aronssohn et moi nous nous étions imposée est terminée, et je demanderai au *Gaulois* de publier ces quelques mots :

» 1° Il est vrai que j'ai été plusieurs fois reconnu et acclamé par la garde nationale, et c'est cette popularité qui m'a permis de faire quelque bien, du moins je le crois ;

» 2° Je n'ai jamais eu aucun commandement à Paris, sous les ordres du Comité central ;

» 3° Je n'ai jamais prononcé aucun discours, quoi qu'en dise la *Liberté*, ni conduit aucune troupe armée ou non armée ;

» 4° Et enfin, la délivrance du général Chanzy et du général de Langourian ont été le résultat de nos efforts ; et, le lendemain même du jour où nous allâmes chercher le général, je quittais Paris pour me retirer à Saint-Germain, content du résultat, quoique honni par les uns et mis en suspicion par les autres.

» Voilà les résultats obtenus, non sans quelques dangers, peut-être, dans ces moments d'effervescence. Que les gens qui m'ont insulté gratuitement en fassent autant.

» Veuillez, etc.

» Général CREMER. »

De fait, gêné par sa popularité même et ne voulant pas servir les insurgés, il prit le parti de se faire envoyer en Afrique, ce qui résulte de la note officielle suivante :

On avait annoncé que le général Cremer était rentré dans l'armée avec le simple grade de chef d'escadron. Il résulte d'une lettre adressée au journal *le*

Châtiment et signée CREMER, *général de division, commandant jusqu'à présent la 1re division du 24e corps*, que cet officier a été nommé lieutenant-colonel d'état-major, par décret du 23 janvier 1871.

Que dire encore du citoyen LISSAGARAY qui ne dut une illusion de célébrité qu'à un duel avec Paul de Cassagnac. Sans esprit, sans talent, il eût pu être ou intelligent, ou convaincu ; la note ci-dessous qu'il publia dans son journal *l'Action* montre ce qu'il en est de son bon sens, et de son amour pour la liberté :

« Nous demandons la suspension sans phrase de tous les journaux hostiles à la Commune. Paris est en état de siége réel. Les Prussiens de Paris ne doivent pas avoir de centre de ralliement, et ceux de Versailles des informations sur nos mouvements militaires.

» LISSAGARAY. »

Dans un chapitre précédent, nous avons assez montré ce qu'est M. DELESCLUZE, pour que nous ayons besoin d'y revenir.

Parmi ces bouffons sanguinaires, le plus bouffon et le plus sanguinaire est assurément l'archi-citoyen FÉLIX PYAT. Auteur dramatique médiocre, jaloux de tout ce qui écrit, même de Victor Hugo, peut-être de Cochinat, sans oser l'avouer, il a pris l'ordre social en haine, parce qu'aucune loi n'oblige les citoyens spectateurs à ne pas dormir aux mauvais ouvrages dramatiques. Voilà toute la raison de sa démocratie. Un mécontent, mécontent comme Flourens, comme Pascal Grousset, comme tant d'autres de ses camarades, il ferait guillotiner l'humanité sans vergogne, en serait désolé ensuite et serait fort embarrassé de dire pourquoi.

Un autre mécontent : le citoyen général CLUSERET, général comme vous et moi ; tout au plus méchant capitaine, criblé de dettes, et esclave de ses vices. On sait ses exploits dans les deux mondes. Passons ; car, malgré l'obligation de tout dire, il y a des besognes qui, en se prolongeant, font déborder le dégoût.

XIV

LES SÉANCES DE LA COMMUNE.

On comprend qu'il serait absolument sans intérêt de reproduire toutes les séances de la Commune.

Les séances dont on lira le compte rendu ci après suffisent à montrer la marche que suivit cet assemblage d'hommes si disparates entre eux, pour en venir à la conclusion, fatale, terrible, inéluctable, qui coûta tant de sang français répandu, et répandu hélas! en pure perte pour les uns comme pour les autres.

Cette conclusion, la voilà dans toute sa cruelle crudité : « Révolution quand même! »

Séance du 2 avril.

La discorde règne déjà dans l'assemblée. La pression opérée par la Montagne (ancien style) écarte de la Commune ceux qui n'avaient cherché que des fonctions exclusivement municipales.

MM. Desmarest, Ferry, Nast, André, Tirard, Albert Le Roy, Robinet, Charles Beslay, Adam et Méline, se retirent en déclarant pour la plupart qu'ils ne peuvent siéger plus longtemps dans une Assemblée à responsabilité illimitée.

Beaucoup ajoutent : dont l'indépendance matérielle et l'indépendance du vote ne sont point assurées.

On dit dans les bureaux que la démission de MM. Loiseau-Pinson et Gerardin ne doit pas se faire attendre.

Plusieurs membres de la Commune trouvent que le comité s'étant déclaré dissous, devrait l'être de fait.

Loin de là, le comité siége en permanence, décrète d'urgence des arrêts qui ont force de loi.

Beaucoup de gens qui croyaient que le Comité, après avoir remis ses pouvoirs à la Commune, se retirerait sous sa tente, heureux des félicitations qu'il s'est fait voter par la Commune, commencent à murmurer.

En vain, quelques protestations timides se font entendre, le Comité fait la sourde oreille et reste au pouvoir.

Il est chargé de l'organisation de la garde nationale ; c'est lui qui doit faire respecter les élections ; donc, il ne doit pas faillir à son mandat.

Et il n'y faillira pas. — déjà les purs, épouvantés de la timidité de l'Assemblée, jettent sur leur Comité un regard de satisfaction et d'espérance.

C'est sur lui qu'ils comptent pour imprimer le mouvement à la Commune si elle veut demeurer inerte.

C'est à lui qu'appartient de former l'armée qui doit marcher sur Versailles, si l'Assemblée ne ratifie pas la Commune.

Marcher sur Versailles. Voilà ce que l'on commence à demander dans les bataillons, et le Comité y pousse. Il affirme que les soldats sont prêts, qu'ils n'attendent qu'un signal pour escamoter l'Assemblée, et s'en retourner proclamer la Commune dans leurs villages.

Séance du 3 avril.

La Commune, qui promettait à son aurore d'expédier toutes les affaires pendantes, avec la rapidité et la rectitude de jugement de feu Salomon, est revenue à des sentiments de sage lenteur.

Autant ses premiers décrets ont frappé la masse par leur apparente énergie, autant les suivants sont difficiles à mettre au monde.

Nos législateurs, qui croyaient qu'un décret élucidait une question du premier coup, se débattent tout ahuris.

La commission de la guerre se démène comme si elle servait à quelque chose; son inaction lui pèse. Elle veut faire fondre des canons de siége et construire des engins formidables. Elle veut faire du feu grégeois.

Le citoyen Varlin vient jeter sur ce feu de paille la douche accoutumée : Et des fonds? — On réquisitionnera les ateliers et les ouvriers, crie le citoyen Duval! — Et des fonds? répète le citoyen Varlin.

Le citoyen Assy propose d'émettre un papier-monnaie qui ne nécessitera aucuns frais, en donnant cours forcé aux coupons échus de la ville de Paris et de la Rente.

La proposition est renvoyée à la commission.

Le citoyen Protot est nommé grand-prévôt de Paris. Ses arrêts sont sans appel. Quelques membres demandent qu'on lui adjoigne quelques républicains dévoués et savants.

— Pas de places inutiles, clame le citoyen Varlin, nous n'avons pas de fonds !

Le citoyen Protot devient ainsi un pacha de qui dépend la liberté de deux millions d'êtres.

La Commune, sur la demande du citoyen Billioray, déclare qu'elle est toute prête à donner toutes les facilités nécessaires pour que les commerçants puissent se rendre à Versailles traiter la question des approvisionnements de Paris.

Sur la proposition du citoyen Duval, le président donne lecture des rapports de la sûreté générale. Ils sont tous excellents.

Paris est animé du meilleur esprit. Les troupes de Versailles sont prêtes à se rallier ; il en arrive chaque jour à Paris.

Pendant qu'on discute et qu'on se dispute, les nuances se dessinent de plus en plus.

Assi reste le chef prépondérant de l'Internationale, Delescluze commande le bataillon sacré des formalistes à tous crins.

En somme, beaucoup de bruit, peu de besogne, et moins de fonds encore.

———

Comme on sait, les séances de la Commune sont secrètes. Le compte rendu des deux précédentes est dû à des indiscrétions. Celui qui suit est plus précieux, en ce sens que s'il n'est point officiel, il est à tout le moins officieux, puisqu'il fut publié sous la surveillance d'un délégué de la Commune.

Séance du 5 avril.

La réorganisation de l'artillerie de la garde nationale est discutée. A la légion qui existe aujourd'hui, il est question d'adjoindre l'artillerie de la mobile de la Seine et l'artillerie auxiliaire de service au rempart pendant le siége.

Ces trois corps réunis seraient divisés en vingt batteries entre lesquelles on répartirait les pièces et tout le matériel. Un membre dit que si cette réorganisation avait eu lieu avant le commencement des hostilités, les fédérés n'auraient pas abandonné des positions qui leur garantissaient la victoire.

Un honorable de la Commune fait remarquer que chaque jour des membres donnent leur démission, et demande si ce n'est pas parce que la Commune outrepasse les pouvoirs qu'elle s'est donnés.

Il ajoute qu'il reçoit continuellement des lettres, non signées il est vrai, et contenant un appel à la conciliation. Toutes, ou presque toutes, sont d'avis que la marche suivie par la Commune causera inévitablement sa perte.

Je propose, dit l'orateur, de rapporter le décret qui interdit toute manifestation pacifique et demande que plusieurs membres de la Commune soient délégués pour y assister.

Un troisième orateur dit qu'il ne suffit pas d'annoncer que les troupes fédérées sont victorieuses, mais bien de le prouver, ce qui est assez difficile quand on voit les troupes se battre aux portes de Paris au lieu d'être à Versailles.

Nous avons reproché, ajoute-t-il, aux hommes de l'Empire, de se taire ou de mentir au début de la guerre avec la Prusse, et vous savez ce que ce silence et ces mensonges ont coûté à la France.

Disons donc toute la vérité et faisons dès aujourd'hui tous nos efforts pour arrêter une effusion de sang inutile qui découragera nos plus braves.

On le voit, le mot d'ordre est bien toujours : « A Versailles ! » Mais déjà des appréhensions se trahissent : *on tolérera les manifestations pacifiques !* Mauvais signe ; mais combien éloquent ! Au résumé, la peur les gagne, et si Versailles ne connaît pas la Commune, visiblement la Commune reconnaît Versailles, et le reconnaît comme un adversaire avec qui il faudra *probablement* mettre les pouces !

Enfin, Messieurs de la Commune cèdent devant les réclamations des journaux... même des leurs : la publicité *officielle* des séances est décrétée. Les comptes rendus qui suivent sont donc absolument exacts :

Séance du 15 avril.

PRÉSIDENCE DU CITOYEN BILLIORAY.

La séance est ouverte à trois heures.

Le citoyen Billioray, président.

Les citoyens Gambon et Clémence, assesseurs, prennent place au bureau.

Le procès-verbal de la séance du 14, lu par l'un des secrétaires, est adopté, après une rectification demandée par le citoyen Beslay.

Le citoyen Demay demande au délégué à la préfecture de police comment il se fait que, dans son arrondissement, et malgré le décret voté par la Commune, le prix des passe-ports soit fixé à 50 cent. pour le département de la Seine et 2 fr. pour la France.

Au nom de la commission de sûreté générale, le citoyen Ferré répond qu'il ignorait complétement ce fait, ne pouvant provenir que d'un vol de l'employé, mais que du reste des mesures seront prises à cet égard.

Le président donne lecture d'une lettre du citoyen Ranvier, déclarant donner sa démission de membre de la commission militaire.

Lecture est également faite des dépêches militaires constatant les échecs subis par les Versaillais dans la nuit du 14 au 15 courant.

L'ordre du jour appelle la suite de la discussion de la loi des échéances.

Le citoyen Beslay trouve que les critiques dirigées contre son projet n'en ont nullement détruit la force. La création d'un Comptoir commercial permettrait : 1° d'accorder du temps aux débiteurs ; 2° de conserver la valeur intégrale du billet, avec ou sans endos ; 3° de faire des billets conservés en portefeuille une valeur vive, qui profiterait à la reprise des affaires. On a demandé ce que le projet ferait de dettes hypothécaires. Etant donnée une dette à payer ou une obligation commerciale, il est clair que, par suite des considérations, aujourd'hui indiscutables, on devra lui accorder le bénéfice du temps. Pour l'objection que le Comptoir ne s'appliquerait pas aux arriérés des billets dans les départements, et, par suite, n'aurait pas un caractère de généralité :

Sitôt, dit-il, que la création sera acceptée et reconnue excellente par la Commune de Paris, elle le sera immédiatement aussi par les communes des départements.

En un mot, aucune atteinte sérieuse n'a été portée à la combinaison qui se présente pour la liquidation de la dette arriérée du commerce.

La discussion générale des trois projets étant close, a Commune, sur la demande du citoyen Paschal Grousset, décide que le vote n'aura lieu qu'après examen des trois projets.

Consultée sur la question de priorité, elle décide également que le projet Tridon sera discuté le premier, le projet Jourde le deuxième, et enfin celui du citoyen Beslay le dernier.

Le citoyen Tridon, afin de répondre à la principale critique dirigée contre son projet, critique se rapportant à l'immobilisation des valeurs, donne lecture de l'amendement suivant qu'il ajoute au projet primitif : « Un Comptoir spécial sera fondé sous les auspices de la Commune, pour servir d'intermédiaire entre les divers intéressés. »

Le citoyen Allix se déclare partisan du projet Tridon, parce qu'il permet une liquidation à l'amiable qu'il est désirable de faciliter.

Pour ce qui concerne la création d'un comptoir commercial, il en accepte également le principe, vu qu'il le considère comme l'intermédiaire qui amènera la liquidation amiable ; il propose donc la formation d'une commission chargée d'arrêter les bases de ce comptoir.

Le citoyen Régère se déclare également partisan du projet Tridon ; mais il préférerait l'adoption du projet primitif, qui laisserait beaucoup, et selon lui, avec raison, à l'initiative des commerçants.

Pour repousser la création d'un établissement commercial, il préférerait que le projet fût mûrement étudié, avant son adoption, par une commission nommée à cet effet.

Le citoyen Varlin repousse formellement l'idée d'un comptoir financier, comme étant convaincu que la majeure partie des effets en souffrance sont mauvais.

Ce qu'il est surtout désirable d'amener, dit-il, c'est une liquidation lente de ces effets impayés. Attendons donc d'être sortis de cette situation critique, avant de songer à établir une institution financière.

Le citoyen Malon croit qu'il est indispensable de faire des coupures, parce que, sans cela, il se trouvera que les commerçants se trouveront dans l'impossibilité des arrangements immédiats ; ils se trouveront dans une situation réellement inférieure, et par suite sans crédit.

Si, au contraire, vous autorisez ces coupures, ils seront garantis.

Sans être opposé à la création d'un comptoir, il se range pour le présent aux objections du citoyen Varlin.

Le citoyen Parisel pense que ce n'est pas en coupant un billet en huitièmes qu'on donne du crédit ; ce qu'il faut surtout, c'est du temps, afin de pouvoir employer les capitaux disponibles ; les affaires du débiteur étant avant tout la plus sûre garantie du créancier ; c'est pour cette raison qu'il adopte le projet primitif du citoyen Tridon. Quant à l'amendement, il ne croit pas que la Commune doive former un comptoir dont elle serait forcément responsable.

Le citoyen Billioray repousse le projet, parce qu'il immobilise pendant trois années la somme représentée par les effets, tandis que le projet Jourde permet, moyennant les coupures, la mise en circulation de ce capital, qui activera la reprise des affaires. On se trouvera réduit en France, dit-il, à n'avoir qu'une petite quantité de numéraire.

Il faudra donc le remplacer par une valeur papier ; si vous immobilisez cette énorme valeur déjà en circulation, vous arriverez à arrêter complétement les affaires. Par contre, en divisant la dette du débiteur en huit termes, il pourra petit à petit se libérer et faire face à ses affaires.

Le citoyen Grousset fait observer que le général Eudes est présent à la séance. Il aurait peut-être quelques renseignements à donner sur l'attaque des Versaillais contre le fort de Vanves.

La Commune se forme en comité secret.

Séance du 17 avril.
PRÉSIDENCE DU CITOYEN OSTYN.

La séance est ouverte à trois heures.

Le citoyen OSTYN et le citoyen RANVIER, assesseurs, prennent place au bureau.

Le président donne lecture des dépêches militaires se rapportant aux opérations des 16 et 17 courant.

L'ordre du jour appelle la suite de la discussion sur la loi des échéances.

Le premier article du projet prescrit par le citoyen Jourde est mis en discussion.

Le citoyen Franckel demande que la date du remboursement des dettes de toute nature soit reculée jusqu'au 15 juillet 1872.

Le citoyen Pascal Grousset propose que le délai durant lequel sera effectué ce remboursement soit de trois années au lieu de deux.

Le citoyen Jourde repousse les deux amendements, le premier surtout, qui changerait absolument l'économie de la loi qu'il a proposée, et qui semble déjà acceptée par le commerce.

Son projet a surtout pour but de donner satisfaction aux intérêts commerciaux ; ce résultat ne serait pas atteint si l'on acceptait le renvoi au 15 juillet 1872.

Le citoyen Parisel, s'appuyant sur les paroles du citoyen Jourde, repousse le projet tout entier.

Le citoyen Régère insiste pour le délai de trois années. Après deux observations des citoyens Avrial et Vaillant, la discussion est close.

La Commune rejette l'amendement du citoyen Franckel et adopte celui du citoyen Paschal Grousset. Ainsi amendé, le premier article est adopté à la majorité des voix.

Au sujet du second article, le citoyen Allix demande que le payement de la première des douze coupures (le citoyen Jourde, le délai étant de trois années, a porté lui-même à douze le nombre des coupures), soit le plus éloigné possible.

Le citoyen Langevin lui fait observer que si l'on acceptait ces amendements, le premier article perdrait tout sens.

Le citoyen Parisel propose un tribunal arbitral pour trancher toutes les difficultés du remboursement.

Le citoyen Régère combat le système des coupures, voulant laisser une liberté entière aux intéressés dans la liquidation de l'arriéré.

Le citoyen Antoine Arnauld demande que l'on admette dix coupures, la première échéance ne venant qu'au 15 avril 1872.

La Commune ne prend en considération aucun des amendements, et adopte l'art 2, à la majorité des voix.

L'article 3 est adopté sans opposition; au sujet de l'article 4, le citoyen Avrial met de nouveau en avant l'idée du tribunal arbitral, et proposé un amendement qu'il retire lui-même après quelques observations des citoyens Vermorel et Billioray. Cet article 4, dont les mots : *suivant les règles usitées en pareil cas* ont été retranchés par le citoyen Jourde lui-même, est adopté à la majorité des voix.

Le citoyen Beslay propose à l'article 5 l'amendement suivant :

« La question des échéances regardant toute la France, et la position actuelle du pays ne permettant pas en ce moment de faire une loi générale, la Commune arrête que les échéances de tous les effets et autres obligations échus au 15 août 1871 ne pourront provisoirement être exigées avant le 15 avril prochain. »

Les citoyens Jourde et Billioray repoussent l'amendement.

L'art. 5, amendé par la commission qui a étudié les projets de loi sur les échéances, est adopté.

Après une discussion sur le projet en général, discussion à laquelle prennent part les citoyens Avrial, Billioray, Beslay, Régère, Parisel, Paschal Grousset, Langevin et Vaillant, l'ensemble du projet est mis aux voix. Il est accepté à l'unanimité moins 7 voix.

La Commune fixe l'ordre du jour du lendemain.

La séance est levée à six heures et demie.

Séance du 19 avril.

PRÉSIDENCE DU CITOYEN LEFRANÇAIS.

Le citoyen Demay, nommé assesseur, prend place au bureau.

Le procès-verbal est lu et adopté.

L'assemblée décide que les discussions ou les incidents qui pourraient se produire au cours de la séance devant rester secrets, ces discussions ou incidents ne seront pas reproduits dans le compte rendu officiel.

Le citoyen Martelet lit le rapport de la commission des élections.

Le citoyen Président. Le rapport conclut à ne pas tenir compte du huitième, et à se contenter d'admettre comme valable la majorité absolue des suffrages exprimés.

Le citoyen Beslay veut que la loi soit observée ; il cède la parole au citoyen A. Arnauld.

Le citoyen A. ARNAULD. Je me prononce pour l'observation stricte de la loi, qui impose le huitième. En validant les élections faites en dehors de la loi, nous invalidons forcément les autres.

Il n'est pas admissible qu'un membre de la Commune se prétende élu avec 500 électeurs seulement.

Quel est notre pouvoir? Qui est-ce qui fait sa force? C'est que nous sommes des élus. Nous porterions la plus grave des atteintes au suffrage universel, si nous procédions autrement. Dans ce cas, il aurait mieux valu laisser l'autorité au Comité central.

Si vous admettez les conclusions du rapport, il n'y a pas de raison pour qu'un candidat ne soit pas élu par 50 électeurs.

Il faut un terme, c'est le huitième : observons-le. Il y a onze élections faites dans les conditions de la loi, validons-les ; mais n'acceptons pas les autres, ce serait diminuer la valeur de notre propre mandat, car on pourrait alors nous objecter que tel citoyen ayant obtenu deux voix, la sienne et celle de son fils, aurait le droit de se prétendre représentant.

Il faut se maintenir dans les termes de la loi. Dans les circonstances graves où nous nous trouvons, on ne doit pas valider les élections en dehors du huitième. Ce serait le plus grand croc-en-jambe que jamais gouvernement ait donné au suffrage universel ; d'ailleurs nous ne serions pas les élus de la population de Paris.

Le citoyen P. GROUSSET. Je ne demande pas l'effet

que produira sur le gouvernement de Versailles le résultat des élections de Paris, mais je me demande seulement quel effet produira l'élection de membres qui n'ont pas eu le huitième. Il n'y a pas, en réalité, de loi électorale par le fait de l'admission de membres n'ayant pas eu le huitième. Nous avons déclaré ne pas accepter les bases formulées par le Comité central, en sorte que nous n'avons pas de loi électorale.

La commission ne propose pas d'accepter les citoyens qui ont eu la majorité relative, elle vous propose d'admettre simplement les citoyens qui ont eu la majorité absolue des votants.

Vous n'avez pas la base d'évaluation de la population ; vous n'avez pas de loi électorale. La seule chose juste et sérieuse serait de s'en rapporter à la sagesse populaire, qui a voté comme elle a voulu, et d'admettre tout membre qui a eu la majorité absolue des suffrages exprimés.

Le citoyen VARLIN. Je repousse les observations présentées par le citoyen Arnauld. Il est impossible que nous admettions cette loi, que nous ne pouvons reconnaître. Quant à moi, je suis pour les conclusions du rapport.

Dans toute société qui obéit à des règles fixes, on s'en rapporte toujours à la majorité absolue. Aux dernières élections, nous avons admis des candidats qui n'avaient pas réuni le huitième, ne nous dejugeons pas.

Je n'ajouterai que quelques mots.....

Le citoyen BILLIORAY. En supposant que tout un arrondissement s'abstienne, et qu'il n'y ait que cinq votants ces votants sont les seuls partisans de la

Commune, les autres ne veulent pas voter pour une commune quelconque.....

Le citoyen URBAIN. Pour moi, l'abstention ne peut jamais être une raison. Il y a un moyen de manifester son opinion : c'est le bulletin blanc. Le nombre de bulletins blancs eût pu invalider l'élection : or, puisque ceux qui ne veulent pas de nous ne l'ont pas fait, nous devons passer outre.

Le citoyen ARNAULD craint que nous ne tombions dans le ridicule et l'odieux. Or, je dis que ce sont ceux qui n'ont pas voté qui sont tombés les premiers dans l'odieux et le ridicule. Ceux qui n'ont pas voulu défendre leur liberté par le vote ne sont à mes yeux ni Français, ni Allemands, ni Chinois.

Le citoyen LANGEVIN. Je me trouve dans une situation assez difficile, car je suis précisément de ceux qui ont été admis au premier tour de scrutin. Malgré cette situation, je me prononce contre la validation des élections.

Pour ma part, je regrette la décision prise par l'assemblée; j'aurais protesté si je n'avais envisagé la situation qui nous était faite, et je pense qu'en adoptant les conclusions du rapport, nous porterions une grave atteinte à l'autorité morale de la Commune.

Il faut être logiques. Or, il y a un arrêté qui va à l'encontre des arguments que l'on vient d'exposer : dans le XVIIe arrondissement, vous avez ajouté une élection, en raison du nombre des votants ; eh bien, vous admettez sans doute que vous avez une base quand il s'agit de faire voter, et n'en avoir pas de certaine pour la validation. C'est vous qui l'avouez.

Le citoyen RANVIER. Je n'ajouterai que quelques mots. Dans le XVIIe arrondissement, le citoyen Gombault n'est pas élu ; dans le XXe, ils sont tous élus à une faible majorité ; nous ne connaissons pas de loi électorale...

Le citoyen RÉGÈRE. Mais nous n'en avons pas fait ! Nous appelons tout le monde au vote, tant pis pour ceux qui ne se présentent pas. Je trouve le huitième ridicule.

Le citoyen CLÉMENCE. Je veux respecter le huitième. Dans les professions de foi, même dans celles des membres qui se prononcent aujourd'hui contre le huitième, nous avons tous accepté la loi de 1849.

Les candidats qui n'auraient pas obtenu ce minimum subiront un second tour de scrutin à la majorité relative. Pour moi, je déclare que je ne veux pas être l'élu d'une réunion publique, mais bien l'élu du peuple.

La clôture est demandée. Le citoyen ALLIX parle contre la clôture.

Le citoyen PRÉSIDENT met la clôture aux voix ; le résultat donne 18 pour et 17 contre.

La clôture est prononcée.

Le citoyen PRÉSIDENT met aux voix les conclusions du rapport.

L'appel nominal est demandé par les citoyens Arnauld, Vallès, Vermorel, Avrial et Clémence.

Le citoyen BLANCHET. Je vote pour le rapport, la majorité absolue des votants, puisqu'aux premières élections on n'a pas tenu compte du huitième pour nous admettre, nous.

UN MEMBRE. Et moi aussi, je vote pour les conclusions du rapport. Les électeurs qui n'ont pas rempli leur devoir ont d'eux-mêmes renoncé au droit d'être représentés, et je ne me reconnais pas le droit d'avoir plus qu'eux le souci de leurs intérêts.

Le citoyen P. Grousset. J'adopte les conclusions du rapport, tout en regrettant qu'elles ne soient pas plus larges et n'admettent pas immédiatement les candidats qui ont obtenu une majorité quelconque.

L'abstention est une désertion quand le scrutin est libre.

Le citoyen Régère. En raison de l'état de guerre, je vote l'adoption du rapport.

Le citoyen Adolphe Clémence. Afin de maintenir haut et ferme l'autorité de la Commune, je vote contre les conclusions du rapport.

Le citoyen J. Miot. Je vote contre la validation des candidats qui n'ont pas obtenu le huitième des électeurs inscrits, parce que les élections ont eu lieu sous cette condition.

Vu les circonstances exceptionnelles dans lesquelles les réélections doivent avoir lieu, j'aurais désiré que l'assemblée, par modification à la condition du huitième, décidât que ces élections se feraient à la majorité relative des suffrages exprimés.

Le citoyen Rastoul. Je vote contre le rapport, parce que la Commune ayant déclaré s'en rapporter à la loi qui demandait le huitième plus un des électeurs inscrits, le rapport passe outre, ne tenant aucun compte des décisions prises par convocation et affiches sur le premier décret de la Commune. Le rapport porte ainsi atteinte au suffrage universel, détruit la force morale de l'assemblée, et frappe d'avance ses décisions d'impuissance relative.

Les conclusions du rapport sont adoptées à la majorité de 26 voix contre 13.

La séance est levée à sept heures et renvoyée à demain, deux heures.

Séance du 20 avril.

PRÉSIDENCE DU CITOYEN VIARD.

Le citoyen POTHIER, assesseur.

La séance est ouverte à trois heures dix minutes.

Des questions de stratégie et de mouvements de troupes devant être discutées, l'assemblée se déclare en comité secret.

La séance est reprise, sur la proposition faite par le citoyen Delescluze, à cinq heures.

Le citoyen PRÉSIDENT. Le citoyen Delescluze a la parole pour sa proposition au sujet des délégués des commissions :

La Commune arrête :

1° Le pouvoir exécutif est et demeure confié, à titre provisoire, aux délégués réunis de neuf commissions, entre lesquelles la Commune a réparti les travaux et les attributions administratives ;

2° Les délégués seront nommés par la Commune, à la majorité des voix ;

3° Les délégués se réuniront chaque jour, et prendront, à la majorité des voix, les décisions relatives à chacun de leurs départements ;

4° Chaque jour ils rendront compte à la Commune,

en comité secret, des mesures arrêtées ou exécutées par eux, et la Commune statuera.

Le citoyen Président donne lecture de la proposition Delescluze.

Sur quelques observations du citoyen Delescluze et du citoyen Avrial, l'ensemble de la proposition est mis aux voix et adopté.

Le citoyen Jourde demande qu'on nomme ces services importants.

Le citoyen Président en donne lecture :

Guerre, Finances, Subsistances, Justice, Instruction publique, Services publics, Sûreté générale, Travail et échange, Relations extérieures.

La séance est suspendue cinq minutes.

La séance est reprise à six heures et demie.

Le citoyen Andrieu. Je demande la parole sur le vote qui va avoir lieu.

Le citoyen Président. Le citoyen Andrieu a la parole.

Le citoyen Andrieu. La proposition que je fais réunit déjà l'adhésion de plusieurs membres. Je propose qu'avant de voter nom par nom, on vote par scrutin de liste, afin de pouvoir connaître les noms les plus sympathiques à l'assemblée ; ce sera ainsi un premier degré dans le vote qui permettra d'éclairer sur le second vote.

Le citoyen Clémence. Je demande qu'avant de passer au vote des divers candidats pour une même fonction, les noms soient annoncés à haute voix.

Le citoyen Président. Tout cela n'indique pas le mode de vote à employer.

Le citoyen Raoul Rigault. Nous avons décidé tout à l'heure que le vote serait sur chaque fonction par main levée.

Un membre. Je demande le vote secret.

Le citoyen Président. Le citoyen Delescluze fait demander si l'on veut signer son bulletin de vote.

Un membre. Oui, il faut le signer; c'est une bonne pratique à adopter.

Le citoyen Amouroux. Il est on ne peut plus nécessaire que chacun signe son bulletin, parce qu'en signant, il est responsable de celui qu'il nomme.

Je demande, moi, qu'on ne discute pas brièvement les noms des candidats, parce que ce serait affaiblir plus tard l'autorité des élus.

Je demande encore qu'on vote séparément, parce qu'aujourd'hui, nous devons tous nous connaître. (Oui.)

Le citoyen Président. Le vote est ouvert.

Plusieurs membres. Comment vote-t-on?

Le citoyen Président. Que ceux qui sont d'avis de voter avec indication du département, veuillent bien lever la main.

Le vote au scrutin de liste est adopté.

Le citoyen Lefrançais. Le scrutin sera-t-il secret ou signé?

(On décide que le bulletin sera signé. — Bruit. — Appel nominal.)

Le citoyen Amouroux. Le dépouillement se fera par le secrétaire, auquel vous voudrez bien adjoindre un membre.

Le citoyen ARNAULD. Je ne pourrais pas me prononcer, car je ne connais pas les candidats.

Voix. Eh bien, vous ne vous prononcerez pas !

Le citoyen ARNUALD. Voulez-vous me laisser parler ? En deux mots, je demande l'appel nominal, et chaque membre pourra ainsi s'éclairer.

Le citoyen AMOUROUX, *secrétaire*. Voici le résultat du dépouillement du scrutin :

Ont été nommés pour composer la commission exécutive, les citoyens :

Guerre.	Cluseret.
Finances	Jourde.
Subsistances	Viard.
Relations extérieures .	Paschal Grousset.
Travail et échange . .	Franckel.
Justice	Protot.
Services publics . . .	Andrieu.
Enseignement. . . .	Vaillant.
Sûreté générale . . .	R. Rigault.

Il reste à nommer les délégués aux services publics et au travail et échange, la majorité absolue n'ayant pas été atteinte par les candidats.

Il va être procédé par un vote à main levée.

Il est procédé au vote et sont nommés :

Le citoyen Andrieu, aux services publics,

Et le citoyen Franckel, au travail et à l'échange.

Le citoyen AVRIAL. Il faut absolument reconstituer les commissions et qu'on mette cette reconstitution à l'ordre du jour de demain.

Le citoyen PRÉSIDENT. Demain, à l'ordre du jour, la reconstitution de nouvelles commissions.

Le citoyen AVRIAL. Depuis que nous sommes ici, on a pu juger les aptitudes des divers membres et il y a des remaniements à faire.

La séance est levée à huit heures moins dix minutes.

Séance du 22 avril.

PRÉSIDENCE DU CITOYEN VARLIN.

Le citoyen MORTIER assesseur.

Lecture est faite du procès-verbal de la séance d'hier, 21. Il est adopté.

Le citoyen VERMOREL. Citoyens, je crois que la publicité a, en elle-même, sa moralité. Nous avons reçu la démission de Félix Pyat, mais cela ne le dispense pas de la responsabilité des actes auxquels il a participé. *Le Vengeur* d'hier blâme avec force la suppression de plusieurs journaux : je tiens à constater que cette mesure a été approuvée ici par le citoyen Pyat et qu'il en a même, dans une certaine mesure, pris l'initiative. Il faut qu'on le sache, et je demande que mon observation, qui est une observation de moralité politique, soit insérée à *l'Officiel*.

Le citoyen RÉGÈRE. L'initiative de cette mesure émane de Rigault seul, et je certifie que Félix Pyat y est étranger ; je le constate.

Le citoyen VERMOREL. Indépendamment de ce qui a eu lieu dans cette assemblée, la commission exécutive, avant que Rigault fût ici, par l'organe de Félix Pyat, avait fait une motion semblable à celle de Rigault.

Le citoyen RÉGÈRE. Je ne sais pas ce qui se passe dans les cénacles, moi ?

Le citoyen DEREURE. Je demande la parole.

Le citoyen PRÉSIDENT. C'est le citoyen Mortier qui a la parole.

(Les citoyens Vermorel et Régère s'expliquent vivement.)

Le citoyen RÉGÈRE. On calomnie des absents.

PLUSIEURS MEMBRES. Il n'y a pas de calomniateurs ici ! (Assez ! A l'ordre !)

Le citoyen PRÉSIDENT. Citoyen Régère, je ne puis vous laisser parler ainsi. Nous n'avons pas à revenir sur un incident qui a été vidé par la Commune.

Le citoyen Mortier a la parole.

Le citoyen MORTIER. Il a été décidé, antérieurement, qu'il serait bien convenu qu'aucune démission ne serait admise, et je ne vois pas pourquoi le citoyen Félix Pyat, qui était présent lorsque la mesure sur les journaux a été prise, donne aujourd'hui sa démission.

Le citoyen BABICK. On a dit ici que toutes les démissions seraient regardées comme des trahisons.

PLUSIEURS MEMBRES. Oui, c'est vrai !

Le citoyen MORTIER. On ne doit pas quitter un poste, quand c'est un poste de péril et d'honneur.

Le citoyen DEREURE. Je crois que le citoyen Régère n'était pas là quand la discussion a eu lieu ; car il saurait, comme nous, que le citoyen Félix Pyat a appuyé la demande du citoyen Rigault, — et il l'a appuyée énergiquement. Il n'a donc pas aujourd'hui le droit de se déjuger, et je trouve extraordinaire que le citoyen Régère prenne ainsi sa défense, lorsque toute l'assemblée convient que le citoyen Félix Pyat appuyait énergiquement la motion de Rigault.

Le citoyen Amouroux. Je vais chercher le compte rendu analytique.

Le citoyen J.-B. Clément. Voilà mon opinion sur l'incident. Le citoyen Félix Pyat a toujours été, et je ne l'en blâme pas, pour les mesures énergiques ; eh bien, je trouve étrange qu'aujourd'hui il nous accuse, et non-seulement au sujet de la presse, mais il y a encore dans son journal un blâme au sujet des citoyens. Eh bien, je dis qu'il est indigne du citoyen Félix Pyat de déserter ainsi la cause. Vous avez arrêté des gens pour bien moins. Je demande formellement l'arrestation de Félix Pyat.

Le citoyen A. Arnauld. Je trouve prodigieux qu'on parle toujours d'arrêter pour l'expression d'une opinion !

Le citoyen Ledroit. Je demande la parole sur le procès-verbal, avant que l'on passe à l'ordre du jour sur la démission de Félix Pyat. L'assemblée a déclaré que toute démission serait refusée et que l'on ne pouvait recevoir celle de Félix Pyat.

Le citoyen Président. Je demande à faire une observation. Le bureau me fait observer qu'on passe à l'ordre du jour pur et simple, attendu qu'un vote antérieur avait déjà décidé que l'on n'accepterait aucune démission.

Un membre. La Commune a déclaré, dans un vote précédent, qu'elle refuserait toute démission. Elle ne peut donc aujourd'hui se déjuger.

Le citoyen Miot. Je demande la parole.

Le citoyen Président. Est-ce sur l'incident ?

Le citoyen Miot. Non.

Le citoyen Président. Alors vous aurez la parole après la clôture de la discussion sur le procès-verbal.

Le citoyen Clémence. Il est possible que l'on ait pris un vote refusant les démissions ; je n'en sais rien, je n'assistais pas à la séance. Je déclare en mon nom que je ne me considère pas comme un déserteur, mais je me réserve expressément ma liberté d'action. Je veux pouvoir donner ma démission quand il me plaira, et toutes les décisions de la Commune n'y pourront rien.

Plusieurs membres. Appuyé.

La clôture, demandée, est mise aux voix et adoptée.

. . . .

Le citoyen Blanchet. Je constate que, depuis quelques jours, la Commune se fait du tort en n'agissant pas assez, et si elle n'agit pas, la révolution est compromise. Nous n'employons pas des moyens révolutionnaires et, pendant ce temps, les réunions réactionnaires s'organisent. Parlons moins, agissons plus. Moins de décrets, plus d'exécution. Où en est le décret sur le jury d'accusation? Et la loi sur les réfractaires, non appliquée? Et la colonne Vendôme qui n'est pas encore abattue?

On le dit : la Commune n'est pas révolutionnaire, et l'on a raison ; les réactionnaires prennent de la force. Citoyens, nous faisons beaucoup de décrets qui ne sont pas exécutés ; eh bien, nous devons compte de notre mandat à nos électeurs ; vous l'avez vu quand vous avez convoqué les électeurs.

Le citoyen Président. Je suis d'avis que nous perdons peut-être beaucoup de temps ici, mais enfin, ceux qui crient le plus fort ne sont pas ceux qui font le plus.

Le citoyen DELESCLUZE. On se plaint de l'inexécution de nos décrets; eh bien, citoyens, n'êtes-vous point un peu complices de cette faute? On se plaint que la loi contre les réfractaires et les complices de Versailles ne soit pas exécutée. Eh bien, quand la commission exécutive est venue vous demander cette loi, les uns l'ont trouvée trop douce, les autres trop sévère. La minorité a fait décider que l'on ferait l'appel nominal et que chacun motiverait son vote. Quand un décret qui paraîtrait au *Journal officiel* avec 13 votes négatifs et 18 votes affirmatifs seulement n'aurait pas rencontré dans le public ce respect que mérite une assemblée, de quoi pourriez-vous vous étonner? Il y a une minorité qui s'est élevée contre la commission exécutive. C'était bien simple, citoyens. Il fallait nous remplacer plus tôt. Pour une rancune personnelle, ou parce que l'idéal qu'on poursuit n'est pas complétement d'accord avec le projet, on ne doit pas se retirer.

Croyez-vous donc que tout le monde approuve ce qui se fait? Eh bien, il y a des membres qui sont restés et qui resteront jusqu'à la fin, malgré les insultes qu'on nous prodigue, et si nous ne triomphons, ils ne seront pas les derniers à se faire tuer, soit aux remparts, soit ailleurs. Il y a eu une conspiration latente contre cette malheureuse commission, qui se fera peut-être regretter, parce que nous cherchons à allier la modération à l'énergie. Nous sommes pour les moyens révolutionnaires, mais nous voulons observer la forme, respecter la loi et l'opinion publique.

S'il y a quelques discordes, n'est-ce point pour des querelles de galons qui divisent certains chefs? Voilà un arrondissement, le onzième, auquel j'ai l'honneur d'appartenir, et qui pèse beaucoup dans la balance. Cet arrondissement a 45,000 gardes nationaux. Eh bien, il y a des tiraillements. Et pourquoi? A cause des jalousies et des compétitions! C'est l'élément militaire qui domine, et c'est l'élément civil qui devrait dominer toujours. (Bravos.)

Je vous dirai que, pour moi, je suis décidé à rester à mon poste, et si nous ne voyons pas la victoire, nous ne serons pas les derniers à être frappés sur les remparts ou sur les marches de l'Hôtel de Ville. (Bravos prolongés.)

Le citoyen FORTUNÉ HENRI. Je suis attaqué, j'ai bien le droit de me défendre. (Bruit.) Nos électeurs trouvent que nous ne faisons rien. (Bruit, tumulte ; les interpellations se croisent de tous côtés.)

Le citoyen PRÉSIDENT. Il ne faut pas laisser la discussion continuer davantage ; elle n'a pas de base. Je demande donc qu'on passe à l'ordre du jour sur l'incident. Chacun de nous, dans son arrondissement, fait exécuter les décrets de la Commune.

. . . .

Le citoyen AVRIAL. Je demande que la commission chargée de l'enquête sur l'arrestation du général Bergeret nous apporte son rapport ; il n'est pas possible que nous laissions sous les verrous un homme qui, dans l'opinion actuelle de cette assemblée, n'était pas coupable.

Le citoyen Protot. La commission doit vous présenter son rapport. Elle attendait des renseignements, ils ont été très-peu nombreux, et je crois que vous adopterez les conclusions de la commission, qui sont la mise en liberté de Bergeret.

Voix diverses. Au vote! au vote!

Le citoyen Protot. Eh bien, que l'on mette aux voix les conclusions de la commission d'enquête, que le citoyen Langevin, secrétaire de la commission, ne désavouera pas.

On demande la mise aux voix des conclusions de la commission d'enquête sur l'affaire Bergeret.

Plusieurs membres demandent qu'on vote sur la mise en liberté immédiate.

Cette proposition est adoptée, et la mise en liberté immédiate est votée à l'unanimité. (Bravos.)

Le citoyen Raoul Rigault. Je demande que le citoyen Pindy soit chargé d'aller lui-même chercher le citoyen Bergeret.

(Cette motion est adoptée.)

Le citoyen Président. Maintenant, nous avons à discuter le rapport présenté par le citoyen Miot. La parole est au citoyen Avrial.

Le citoyen Avrial. Je cède mon tour de parole à Bergeret.

Le citoyen Bergeret. La Commune avait jugé à propos de me mettre en état d'arrestation, et elle vient de me faire mettre en liberté. Je tiens à déclarer que je n'apporte ici aucun sentiment d'amertume, mais, au contraire, mon dévouement tout entier.

(Approbation.)

Séance du 23 avril 1871.

PRÉSIDENCE DU CITOYEN PROTOT.

Les citoyens MALON et RANVIER, assesseurs.

Lecture est faite du procès-verbal.

La parole est au citoyen Clémence.

Le citoyen CLÉMENCE. Je demande que la commission de justice soit appelée à faire une enquête sur les faits reprochés à la cour martiale et qu'elle ait à présenter son rapport dans le plus bref délai.

Sur la proposition du citoyen Protot,

« La Commune de Paris,

» Décrète :

» ART. 1er. Les huissiers, notaires, commissaires-priseurs et greffiers de tribunaux quelconques qui seront nommés à Paris à partir de ce jour, recevront un traitement fixe. Ils pourront être dispensés de fournir un cautionnement.

» ART. 2. Ils verseront tous les mois, entre les mains du délégué aux finances, les sommes par eux perçues pour les actes de leur compétence.

» ART. 3. Le délégué à la justice est chargé de l'exécution du présent décret. »

J'ai déjà vingt candidats pour les fonctions d'huissier, et ils n'attendent, pour être admis à fonctionner, que la ratification du décret.

VOIX.... Appuyé !

Le citoyen LONGUET. Je crains que le public ne comprenne pas bien que c'est là toute une réforme des offices ministériels. Je demande à ce qu'on fasse bien comprendre que les fonctionnaires nouveaux ne cumuleront pas leur traitement avec les bénéfices d'une charge.

Le citoyen PROTOT. L'article 2 le dit. (Nouvelle lecture.)

Le citoyen CLÉMENCE. Je demande la parole pour une motion d'ordre. Le décret qui vous est soumis est très-important ; il faut qu'il soit précédé de considérants, afin d'en faire ressortir le caractère à la fois libéral et égalitaire.

Le citoyen VERMOREL. Il ne faut pas qu'il passe inaperçu.

Le citoyen PROTOT. J'avais fait des considérants ; mais comprenant l'inutilité d'un long rapport qui ne ferait pas mieux ressortir l'importance du décret, je les ai retirés.

Le citoyen LEDROIT. Je ne dirai qu'un seul mot : je demande qu'on se rappelle le décret qui demandait que l'on rende la justice gratuitement.

Le citoyen PROTOT. La justice gratuite est impossible. J'ajouterai au décret cet article additionnel : « Ils pourront être dispensés de verser un cautionnement. »

Le citoyen VERMOREL. Je crois qu'il est bon d'ajouter des considérants à ce décret. Le public croira toujours que nous publions des décrets exceptionnels, et il ne se rendra pas compte des réformes politiques et sociales que nous proclamons.

Je désirerais que ce décret, le premier qui soit véritablement révolutionnaire, se présentât avec la publicité qu'il mérite. Ceux qui sont atteints par ce décret jetteront assez les hauts cris, tandis que, pour les intéressés, il passera pour ainsi dire inaperçu.

Le citoyen VESINIER présente un amendement qui n'est pas adopté.

Le citoyen VERMOREL formule sa proposition, demandant qu'on ajoute au décret des considérants.

La proposition Vermorel est votée.

Le citoyen Arthur ARNAULD prie le citoyen Protot de présenter cet exposé de motifs le plus tôt possible.

Le citoyen PROTOT. Il sera à l'*Officiel* aussitôt que ce travail sera achevé. Je ferai voter le tarif par la Commune.

UN MEMBRE demande qu'une commission de six membres de la Commune soit déléguée pour visiter les soldats casernés.

Le citoyen Arthur ARNAULD croit que cette mesure est inutile. Il appartient à chaque municipalité de faire une tournée dans les casernes. Dans notre arrondissement, nous le faisons. Il me paraît inutile, dans une assemblée surchargée de travail, de nommer une nouvelle délégation.

Le citoyen RANVIER. Il y a beaucoup d'arrondissements qui n'ont pas de casernes, et, dans le mien notamment, dans le onzième aussi, les soldats ne voient pas de délégués.

Le citoyen VIARD. C'est moi-même qui représente le 11e arrondissement. De nombreuses demandes ont été faites avec juste raison. Je crois qu'un vote de la Commune, nommant des délégués, aurait un plus grand effet que d'y aller individuellement. Je garantis qu'un vote de la sorte aurait, aux yeux des gardes nationaux casernés, un bon résultat.

Le citoyen Arthur ARNAULD retire son objection devant les explications du citoyen Viard.

Les citoyens DUPONT, VIARD et RÉGÈRE entrent dans diverses explications au sujet de la proposition Viard.

La proposition VIARD, dont voici le texte, est mise aux voix et adoptée.

Je demande l'urgence pour la motion suivante :

« Six membres de la Commune seront désignés pour visiter les gardes nationaux dans les casernes.

VIARD. »

Le citoyen ARTHUR ARNAULD. On se plaint de l'absence de rapports militaires. On dit qu'il en est de même qu'au temps du gouvernement de la défense nationale. Je trouverais bien que la Commune fît paraître au moins deux rapports par jour.

Le citoyen VAILLANT. Ceci n'avait pas lieu quand il y avait une commission exécutive. Il faut renvoyer cette proposition à la commission militaire.

Le citoyen LANGEVIN. Je demande à ce que l'on fixe l'ordre du jour.

Le citoyen PRÉSIDENT. Voici les conclusions du rapport du citoyen Miot (voir les conclusions du rapport du citoyen Miot et une proposition) qui propose l'ordre du jour et demande que Gambon et Beslay aillent visiter les prisons.

Le citoyen P. GROUSSET. Je demande à interpeller le citoyen Beslay.

VOIX. Il n'est pas là !

Le citoyen LONGUET. Sur les conclusions du rapport, je demanderai si l'on a procédé à la destitution du citoyen Pilotell.

Le citoyen Vermorel. Hier, cette destitution a dû avoir lieu. On s'est demandé seulement si l'on devait la livrer à la publicité.

Le citoyen Miot. J'insiste pour qu'elle soit à l'*Officiel*.

Le citoyen Arthur Arnauld. J'insiste aussi, car il y a là une question d'honnêteté, et il ne faut pas qu'on nous accuse, même à tort, d'être des voleurs. Nous sommes avant tout d'honnêtes gens. Tout homme qui commettra un acte pouvant seulement prêter au soupçon d'indélicatesse, sera immédiatement destitué ; nous sommes d'honnêtes gens, et nous voulons être servis par d'honnêtes gens. (Très-bien !)

Le citoyen Vaillant. Je demande qu'on passe à l'ordre du jour.

Le citoyen G. Courbet. Contrairement à l'esprit de la Commune, Pilotell a été nommé, je ne sais par qui, directeur des beaux-arts. Sous l'ancienne administration, je savais qu'il avait déjà commis des faits blâmables. Il faut établir la loyauté partout, et le fait Chaudey est scandaleux.

Je demande que la destitution de Pilotell soit insérée à l'*Officiel*.

Le citoyen Vermorel, après des explications relatives à l'administration de Raoul Rigault, propose de passer à l'ordre du jour sur le rapport Miot. Il blâme la nomination de Pilotell aux beaux-arts. Ce dernier n'a pas dérobé d'argent, mais il demande, comme Courbet, la destitution de Pilotell.

Le citoyen J. Vallès. Il faudra déclarer, en destituant Pilotell, qu'il n'a pas dérobé d'argent. (Oui!)

Le citoyen Vermorel. Nous ferons une note d'accord avec Rigault.

Le citoyen Longuet. Voilà trois jours que la partie nombreuse de la population, qui nous est sympathique et surtout la partie la plus intelligente, attend la destitution du citoyen Pilotell, parce qu'on connaît sa légèreté. Quant à sa probité, elle n'est pas même en cause.

Le citoyen Ranvier. L'ordre du jour est demandé sur les conclusions du citoyen Miot.

Le citoyen Vallès. Je demande la parole.

Citoyens, je voudrais bien que les membres de la Commune pussent entrer partout, pussent même forcer les portes, quand il s'agit de l'intérêt général et de l'honneur républicain.

Le citoyen Miot. En ce qui concerne les prisons, il en est autrement. Ainsi, un individu pourrait se revêtir des insignes d'un membre de la Commune, pénétrer dans une prison avec de mauvaises intentions. Le citoyen Rigault a donné l'ordre de ne laisser entrer que sur un ordre émanant de lui. Faites une demande à Rigault.

Plusieurs membres. Et les cartes?

Le citoyen Vallès. Je demande qu'on constate qu'un membre de la Commune pourra entrer dans une prison à toute heure.

Le citoyen Amouroux croit que, pour entrer dans une prison, il faut avoir des motifs sérieux; mais.... (bruit).... il faut que celui qui est au secret y reste ; nous sommes en guerre, il faut être sévère.

Le citoyen ARTHUR ARNAULD. Non, non, il n'y a pas de secret; c'est un reste de barbarie auquel nous devons mettre un terme. (Oui ! oui !)

Le citoyen DUPONT. Le gardien de la prison devra prendre le nom de celui qui est venu.

Le citoyen THEISZ. Quant à la question du secret, il y a beaucoup de membres ici qui savent à quoi s'en tenir; et il est facilement violé. Tout membre de la Commune qui entrera dans une prison assumera toute la responsabilité de son action ; mais il faut dire dans l'*Officiel* que nous sommes des magistrats municipaux et que nous avons quelques droits à être écoutés.

Le citoyen RANVIER. Il y a là deux questions différentes, et qu'il faut bien distinguer.

Le citoyen DURAND. Je demande à ce que l'on donne à tous les membres de la Commune la faculté de visiter toutes les maisons de détention.

Le citoyen MIOT. Je demande à ce que l'on vote l'ordre du jour pur et simple sur les conclusions du rapport.

(Les conclusions sont adoptées. On passe à la nomination d'une commission de trois membres.)

Le citoyen VALLÈS. Je tiens à vous signaler l'importance qu'il y a pour nous à visiter les prisons, car je puis signaler moi-même aux délégués tel cas particulier que j'aurai découvert.

Le citoyen MIOT. Le but de notre proposition avait trait à un cas spécial; maintenant, si vous voulez étendre notre mandat, nous acceptons.

Le citoyen VARLIN demande à ce que l'on nomme un autre membre que Beslay, qui est souffrant.

Le citoyen MIOT. Vous pourrez choisir tel membre que vous voudrez.

Le citoyen AMOUROUX. Je ferai remarquer que nous n'avons pas de nouvelles, depuis trois jours, de Lefrançais ni de Gambon. Ils devraient nous avoir fait un rapport.

Le citoyen VERMOREL. Oudet avait été nommé par la commission exécutive pour aller à Passy; maintenant que Longuet est nommé dans cet arrondissement, il remplacera les citoyens Lefrançais et Gambon.

Le citoyen PRÉSIDENT. Il y a un membre à nommer en remplacement du citoyen Beslay, comme inspecteur des prisons.

(L'assemblée nomme le citoyen Victor Clément comme adjoint aux citoyens Gambon et J. Miot.)

Le citoyen RASTOUL. Dans l'inspection que je viens de faire à l'ambulance du Luxembourg, j'ai constaté que les baraquements laissent beaucoup à désirer; il pleut dans toutes les baraques sur les blessés.

Le directeur de cette ambulance a demandé qu'on lui envoie d'urgence un architecte pour essayer de remédier à cette situation déplorable.

Le citoyen LONGUET. Avant de lever la séance, je crois qu'il serait nécessaire, non pas de discuter l'ordre du jour, mais au moins de prendre une décision. Je demanderai à ce que, dès ce soir, on nomme un caissier qui prenne possession de la caisse du *Journal officiel*, et se fasse rendre des comptes. Il faut absolument que le *Journal* devienne la propriété de la Commune et soit parfaitement entre nos mains.

Quant à la situation actuelle, c'est une situation irrégulière qui ne peut subsister. Demain je vous ferai une proposition tendant à nommer un ou deux délégués qui s'entendront et feront un rapport. Quant à votre décision de mettre l'*Officiel* à cinq centimes, il y a une difficulté à cause de l'édition du soir qui est déjà à cinq centimes; je proposerais qu'on fixât le prix à dix centimes, en doublant le format.

Le citoyen RÉGÈRE. Il faut que l'administration entière soit dans les mains de la Commune.

Le citoyen LONGUET. Le citoyen Régère me semble ne pas avoir très-bien compris. Il y a l'administration, et il est évident qu'elle doit être tout entière dans nos mains; mais il y a aussi la rédaction et la publication, et c'est pour l'organiser que je vous demanderai de nommer demain un ou deux délégués qui feront un rapport.

La séance est levée à 7 heures et demie.

Les secrétaires de la séance,
ANT. ARNAULD, AMOUROUX.

XV

CURIEUX DÉCRETS DE LA COMMUNE.

—

« Ce que je sais le mieux, c'est mon commencement, »

dit l'Intimé. — La Commune était dans le même cas. Oh! sa leçon était apprise. Depuis 1845, que disons-nous, depuis 1830, les vieux druides du parti, ceux qui s'enveloppaient dans le manteau rouge de la liberté universelle, et qui toisaient l'empire du haut de leur juste mépris plébéien, la faisaient secrètement à tous les prosélytes qu'ils rencontraient.

De la théorie on allait passer à la pratique.

Le 19, on lisait dans le *Journal officiel* dont s'était emparé l'insurrection :

Le *Journal officiel de la République française* donne le démenti le plus formel aux bruits alarmants et aux calomnies répandus à dessein, par une certaine presse, depuis trois jours. Il met la Capitale et la province en garde contre ces manœuvres coupables, qui doivent cesser sous la République et qui deviendraient bientôt un véritable danger.

—

L'état de siége est levé dans le département de la Seine.

Les conseils de guerre de l'armée permanente sont abolis.

Amnistie pleine et entière est accordée pour tous les crimes et délits politiques.

Il est enjoint à tous les directeurs de prisons de mettre immédiatement en liberté tous les détenus politiques.

Le nouveau gouvernement de la République vient de prendre possession de tous les ministères et de toutes les administrations.

Cette occupation, opérée par la garde nationale, impose de grands devoirs aux citoyens qui ont accepté cette tâche difficile.

L'armée, comprenant enfin la position qui lui était faite et les devoirs qui lui incombaient, a fusionné avec les habitants de la cité : troupes de ligne, mobiles et marins sont unis pour l'œuvre commune.

Sachons donc profiter de cette union pour resserrer nos rangs et, une fois pour toutes, asseoir la République sur des bases sérieuses et impérissables.

Que la garde nationale, unie à la ligne et à la mobile, continue son service avec courage et dévouement ;

Que les bataillons de marche, dont les cadres sont encore presque au complet, occupent les forts et toutes les positions avancées, afin d'assurer la défense de la Capitale ;

Les municipalités des arrondissements, animées du même zèle et du même patriotisme que la garde nationale et l'armée, se sont unies à elles pour assurer le salut de la République et préparer les élections du conseil communal qui vont avoir lieu.

Point de divisions ! Unité parfaite et liberté pleine et entière !

« Citoyens,

» La journée du 18 mars, que l'on cherche par raison et intérêt à travestir d'une manière odieuse, sera appelée dans l'histoire : la journée de la justice du peuple !

» Le gouvernement déchu — toujours maladroit — a voulu provoquer un conflit sans s'être rendu compte ni de son impopularité ni de la confraternité des différentes armes. — L'armée entière, commandée pour être fratricide, a répondu à cet ordre par le cri de : Vive la République ! Vive la garde nationale !

» Seuls, deux hommes qui s'étaient rendus impopulaires par des actes que nous qualifions dès aujourd'hui d'iniques, ont été frappés dans un moment d'indignation populaire.

» Le comité de la Fédération de la garde nationale, pour rendre hommage à la vérité, déclare qu'il est étranger à ces deux exécutions.

» Aujourd'hui, les ministères sont constitués ; la préfecture de police fonctionne, les administrations reprennent leur activité, et nous invitons tous les citoyens à maintenir le calme et l'ordre le plus parfait. »

« Citoyens,

» Vous avez vu à l'œuvre la garde nationale ; l'union,

établie au milieu de tant de difficultés par le comité de la Fédération de la garde nationale, a montré ce que nous aurions pu faire et ce que nous ferons dans l'avenir.

» Une réunion des maires et adjoints et des députés de Paris, provoquée par le citoyen Tolain, a eu lieu à la mairie du deuxième arrondissement.

» La gravité des événements donnait à cette réunion une importance extraordinaire. Après discussion, une délégation fut envoyée à M. Picard, pour s'entendre avec lui sur les modifications à apporter dans le système gouvernemental.

» Plusieurs propositions ont été faites, mais sans résultat, M. Picard ne pouvant, a-t-il dit, prendre aucune décision sans l'assentiment de ses collègues.

» La délégation se rendit ensuite chez le général d'Aurelle de Paladines, qui déclara ne pouvoir apporter de remède à la situation, que, du reste, il n'avait pas créée.

» Le général ajouta que le sort de la France était entre les mains des municipalités, et qu'il abandonnait toute initiative.

» C'est à la suite de cet incident que le comité central de la garde nationale a pourvu aux besoins impérieux de la situation, en organisant les services publics. »

———

« La Commune de Paris,

» Vu les mesures prises par le gouvernement de Versailles pour empêcher le retour dans leurs foyers des soldats licenciés par le fait des derniers événements ;

» Le Comité central décide que, jusqu'à ce qu'une loi ait fixé la réorganisation des forces militaires, les soldats actuellement à Paris seront incorporés dans les rangs de la garde nationale et en toucheront l'indemnité.

» Hôtel de Ville, 22 mars 1871.

Le Comité central de la garde nationale :
Ant. Arnaud, Assy, Billioray, Ferrat, Babick, Ed. Moreau, C. Dupont, Varlin, Boursier, Martin, Gouhier, Lavalette, Fr. Jourde, Rousseau, Ch. Lullier, G. Arnold, Viard, Blanchet, J. Grollard, Baroud, H. Geresme, Fabre, Fougeret, Bouit, H. Chouteau, Andignoux, C. Gaudier, Castioni, Prudhomme, Josselin, Maxime Lisbonne, J. Bergeret, Maljournal, Ranvier, Fleury, Avoine fils, Eudes, Guiller. »

« Citoyens,

» En prenant possession de la préfecture de police et des casernes, des gardes nationaux ont trouvé des armes qu'on leur dérobait depuis longtemps.

» A cette heure, certains d'entre eux sont possesseurs de plusieurs fusils.

» Le comité central les engage vivement à ne garder par devers eux qu'une arme, et à venir déposer les autres au ministère des finances ou à l'Hôtel de Ville. On ne peut laisser inutile un fusil qui peut armer un bon citoyen.

» Hôtel de Ville, 22 mars 1871.

Pour le Comité central de la garde nationale,
Boursier, Eudes, Moreau. »

Comme il fallait surtout éclairer les masses, on avait pris l'Imprimerie Nationale, comme l'Hôtel de Ville. Les premiers jours, l'*Officiel* était fait par les premiers venus. Les seconds avaient jeté ceux-ci dehors. L'*Officiel* disait blanc le matin et noir le soir. Chaque heure voyait s'installer une rédaction nouvelle. Il fallait organiser :

« Par arrêté du délégué près le ministère de l'intérieur, en date du 22 mars 1871, le citoyen Hauréau, directeur de l'Imprimerie nationale ;

Le citoyen de Picamilh, sous-directeur ;

Le citoyen Derenemesnil, chef des travaux, sont relevés de leurs fonctions.

Le citoyen Huyard, sous-prote, est, sur sa demande, relevé de ses fonctions.

Le délégué de l'intérieur, pour le Comité central,
Grélier. »

Il fallait surtout affirmer les droits du citoyen. Vive la garde Nationale!

« La Commune de Paris décrète :

1° La conscription est abolie ;

2° Aucune force militaire, autre que la garde nationale, ne pourra être créée ou introduite dans Paris;

3° Tous les citoyens valides font partie de la garde nationale.

» Hôtel de Ville, 29 mars 1871.

La Commune de Paris. »

Et faire comprendre aux Parisiens jusqu'à quel point la Commune était soucieuse de leurs intérêts. Protection aux travailleurs et aux nécessiteux.

« La Commune de Paris décrète :

» ARTICLE UNIQUE. La vente des objets déposés au mont-de-piété est suspendue.

» Hôtel de Ville, 29 mars 1871.

La Commune de Paris. »

Les monts-de-piété, avec cette irréfragable logique des chiffres, adhèrent à la mesure, en déclarant que l'argent ne rentrant plus, il leur deviendrait assez difficile de continuer à faire des prêts.

La question était fort importante. Il fallait agir; en pareil cas tous les pouvoirs nomment des commissions : la Commune se résigna avec répugnance à adopter ces anciens errements :

« ORGANISATION DES COMMISSIONS.

Commission exécutive.

» Les citoyens : Eudes, Tridon, Vaillant, Lefrançais, Duval, Félix Pyat, Bergeret.

Commission des finances.

„ Les citoyens : Victor Clément, Varlin, Jourde, Beslay, Régère.

Commission militaire.

„ Les citoyens : Pindy, Eudes, Bergeret, Duval, Chardon, Flourens, Ranvier.

Commission de la justice.

„ Les citoyens : Ranc, Protot, Léo Meillet, Vermorel, Ledroit, Babick.

Commission de sûreté générale.

„ Les citoyens : Raoul Rigault, Ferré, Assy, Cournet, Oudet, Chalain, Gérardin.

Commission des subsistances.

„ Les citoyens : Dereure, Champy, Ostyn, Clément, Parizel, Emile Clément, Fortuné Henry.

Commission du travail.—Industrie et échange.

„ Les citoyens : Malon, Frankel, Theisz, Dupont, Avrial, Loiseau-Pinson, Eug. Gérardin, Puget.

Commission des relations extérieures.

„ Les citoyens : Delescluze, Ranc, Paschal Grousset, Ulysse Parent, Arthur Arnould, Ant. Arnauld, Ch. Girardin.

Commission des services publics.

„ Les citoyens : Ostyn, Billioray, Clément (J.-B.), Mardelet, Mortier, Rastoul.

Commission de l'enseignement.

Les citoyens : Jules Vallès, Docteur Goupil, Lefèvre, Urbain, Albert Leroy, Verdure, Demay, Docteur Robinet.

Le 20 avril, ces mêmes commissions furent réformées de la façon suivante :

Guerre : Delescluze, Tridon, Avrial, Ranvier, Arnold.

Finances : Beslay, Billioray, Victor Clément, Lefrançais, Félix Pyat.

Sûreté générale : Cournet, Vermorel, Ferret, Trinquet, A. Dupont.

Enseignement : Courbet, Verdure, Miot, Vallès, J.-B. Clément.

Subsistances : Varlin, Parisel, V. Clément, A. Arnould, Champy.

Justice : Gambon, Dereure, Clémence, Langevin, Durand.

Travail et échange : Theisz, Malon, Serailler, Longuet, Chalain.

Relations extérieures : Meillet, Gerardin (Charles), Amouroux, Johannard, Vallès.

Services publics : Astyn, Vésinier, Rastoul, Ant. Arnaud, Pothier.

—

Versailles, par un entêtement véritablement inexplicable et essentiellement tracassier, continuant à se considérer comme le seul et véritable pouvoir, on éclaira les employés sur la situation réelle.

« Citoyens,

» La Commune étant actuellement le seul pouvoir,

» Décrète :

» Art. 1er. Les employés des divers services publics tiendront désormais pour nuls et non avenus les ordres ou communications émanant du gouvernement de Versailles ou de ses adhérents.

» Art. 2. Tout fonctionnaire ou employé qui ne se conformerait pas à ce décret sera immédiatement révoqué.

» Hôtel de Ville, 29 mars 1871.

» Pour la commune, par délégation :

Le président,
Lefrançais. »

Assesseurs,
Ranc, Ed. Vaillant. »

———

La centralisation du pouvoir était également indispensable, la Commune comme la République sa mère, devait être une et indivisible, un seul tambour, une seule affiche blanche.

« La commission militaire décrète :

« Le roulement du service militaire de la place de Paris sera fait tous les jours par l'état-major de la place Vendôme, et le mot d'ordre partira également de la même place.

« A cet effet, les chefs de légion pour les légions organisées, et les chefs de bataillon pour celles qui ne le sont pas encore, enverront tous les jours, à neuf heures du matin, à l'état-major de la place Vendôme (bureau du service), un capitaine adjudant-major pour prendre le service du lendemain, et à trois heures du soir, un adjudant sous-officier pour le mot d'ordre.

» Tout ordre de service et tout mot d'ordre émanant d'une autre source seront considérés comme nuls et non avenus et leurs auteurs rigoureusement poursuivis.

» Le général Bergeret, commandant la place de Paris, membre de la commission militaire, est chargé l'exécution du présent décret.

» *Les membres de la commission militaire,*
Pendy, Eudes, Bergeret (Jules), E. Duval, Chardon, Flourens (G.), Ranvier. »

« Il n'appartient qu'à l'autorité communale et aux municipalités d'apposer des affiches sur papier blanc.

» Les municipalités ne peuvent afficher en dehors de leur arrondissement respectif.

» L'affichage des actes émanant du gouvernement de Versailles est formellement interdit.

» Tout afficheur ou tout entrepreneur d'affichage contrevenant au présent avis sera rigoureusement poursuivi.

» Hôtel de Ville de Paris, 29 mars 1871.

Pour le Comité et par délégation,
L. Boursier. »

Nulle division, tel était le programme, la haute approbation suivante l'affirmait solennellement.

« Le Comité central des vingt arrondissements de Paris déclare donner son adhésion pleine et entière aux trois décrets rendus le 29 mars courant par la Commune, relatifs :

1° Aux loyers ;
2° A la conscription ;
3° Et aux objets engagés au mont-de-piété.
Paris, ce 30 mars 1871.

BEDOUCH, NAPIAS-PIQUET, A. TEXIER, TOUSSAINT, THÉLIDON, MISSOL, MONESTÈS, CONSTANT, MARTIN, DROSSE, GAVIGNANT, VIGNERON, MARÉCHAL, LANDA, E. TURPIN, JOSEPH RICHARD, ARMAND LÉVY, SICARD, TROHEL, PORTALIER, PAGNIÈRE, J. BAUX, PARTHENAY, CHALVET, RIVAL, PIATZA, TURPIN, RICHARD, BENJ. GASTINEAU, DUPAS, FILLON, GAILLARD père, BRIOSNE, RASTOUL, EUG. POTTIER.

Certifié conforme :

Le Secrétaire,   *Le Président,*
NAPIAS-PIQUET. »   BEDOUCH. »

Tout allait pour le mieux, le peuple souverain et la garde urbaine, transformaient l'asphalte en tapis vert, afin de tenter la fortune à l'aide de l'argent gagné par les braves patriotes, défenseurs de la liberté et gardiens de la République inviolable ;

Le général E. Duval et le délégué civil Raoul-Rigault s'en émurent et vite un bon petit arrêté :

« Citoyens,

» Le délégué civil et le commandant militaire de l'ex-préfecture de police,

» Considérant qu'un exemple pernicieux est donné à la population par des chevaliers d'industrie qui encombrent la voie publique et excitent les patriotes aux jeux de hasard de toute sorte ;

» Qu'il est immoral et contre toute justice que des hommes puissent, sur un coup de dé et sans peine, supprimer le peu de bien-être qu'apporte la solde dans l'intérieur des familles ;

» Considérant que le jeu conduit à tous les vices, même au crime, arrêtent :

» ART. 1er. Les jeux de hasard sont formellement interdits. Tout joueur de dés, roulette, lotos, etc., sera immédiatement arrêté et conduit à l'ex-préfecture.

» Les enjeux seront confisqués au profit de la République.

» ART. 2. La garde nationale est chargée de l'exécution du présent arrêté.

» Paris, le 25 mars 1871.

Le Commandant militaire,
Le Délégué civil, Général E. DUVAL. »
RAOUL-RIGAULT. »

—

Cependant du choc des opinions d'où jaillissait la lumière, avaient surgi également, au sein de la Commune, quelques différends à la suite desquels quelques membres timorés ou incompris avaient résilié leurs pouvoirs :

« La Commune de Paris,

» Considérant que les citoyens Adam, Meline, Rochart, Barré, Brelay, Loiseau, Tirard, Chéron, Leroy, Robinet, Desmarest, Ferry, Nast, Fruneau, Marmottan, de Bouteiller, élus le 26 mars, se sont démis des fonctions de membres de la Commune;

» Que, d'un autre côté, des option sont dû être exercées par les citoyens A. Arnoult, Varlin, Delescluze, Theitz et Blanqui, élus dans plusieurs arrondissements;

» Qu'un certain nombre de vacances se sont ainsi produites, et qu'il importe, pour compléter le nombre légal, de procéder à de nouvelles élections dans les arrondissements et pour le nombre de membres de la Commune indiqués au tableau ci-après :

» Décrète :

« ART. 1er. Les électeurs des 1er, 2e, 6e, 8e, 9e, 12e, 16e, 17e, 18e et 19e arrondissements, sont convoqués pour le mercredi prochain 5 avril, à l'effet d'élire le nombre de membres dont suit le détail :

1er arrondissement,	4	élections.
2e —	4	—
6e —	2	—
8e —	1	—
9e —	3	—
12e —	2	—
16e —	2	—
17e —	1	—
18e —	2	—
19e —	1	—

» Art. 2. Le scrutin sera ouvert à huit heures du matin et fermé à huit heures du soir.

» Art. 3. Les administrations municipales desdits arrondissements sont chargées de l'exécution du présent décret.

La Commune de Paris. »

———

Plus de généraux, des délégués ! Au fond c'est absolument la même chose, mais c'est bien plus démocratique : Messieurs les concierges redeviennent les « citoyens portiers » :

« La Commune de Paris décrète :

» 1º Le titre et les fonctions de général en chef sont supprimés ;

» 2º Le citoyen Brunel est mis en disponibilité ;

» 3º Le citoyen Eudes est délégué à la guerre, Bergeret à l'état-major de la garde nationale, et Duval au commandement militaire de l'ex-préfecture de police.

» Paris, le 1ᵉʳ avril 1871.

La Commission exécutive,
Général Eudes, Félix Pyat, G. Tridon,
général Jules Bergeret, Lefrançais,
E. Duval, Ed. Vaillant. »

———

La Commune se contente de peu. Cela est bien :

« La Commune de Paris,

» Considérant :

» Que jusqu'à ce jour les emplois supérieurs des services publics, par les appointements élevés qui leur ont été attribués, ont été recherchés et accordés comme places de faveur ;

« Considérant :

» Que dans une République réellement démocratique, il ne peut y avoir ni sinécure ni exagération de traitement ;

« Décrète :

» ARTICLE UNIQUE. Le maximum de traitement des employés aux divers services communaux est fixé à 6,000 francs par an.

» Hôtel de Ville, 2 avril 1871.

La Commune de Paris. »

Et pourtant l'argent manquait :

« Les citoyens Simon, Langlois, Delamarche, Champeval et Lefranc, sont nommés membres d'une commission de réorganisation et de direction du service de l'octroi. Ils agiront de concert avec le citoyen Volpénie, directeur général, nommé par nous, et prendront ensemble telles mesures qu'ils jugeront nécessaires dans l'intérêt financier de la Commune de Paris.

Les membres de la Commune de Paris,
délégués aux finances,
VARLIN, D. TH. RÉGÈRE. »

Pour ampliation :
Le Secrétaire général,
E. MERLIEUX. »

On n'oubliait pas les ouvriers :

« La commission du travail et de l'échange,

» Arrête :

» Article unique. Une sous-commission, composée des citoyens Bertin, Lévy, Lazare, Minet et Rouveyrolles, est nommée à l'effet de présenter, dans le plus bref délai, un état détaillé des travaux de construction et de réparation inachevés et de présenter, s'il y a lieu, un projet relatif à l'arrondissement, dans le plus bref délai.

Par délégation de la commission militaire :
Général E. Duval, général Bergeret, général Eudes, colonel Chardon, commandant Ranvier, colonel Pindy, colonel Flourens.

Certaines mesures restrictives étaient prises avec une délicatesse louable :

« La circulation, tant au dedans qu'au dehors de Paris, est libre.

» Néanmoins, tout citoyen sortant de Paris ne pourra emporter avec lui aucun effet d'équipement, d'armement ou d'habillement militaire.

» De même, tout journal imprimé à Paris peut librement être expédié hors Paris, après avoir, comme par le passé, acquitté au préalable les droits de port.

» *Le membre du comité de sûreté générale, délégué près l'ex-préfecture de police,*
» Raoul Rigault. »

Versailles était toujours debout — on avait commencé la lutte fratricide et sanglante :

« La Commune de Paris,

» Considérant que les hommes du gouvernement de Versailles ont ordonné et commencé la guerre civile, attaqué Paris, tué et blessé des gardes nationaux, des soldats de la ligne, des femmes et des enfants ;

» Considérant que ce crime a été commis avec préméditation et guet-àpens contre tout droit et sans provocation ;

» Décrète :

» Art. 1er. MM. Thiers, Favre, Picard, Dufaure, Simon et Pothuau sont mis en accusation.

» Art. 2. Leurs biens seront saisis et mis sous séquestre, jusqu'à ce qu'ils aient comparu devant la justice du peuple.

» Les délégués de la justice et de la sûreté générale sont chargés de l'exécution du présent décret.

La Commune de Paris. »

« La commune de Paris adopte les familles des citoyens qui ont succombé ou succomberont en repoussant l'agression criminelle des monarchistes. »

« La Commune de Paris,

» Considérant que diverses administrations publiques et particulières de Paris ont formé leurs employés de tout ordre en compagnies spéciales de garde nationale ; que ces compagnies ont échappé jusqu'ici à tout service régulier ;

» Qu'il y a là un abus redoutable pour la sécurité générale et une atteinte au principe d'égalité.

» Arrête :

» Art. 1ᵉʳ. Ces compagnies spéciales seront immédiatement versées dans les bataillons de la garde nationale.

» Art. 2. Elles procéderont immédiatement à la réélection de leurs officiers.

La Commune de Paris. »

Remplaçons les uns par les autres... Les noms changent, non les hommes :

« La Commune décide:

» Les citoyens Duval, Bergeret et Eudes, retenus loin de Paris par les opérations militaires, sont remplacés à la commission exécutive par les citoyens Delescluze, Cournet et Vermorel.

» Le citoyen Cluseret est délégué au ministère de la guerre.

» Les citoyens Blanchet et Géresme sont délégués à la commission de justice.

Enfin, voilà Cluzeret au pinacle !

La notification de ce décret aux citoyens « retenus loin de Paris » est pleine d'aménité élogieuse :

« *Aux citoyens Bergeret, Duval et Eude.*

» Citoyens,

» Nous avons l'honneur de vous prévenir qu'afin de vous laisser toute liberté pour la conduite des opérations militaires qui vous sont confiées, la Commune vient d'attribuer au général Cluseret la direction de l'administration de la guerre.

» L'Assemblée a estimé que, dans les graves circonstances où nous sommes, il importait d'établir l'unité dans les services administratifs de la guerre.

» La Commune a également jugé indispensable de vous remplacer provisoirement à la commission exécutive, dont votre situation militaire ne vous permet plus de partager les travaux.

» Nous n'avons pas besoin d'ajouter qu'en prenant cette double décision, la Commune est aussi éloignée de vous désobliger, que d'affaiblir l'intérêt de votre situation comme chef de corps. Vous n'y verrez que les conséquences des nécessités du moment.

» Salut et fraternité.

» Paris, le 3 avril 1871.

» *Les membres de la commission exécutive.*
» CH. DELESCLUZE, FÉLIX PYAT. »

Voici tout bonnement un chef-d'œuvre : c'est la note diplomatique du nommé Paschal Grousset délégué aux « relations extérieures » adressée par lui aux puissances européennes pour leur notifier l'*avénement* de la Commune.

Voici la chose :

« Le soussigné, membre de la Commune de Paris, délégué aux relations extérieures, a l'honneur de vous notifier officiellement la constitution du Gouvernement communal de Paris.

» Il vous prie d'en porter la connaissance à votre

Gouvernement, et saisit cette occasion de vous exprimer le désir de la Commune de resserrer les liens fraternels qui unissent le peuple de Paris au peuple N***.

» Agréez, etc.

» Paschal Grousset. »

» Paris, le 5 avril 1871. »

Cette note, qui rappelle les beaux jours de l'opérette, obtint un succès sur lequel le nommé Grousset n'avait certes pas compté... Les gouvernements se tinrent le ventre.

A l'Assemblée de Versailles, M. Jules Favre ne mentionna cette pièce étrange que pour faire remarquer que jusqu'alors il n'avait eu connaissance de la présence d'un délégué aux « relations extérieures, » — que par la disparition de l'argenterie impériale, déposée au ministère des affaires étrangères.

Le lendemain, l'*Officiel* de la Commune publiait ce qui suit, en réponse à l'aimable observation de M. Jules Favre :

« Relations extérieures. — Délégation.

» Liberté, Égalité, Fraternité.

» COMMUNE DE PARIS.

» *Procès-verbal.*

» Cejourd'hui, huit avril mil huit cent soixante-onze, les citoyens Perrichon et Mailhe, délégués du ministère des finances, ont reçu livraison des articles d'argenterie ci-dessous, qui leur ont été remis par le citoyen Dolbec, argentier, en présence du citoyen Poitevin, inspecteur du matériel, et du citoyen Neumayer, commis principal, tous trois appartenant au ministère des affaires étrangères, sous les ordres du citoyen Paschal Grousset, membre de la Commune, délégué aux relations extérieures.

" ARGENTERIE GRAVÉE AUX ARMES DE L'EX-EMPEREUR.

" N° 962, *suit le détail*, au total 1,303 pièces avec accessoires.

" VERMEIL.

" N° 963, *suit le détail*, au total 568 pièces.

" UN THÉ COMPLET.

" *Suit le détail*, au total 9 pièces.

" Ont signé :
" *Le délégué de la Commune omis sur le procès-verbal,*
" VIARD.
" *Le délégué aux relations extérieures,*
" PASCHAL GROUSSET.
" *Les délégués des finances,*
" A. PERRICHON, MAILHE.
" *Les représentants au ministère des affaires étrangères,*
" POITEVIN, NEAMAGER. "

" **Ministère des finances. — Cabinet du Ministre.**

" Citoyens Grelier et Viard,

" Je vous envoie les citoyens Maihe et Perrichon pour enlever l'argenterie que vous avez trouvée et la transporter à la Monnaie où elle sera confiée à Camélinat pour être transformée dans le plus bref délai.

» A vous fraternellement.

» Signé: E. Varlin,
» Délégué aux Finances. »

Du reste, Messieurs de la Commune se méfiaient de la façon annexioniste dont certains eussent pu *tripoter* les finances, d'autant qu'elles étaient rares. Ainsi prouve l'avis suivant :

« Ordre est donné à tous les inspecteurs et vérificateurs des halles et marchés de Paris, de délivrer les bordereaux aux caissiers-facteurs, pour qu'ils puissent opérer leurs versements à la délégation des finances (ministère des finances).

» Tout fonctionnaire qui ne se conformera pas au présent arrêté dans les quarante-huit heures sera révoqué.

» Seront poursuivis comme concussionnaires, ceux qui auraient détourné une partie quelconque des ressources de la Commune.

» *Les membres de la Commune délégués aux finances,*
» Fr. Jourde, E. Varlin. »

Pas de pouvoirs inutiles :

« La Commune de Paris,

» Sur la proposition du délégué au ministère de la guerre :

» Considérant que, dans la crise présente, l'unité de

commandement militaire est une nécessité de salut public, que cette unité est tous les jours compromise par des ordres émanant des sous-comités d'arrondissements.

» Les sous-comités d'arrondissements sont dissous.
» Paris, le 6 avril 1871.

» *La Commune de Paris.* »

Qui aime bien, châtie bien :
« La Commune de Paris,
» Considérant que les gardes nationaux ont reçu l'arme et reçoivent la solde pour défendre la République;
» Considérant que plusieurs manquent à leur service, tout en touchant leur paye, et gardent leur fusil, inutile ainsi dans leurs mains,
» Décrète :
» Art. 1er. Tout garde national réfractaire sera désarmé.
» Art. 2. Tout garde désarmé pour refus de service sera privé de sa solde.
» Art. 3. En cas de refus de service pour le combat, le garde réfractaire sera privé de ses droits civiques, par décision du conseil de discipline.
» Paris, le 6 avril 1871.

» *La Commune de Paris.* »

Nous l'avons dit tout à l'heure : *Plus de généraux!*
« Considérant que les grades de généraux sont incompatibles avec l'organisation démocratique de la garde nationale et ne sauraient être que temporaires :
» Art. 1er. Le grade de général est supprimé.

» Art. 2. Le citoyen Ladislas Dombrowski, commandant la 12e légion, est nommé commandant de la place de Paris, en remplacement du citoyen Bergeret, appelé à d'autres fonctions.

» Paris, le 6 avril 1871.
» *La commission exécutive,*
» Cournet, Delescluze, Félix Pyat, Tridon, Ed. Vaillant, Vermorel. »

Bergeret « lui-même » en disgrâce!
Et vive Dombrowski, le Polonais!

« Vu le vote de la Commune du 5 avril, relatif à une enquête sur les arrestations faites par le Comité central et par la commission de sûreté, la commission exécutive invite la commission de justice à instruire immédiatement sur le nombre et la cause de ces arrestations, et à donner l'ordre de l'élargissement ou de la comparution devant un tribunal et un jury d'accusation. La commission de justice doit d'urgence s'occuper d'une mesure qui intéresse si particulièrement l'un des grands principes de la République, la liberté.

» Paris, le 7 avril 1871.
» *La commission exécutive,*
» F. Cournet, Delescluze, Félix pyat, G. Tridon, E. Vaillant. »

La liberté? Oui, certes, la liberté... de l'arrestation mutuelle!

« Considérant les patriotiques réclamations d'un grand nombre de gardes nationaux qui tiennent, quoique mariés, à l'honneur de défendre leur indépendance municipale, même au prix de leur vie, le décret du 5 avril est ainsi modifié :

„ De dix-sept à dix-neuf ans, le service dans les compagnies de guerre sera volontaire, et de dix-neuf à quarante, obligatoire pour les gardes nationaux, mariés ou non.

„ J'engage les bons patriotes à faire eux-mêmes *la police de leur arrondissement et à forcer les réfractaires à servir.* „ *Le délégué à la guerre :*

„ E. CLUSERET. „

Dénonçons-nous, mes frères !

—

Toujours les fameuses barricades !

« Une commission des barricades, présidée par le commandant de place et composée des capitaines du génie, de deux membres de la Commune et d'un membre élu par chaque arrondissement, est instituée à partir du 9 avril.

„ Elle se réunira à l'état-major de la place, le 9 avril, à une heure.

„ Paris, le 8 avril 1871.

„ *Le délégué à la guerre,*
„ E. CLUSERET. „

—

L'ordre dans le désordre :

ORDRE.

« Depuis quelques jours il règne une grande confusion dans certains arrondissements ; on dirait que des gens payés par Versailles prennent à tâche : 1° de fatiguer la garde nationale ; 2° de la désorganiser.

» On fait battre la générale pendant la nuit.

» On bat le rappel à tort et à travers. En sorte que personne ne sachant plus auquel entendre, on ne se dérange même plus, et cette puissante institution, cette armée, espoir et salut du peuple, est à la veille de sombrer sous son triomphe.

» Un tel état des choses ne saurait subsister plus longtemps. En conséquence, j'invite tous les bons citoyens à se pénétrer des instructions suivantes :

» La générale ne sera battue que par mon ordre ou celui de la commission exécutive, et dans le seul cas de prise d'armes générale.

» Le rappel ne sera battu, dans les arrondissements, que par ordre de la place, signé du commandant de la place, et pour la réunion d'un certain nombre de bataillons commandés pour un service spécial.

» Ce n'est pas tout : malgré mes ordres formels, une canonnade incessante diminue nos provisions, fatigue la population, irrite les esprits et amène d'un côté la fatigue, de l'autre la colère et la passion.

» En sorte que cette Révolution si grande, si belle et si pacifique, pourrait devenir violente, c'est-à-dire faible.

» Nous sommes forts ; restons calmes !

» Cet état des choses est dû en partie à des chefs militaires trop jeunes et surtout trop faibles pour résister à la pression populaire L'homme du devoir ne connaît que sa conscience et méprise la popularité. Je réitère l'ordre d'avoir à se tenir sur la plus stricte défensive, et à ne pas jouer le jeu de nos adversaires, en gaspillant et nos munitions et nos forces, et surtout la vie de ces grands citoyens, enfants du peuple, qui ont fait la Révolution actuelle.

» Quand le bruit aura cessé, que le calme de la rue aura passé dans les esprits, nous serons beaucoup plus aptes à perfectionner notre organisation, d'où dépend notre avenir.

» En attendant, citoyens, laissons de côté toutes ces petites rivalités, toutes ces personnalités mesquines, qui tendent à désunir ce magnifique faisceau populaire formé par la communauté de la souffrance. Si nous voulons vaincre, il faut être unis. Et quel plus beau, plus simple et plus noble lien que celui de la fraternité des armes au service de la justice ?

» Formez vite vos compagnies de guerre, ou plutôt complétez-les, car elles existent déjà.

» De dix-sept à dix-neuf ans, le service est facultatif ; de dix-neuf à quarante ans, il est obligatoire, marié ou non.

Faites entre vous la police patriotique, forcez les lâches à marcher sous votre œil vigilant.

» Aussitôt que quatre compagnies, formant au minimun un effectif de 500 hommes, seront constituées, que son chef de bataillon demande à la place un casernement. En caserne ou au camp, son organisation s'achèvera rapidement, et alors tout ce trouble, toute cette confusion s'évanouiront au souffle puissant de la victoire.

» Danton demandait à nos pères de l'audace, encore de l'audace, toujours de l'audace ; je vous demande de l'ordre, de la discipline, du calme et de la patience :

l'audace alors sera facile. En ce moment, elle est coupable et ridicule.

» Paris, le 8 avril 1871.

» *Le délégué à la guerre*
» E. Cluseret. »

—

On demande des instituteurs des deux sexes. Voir l'avis ci-dessous :

" INSTRUCTION PRIMAIRE.

» La Commune de Paris invite les citoyens et les citoyennes qui désireraient un emploi dans les établissements publics d'instruction primaire de la ville de Paris, à présenter leur demande, avec pièces à l'appui, à la commission d'enseignement séant à l'Hôtel de Ville.

» Gageons que le certificat de moralité n'était pas exigé ? »

—

" MINISTÈRE DE LA GUERRE.

» *A la garde nationale.*

» Citoyens,

» Je remarque avec peine qu'oubliant notre origine modeste, la manie ridicule du galon, des broderies, des aiguillettes, commence à se faire jour parmi nous.

» Travailleurs, vous avez pour la première fois accompli la révolution du travail par et pour le travail.

» Ne renions pas notre origine, et surtout n'en rougissons pas. Travailleurs nous étions, travailleurs nous sommes, travailleurs nous resterons.

» C'est au nom de la vertu contre le vice, du devoir

contre l'abus, de l'austérité contre la corruption que nous avons triomphé, ne l'oublions pas.

» Restons vertueux et hommes du devoir avant tout, nous fonderons alors la République austère, la seule qui puisse et ait le droit d'exister.

» Avant de sévir, je rappelle mes concitoyens à eux-mêmes : plus d'aiguillettes, plus de clinquant, plus de ces galons qui coûtent si peu à étager et si cher à notre responsabilité.

» A l'avenir, tout officier qui ne justifiera pas du droit de porter les insignes de son grade, ou qui ajoutera à l'uniforme réglementaire de la garde nationale des aiguillettes ou autres distinctions vaniteuses, sera passible de peines disciplinaires.

» Je profite de cette circonstance pour rappeler chacun au sentiment de l'obéissance hiérarchique dans le service ; en obéissant à vos élus, vous obéissez à vous-mêmes.

» Paris, le 7 avril 1871.

» *Le Délégué à la Guerre,*
» E. Cluseret. »

Soyons simples et grands par la simplicité seule !

« Rien n'est beau que le vrai, le vrai seul est aimable. »

« La Commune de Paris,

» Ayant adopté les veuves et les enfants de tous les citoyens morts pour la défense des droits du peuple,

» Décrète :

» Art. 1er. Une pension de 600 francs sera accordée à la femme du garde national tué pour la défense des droits du peuple, après enquête qui établira ses droits et ses besoins.

» Art. 2. Chacun des enfants, reconnus ou non, recevra, jusqu'à l'âge de dix-huit ans, une pension annuelle de 365 francs, payable par douzièmes.

» Art. 3. Dans le cas où les enfants seraient déjà privés de leur mère, ils seront élevés aux frais de la Commune, qui leur fera donner l'éducation intégrale nécessaire pour être en mesure de se suffire dans la société.

» Art. 4. Les ascendants, père, mère, frères et sœurs de tout citoyen mort pour la défense des droits de Paris, et qui prouveront que le défunt était pour eux un soutien nécessaire, pourront être admis à recevoir une pension proportionnelle à leurs besoins, dans les limites de 100 à 800 francs par personne.

» Art. 5. Toute enquête nécessitée par l'application des articles ci-dessus sera faite par une commission spéciale, composée de six membres délégués à cet effet dans chaque arrondissement, et présidée par un membre de la Commune appartenant à l'arrondissement.

» Art. 6. Un Comité, composé de trois membres de la Commune, centralisera les résultats produits par l'enquête et statuera en dernier ressort.

» Paris, le 10 avril 1871. »

Guerre aux faux frères :

" La Commune de Paris,

» Considérant que le gouvernement de Versailles se vante ouvertement d'avoir introduit dans les bataillons de la garde nationale des agents qui cherchent à y jeter le désordre ;

» Considérant que les ennemis de la République et de la Commune cherchent par tous les moyens possibles à produire dans ces bataillons l'indiscipline, espérant désarmer ainsi ceux qu'ils ne peuvent vaincre par les armes;

» Considérant qu'il ne peut y avoir de force militaire sans ordre, et qu'il est nécessaire, en face de la gravité des circonstances, d'établir une rigoureuse discipline, qui donne à la garde nationale une cohésion qui la rende invincible,

» Décrète :

» Art. 1er. Il sera immédiatement institué un conseil de guerre dans chaque légion.

» Art. 2. Ces conseils de guerre seront composés de sept membres, savoir :

» Un officier supérieur, président ;

» Deux officiers ;

» Deux sous-officiers et deux gardes.

» Art. 3. Il y aura un conseil disciplinaire par bataillon.

» Art. 4. Les conseils disciplinaires seront composés d'autant de membres qu'il y aura de compagnies dans le bataillon, à raison d'un membre par compagnie, sans distinction de grade.

» Ils seront nommés à l'élection et toujours révocables par la commission exécutive, sur la proposition du délégué à la guerre.

» Art. 5. Les membres des conseils de guerre seront élus par les délégués des compagnies.

» Art. 6. Seront justiciables des conseils de guerre

et disciplinaires, les gardes nationaux de la légion et du bataillon.

» Art. 7. Le conseil de guerre prononcera toutes les peines *en usage.*

» Art. 8. Aucune condamnation afflictive ou infamante, prononcée par les conseils de guerre, ne pourra être exécutée sans qu'elle ait été soumise à la ratification d'une cour de révision spécialement créée à cet effet.

» Cette commission de révision se composera de sept membres tirés au sort parmi les membres élus des conseils de guerre de la garde nationale, avant leur entrée en fonctions.

» Art. 9. Le conseil disciplinaire pourra prononcer la prison, depuis un jour jusqu'à trente.

» Art. 10. Tout officier peut infliger de un à cinq jours d'emprisonnement à tout subordonné, mais il sera tenu de justifier immédiatement devant le conseil disciplinaire des motifs de la punition prononcée.

» Art. 11. Il sera tenu, dans chaque bataillon et légion, un état des punitions infligées dans les vingt-quatre heures, lequel sera envoyé chaque matin au rapport de la place.

» Art. 12. Aucune condamnation capitale ne recevra son exécution avant que la grosse du jugement ou de l'arrêt n'ait été visée par la Commission exécutive.

» Art. 13. Les dispositions du présent décret ne seront en vigueur que pendant la durée de la guerre.

» Paris, le 11 avril 1871. »

Déposons les armes :

« La Commune de Paris,

» Décrète :

» Tout citoyen, fonctionnaire ou industriel, détenteur d'armes de guerre et de munitions, par suite de commandes non suivies de livraison, ou les ayant en dépôt sur un prétexte quelconque, aura à en faire la déclaration dans les quarante-huit heures au ministère de la guerre. Tout contrevenant au présent décret sera rendu responsable et traduit immédiatement devant un conseil de guerre.

» Paris, le 11 avril 1871. »

Passe-ports au rabais :

« La Commune de Paris,

» Sur la proposition du comité de sûreté géénrale ;

» Attendu que le prix des passe-ports, fixé jusqu'ici, d'après les anciens règlements, à 2 francs, est inabordable pour la plupart des citoyens ;

» Que journellement des passe-ports sont réclamés par des femmes et des enfants,

» Arrête :

» Art. 1er. Le prix des passeports est fixé à 50 centimes.

» Art. 2. Les maires pourront délivrer des certificats sur la vue desquels le comité de sûreté générale donnera des passe-ports gratuits.

» Paris, le 11 avril 1871. »

Respect aux Prussiens :

« Citoyens,

» Je rappelle aux gardes nationaux de Paris qu'il est absolument interdit de passer en armes sur la zone neutre qui entoure Paris.

» Les Prussiens sont rigides exécuteurs de la convention et veulent qu'on l'exécute de même.

» Ils sont dans leur droit, et nous devons le respecter. En conséquence, j'engage formellement les gardes nationaux à ne pas se promener en armes sur la zone neutre.

» Paris, le 11 avril 1871.

» *Le délégué à la guerre,*
» Général E. CLUSERET. »

Quand on force les gens à se faire massacrer, il est assez naturel qu'on les paie. Aussi les paye-t-on et même très-convenablement :

« La délégation des finances, et la délégation de la guerre,

» Arrêtent :

» 1° La solde des officiers de la garde nationale appelés à un service actif en dehors de l'enceinte fortifiée, est fixée ainsi qu'il suit :

» Général en chef, fr. 16-65 par jour, 500 fr. par mois.
» Général en second, 15 fr. par jour, 450 fr. par mois.
» Colonel, 12 fr. par jour, 360 fr. par mois.
» Commandant, 10 fr. par jour, 300 fr. par mois.
» Capitaine, chirurgien-major, adjudant-major, fr. 7-50 par jour, 225 fr. par mois.

» Lieutenant aide-major, fr. 5-50 par jour, 165 fr. par mois.

» Sous-lieutenant, 5 fr. par jour, 150 fr. par mois.

» 2° Dans l'intérieur de Paris et tant que durera la situation actuelle, la solde des officiers de la garde nationale, pour ceux qui auront besoin de cette solde, est fixée à fr. 2-50 par jour pour les sous-lieutenants, lieutenants et capitaines, et à 5 francs par jour pour les commandants et adjudants-major.

» Paris, 12 avril 1871.

» *Les délégués des finances, membres de la Commune,*
» Fr. Jourde, E. Varlin.
» *Le délégué de la guerre,*
» E. Cluseret. »

« Paris, 12 avril 1871.

» Des réclamations de plus en plus nombreuses me parviennent de la part d'officiers supérieurs et autres, employés à l'organisation des compagnies de guerre.

» Le ministre de la guerre leur rappelle qu'il n'y a que deux sortes de soldes, la solde de la garde sédentaire et celle de la garde active.

» La première est de fr. 1-50, fr. 2 et fr. 2-50, pour les gardes, sous-officiers et officiers indistinctement.

» La seconde, qui sera fixée demain, n'est due qu'en dehors des fortifications.

» Il est incontestable que ces soldes sont insuffisantes et constituent un sacrifice de la part de ceux qui les acceptent pour vivre, mais nous sommes dans une période de sacrifices et nous sommes des hommes de sacrifices.

» Du reste, aussitôt la victoire assurée, chacun reprendra son métier; il ne sera plus question de grade ni de paye. Ce n'est donc qu'un moment à passer, et un sacrifice à faire au triomphe de notre indépendance.

» *Le délégué à la guerre,*
» Cluseret. »

—

Il faut de l'arrestation….. pas trop n'en faut :

« La Commune de Paris,

» Considérant que s'il importe, pour le salut de la République, que tous les conspirateurs et les traîtres soient mis dans l'impossibilité de nuire, il n'importe pas moins d'empêcher tout acte arbitraire ou attentatoire à la liberté individuelle,

» Décrète :

» Art. 1er. Toute arrestation devra être notifiée immédiatement au délégué de la Commune à la justice, qui interrogera ou fera interroger l'individu arrêté, et le fera écrouer dans les formes régulières, s'il juge que l'arrestation doive être maintenue.

» Art. 2. Toute arrestation qui ne serait pas notifiée dans les vingt-quatre heures au délégué de la justice, sera considérée comme une arrestation arbitraire, et ceux qui l'auront opérée seront poursuivis.

» Art. 3. Aucune perquisition ou réquisition ne pourra être faite qu'elle ait été ordonnée par l'autorité compétente ou ses organes immédiats, porteurs de mandats réguliers, délivrés au nom des pouvoirs constitués par la Commune.

» Toute perquisition ou réquisition arbitraire entraînera la mise en arrestation de ses auteurs.

» Paris, le 14 avril 1871. »

Ne fatiguons pas trop ces bons petits gardes nationaux. Il s'agit de les conserver pour la bonne bouche... des canons versaillais.

« ORDRE.

» A partir d'aujourd'hui, 14 courant, les chefs de légion ne commanderont aucun service dans leur arrondissement sans l'ordre de la place, qui seule règle, d'après nos instructions, le service à fournir.

» Cette mesure est prise en vue de prévenir la fatigue inutile.

» On commande des bataillons là où cinquante hommes suffiraient, et, à tout propos, on dérange inutilement des citoyens qui seraient bien mieux dans leur lit que là où les envoie un zèle intempestif.

» Le délégué à la guerre profite de cette circonstance pour rappeler la défense de battre le rappel ou la générale, sans ordre de la place.

» *Le délégué à la guerre,*
» CLUSERET. »

Encore un jury d'accusation :

« La Commune de Paris,

» Considérant que le gouvernement de Versailles oule ouvertement aux pieds les droits de l'humanité comme ceux de la guerre ; qu'il s'est rendu coupable d'horreurs dont ne se sont même pas souillés les envahisseurs du sol français ;

» Considérant que les représentants de la Commune de Paris ont le devoir impérieux de défendre l'honneur et la vie des deux millions d'habitants qui ont remis entre leurs mains le soin de leurs destinées ; qu'il importe de prendre sur l'heure toutes les mesures nécessitées par la situation ;

» Considérant que des hommes politiques et des magistrats de la cité doivent concilier le salut commun avec le respect des libertés publiques,

» Décrète :

» Art. 1ᵉʳ. Toute personne prévenue de complicité avec le gouvernement de Versailles, sera immédiatement décrétée d'accusation et incarcérée.

» Art. 2. Un jury d'accusation sera institué dans les vingt-quatre heures, pour connaître des crimes qui lui seront déférés.

» Art. 3. Le jury statuera dans les quarante-huit heures.

» Art. 4. Tous accusés, retenus par le verdict du jury d'accusation, seront les otages du peuple de Paris.

» Art. 5. Toute exécution d'un prisonnier de guerre ou d'un partisan du gouvernement régulier de la Commune de Paris, sera, sur-le-champ, suivie de l'exécution d'un nombre triple des otages retenus en vertu de l'article 4, et qui seront désignés par le sort.

» Art. 6. Tout prisonnier de guerre sera traduit devant le jury d'accusation, qui décidera s'il sera immédiatement remis en liberté ou retenu comme otage.

Et le décret suivant :

« La Commune de Paris,

» Considérant :

» Que des dépenses importantes ont été faites par l'ex-gouvernement, dit de la défense nationale, pour les services aérostatiques postaux ;

» Que, par suite de la désertion de l'ex-gouvernement dit de la défense nationale, sur ce point des services publics, comme sur tous les autres, une quantité de ballons construits, représentant une dépense de plusieurs centaines de mille francs, payés des deniers de la nation, se trouvent actuellement disséminés en plusieurs endroits et exposés aux détournements ;

» Qu'il importe d'urgence de réunir sous le contrôle de la Commune, en des mains sûres, d'inventorier et de préserver ce matériel, auquel sont venus s'adjoindre les ballons expédiés en province pendant le siége de Paris ;

» Considérant que l'ex-gouvernement dit de la défense nationale, qui, en fait, gouverne toujours à Versailles, a supprimé, dans une intention facile à comprendre, tout échange de nouvelles, journaux, correspondances privées, toutes communications intellectuelles entre Paris et les départements, comptant ainsi se réserver impunément la trop facile distribution des calomnies destinées à égarer l'opinion publique, en province et à l'étranger ;

» Que la Commune de Paris a, tout au contraire, le plus grand intérêt à ce que la vérité soit, et à faire connaître à tous et ses actes et ses intentions ;

» Considérant que l'aérostation est naturellement et

légitimement appelée en ces circonstances à rendre des services, en répandant partout la lumière salutaire;

» Considérant enfin que, dans l'état de guerre offensive déclarée et poursuivie par le gouvernement de Versailles, il est important à la défensive d'utiliser les observations aérostatiques militaires, systématiquement et intentionnellement repoussées pendant la durée du siége de Paris, et alors, en effet, inutiles à ceux qui devaient livrer Paris,

» Arrête :

» 1° Une compagnie d'aérostiers civils et militaires de la Commune de Paris est créée;

» 2° Cette compagnie se compose, provisoirement, d'un capitaine, d'un lieutenant, d'un sous-lieutenant, d'un sergent, de deux chefs d'équipe et douze aérostiers;

» 3° La solde du capitaine est de 300 fr., du lieutenant 250 fr., des équipiers, 150 fr. par mois;

» 4° La compagnie des aérostiers civils et militaires de la Commune de Paris relève directement du commandement de la commission exécutive;

» 5° Le citoyen Claude-Jules Durouf est nommé capitaine des aérostiers civils et militaires de la Commune de Paris,

» Le citoyen Jean-Pierre-Alfred Nadal est nommé lieutenant magasinier général.

» Paris, le 20 avril 1871.

» *La commission exécutive,*
» AVRIAL, F. COURNET, CH. DELESCLUZE, Félix PYAT, TRIDON, A. VERMOREL, E. VAILLANT. »

Robert Macaire et Bertrand évitent les gendarmes en montant en ballon. — Sans accuser personne, nous ferons observer que les membres de la Commune ont constaté maintes fois qu'il y a de nombreux gendarmes à Versailles.

A chacun son tour le pouvoir. Les membres de la Commune passent leur temps à se jeter à la tête le mot connu : *Ote toi de là* que je m'y mette ;

« La Commune de Paris.

» Arrête :

» 1° Le pouvoir exécutif est et demeure confié, à titre provisoire, aux délégués réunis des neuf commissions entre lesquelles la Commune a réparti les travaux et les attributions administratives ;

» 2° Les délégués seront nommés par la Commune, à la majorité des voix ;

» 3° Les délégués se réuniront chaque jour et prendront, à la majorité des voix, les décisions relatives à chacun de leurs représentants ;

» 4° Chaque jour, ils rendront compte à la Commune, en comité secret, des mesures arrêtées ou exécutées par eux, et la Commune statuera.

» Ont été nommés pour composer la Commission exécutive, les citoyens :

» Cluseret : *Guerre*. — Jourde : *Finances*. — Viard : *Subsistances*. — Paschal Grousset : *Relations extérieures*. — Franckel : *Travail et échange*. — Protot : *Justice*.

— Andrieu : *Services publics*. — Vaillant : *Enseignement*. — Rigault : *Sûreté générale.* »

Et toujours les commissions :

Dans sa sollicitude pour la liberté individuelle, la Commune, outre sa commission de justice, a institué une commission d'enquête, composée des citoyens Beslay, Gambon, Miot, pour visiter les prisons, maisons de refuge et les hospices d'aliénés.

———

Bientôt Cluseret « lui-même » à l'égal de Bergeret est destitué et arrêté... On s'aperçut tout-à-coup qu'il n'avait fait que désorganiser, et que c'était un simple incapable. Bien plus : on le prétendit vendu à Versailles et on le mit à l'ombre.

———

Le citoyen Cluseret est révoqué de ses fonctions de délégué à la guerre. Son arrestation, ordonnée par la commission exécutive, est approuvée par la Commune.

———

« Paris, le 30 avril 1871.

» La commission exécutive :

» Arrête :

» Le citoyen Rossel est chargé, à titre provisoire, des fonctions de délégué à la guerre.

» Paris, le 30 avril 1871.

» *La commission exécutive,*

» Jules Andrieu, Paschal Grousset, Ed. Vaillant, F. Cournet, Jourde. »

Toujours le pastiche de 1793.

« Paris, le 1ᵉʳ mai 1871.

„ La Commune

„ Décrète :

„ Art. 1ᵉʳ. Un comité de salut public sera immédiatement organisé.

„ Art. 2. Il sera composé de cinq membres, nommés par la Commune, au scrutin individuel.

„ Art. 3. Les pouvoirs les plus étendus sur toutes les délégations et commissions sont donnés à ce comité, qui ne sera responsable qu'à la Commune. „

« La Commune

„ Décrète :

„ Les membres de la Commune ne pourront être traduits devant aucune autre juridiction que la sienne (celle de la Commune). „

Ont été nommés membres du comité de salut public les citoyens : Antoine Arnaud, Léo Meillet, Ranvier, Félix Piat et Charles Gérardin.

XVI

LES PROCLAMATIONS RÉVOLUTIONNAIRES.

La Commune aimait à parler ; en cela même, elle n'était pas si éloignée du gouvernement du 4 septembre qui, lui aussi, avait pour les proclamations bien senties un amour ardent.

Les affiches et les placards de la Commune forment un véritable résumé de ses faits et gestes.

Nous les classerons simplement par ordre de date ; ces pièces instructives se passent de tout commentaire :

Aux gardes nationaux de Paris

Citoyens,

Vous nous aviez chargés d'organiser la défense de Paris et de vos droits.

Nous avons conscience d'avoir rempli cette mission : aidés par votre généreux courage et votre admirable sang-froid, nous avons chassé ce gouvernement qui nous trahissait.

A ce moment, notre mandat est expiré, et nous vous le rapportons, car nous ne prétendons pas prendre la place de ceux que le souffle populaire vient de renverser.

Préparez donc et faites de suite vos élections communales, et donnez-nous pour récompense la seule que nous ayons jamais espérée : celle de vous voir établir la véritable République.

En attendant, nous conservons, au nom du peuple, l'Hôtel de Ville.

Hôtel de Ville, Paris le 19 mars 1871.

Le Comité central de la garde nationale.

FÉDÉRATION RÉPUBLICAINE DE LA GARDE NATIONALE.

ORGANE DU COMITÉ CENTRAL.

Citoyens,

Si le comité central de la garde nationale était un gouvernement, il pourrait, pour la dignité de ses électeurs, dédaigner de se justifier. Mais comme sa première affirmation a été de déclarer « qu'il ne prétendait pas prendre la place de ceux que le souffle populaire avait renversés, » tenant à simple honnêteté de rester exactement dans la limite expresse du mandat qui lui a été confié, il demeure un composé de personnalités qui ont le droit de se défendre.

Enfant de la république qui écrit sur sa devise le grand mot de : Fraternité, il pardonne à ses détracteurs ; mais il veut persuader les honnêtes gens qui ont accepté la calomnie par ignorance.

Il n'a pas été occulte : ses membres ont mis leurs noms à toutes ses affiches. Si ces noms étaient obscurs, ils n'ont pas fui la responsabilité, — et elle était grande.

Il n'a pas été inconnu, car il était issu de la libre

expression des suffrages de deux cent quinze bataillons de la garde nationale.

Il n'a pas été fauteur de désordres, car la garde nationale, qui lui a fait l'honneur d'accepter sa direction, n'a commis ni excès ni représailles, et s'est montrée imposante et forte par la sagesse et la modération de sa conduite.

Et pourtant, les provocations n'ont pas manqué; et pourtant, le gouvernement n'a cessé, par les moyens les plus honteux, de tenter l'essai du plus épouvantable des crimes: la guerre civile.

Il a calomnié Paris et a ameuté contre lui la province.

Il a amené contre nous nos frères de l'armée qu'il a fait mourir de froid sur nos places, tandis que leurs foyers les attendaient.

Il a voulu vous imposer un général en chef.

Il a, par des tentatives nocturnes, tenté de nous désarmer de nos canons, après avoir été empêché par nous de les livrer aux Prussiens.

Il a enfin, avec le concours de ses complices effarés de Bordeaux, dit à Paris : « Tu viens de te montrer héroïque ; or, nous avons peur de toi, donc nous t'arrachons ta couronne de capitale. »

Qu'a fait le comité central pour répondre à ces attaques? Il a fondé la Fédération ; il a prêché la modération — disons le mot — la générosité; au moment où l'attaque armée commençait, il disait à tous: « Jamais d'agression, et ne ripostez qu'à la dernière extrémité ! »

Il a appelé à lui toutes les intelligences, toutes les

capacités ; il a demandé le concours du corps d'officiers, il a ouvert sa porte chaque fois que l'on y frappait au nom de la république.

De quel côté étaient donc le droit et la justice? De quel côté était la mauvaise foi?

Cette histoire est trop courte et trop près de nous, pour que chacun ne l'ait pas encore à la mémoire. Si nous l'écrivons à la veille du jour où nous allons nous retirer, c'est, nous le répétons, pour les honnêtes gens qui ont accepté légèrement des calomnies dignes seulement de ceux qui les avaient lancées.

Un des plus grands sujets de colère de ces derniers contre nous est l'obscurité de nos noms. Hélas! bien des noms étaient connus, très-connus, et cette notoriété nous a été bien fatale!

Voulez-vous connaître un des derniers moyens qu'ils ont employés contre nous? Ils refusent du pain aux troupes qui ont mieux aimé se laisser désarmer que de tirer sur le peuple. Et ils nous appellent assassins, eux qui punissent le refus d'assassinat par la faim!

D'abord, nous le disons avec indignation : la boue sanglante dont on essaye de flétrir notre honneur est une ignoble infamie. Jamais un arrêt d'exécution n'a été signé par nous ; jamais la garde nationale n'a pris part à l'exécution d'un crime.

Quel intérêt y aurait-elle? Quel intérêt y aurions-nous?

C'est aussi absurde qu'infâme.

Au surplus, il est presque honteux de nous défendre. Notre conduite montre, en définitive, ce que nous sommes. Avons-nous brigué des traitements ou des honneurs? Si nous sommes inconnus, ayant pu obtenir, comme nous l'avons fait, la confiance de 215 bataillons, n'est-ce pas parce que nous avons dédaigné de nous faire une propagande? La notoriété s'obtient à bon marché : quelques phrases creuses ou un peu de lâcheté suffit; un passé tout récent l'a prouvé.

Nous, chargés d'un mandat qui faisait peser sur nos têtes une terrible responsabilité, nous l'avons accompli sans hésitation, sans peur, et dès que nous voici arrivés au but, nous disons au peuple qui nous a assez estimés pour écouter nos avis, qui ont souvent froissé son impatience : « Voici le mandat que tu nous a confié : là où notre intérêt personnel commencerait, notre devoir finit; fais ta volonté. Mon maître, tu t'es fait libre. Obscurs il y a quelques jours, nous allons rentrer obscurs dans tes rangs, et montrer aux gouvernants que l'on peut descendre, la tête haute, les marches de ton Hôtel de Ville, avec la certitude de trouver au bas l'étreinte de ta loyale et robuste main. »

Hôtel de Ville, 19 mars 1871.

Les membres du Comité central :

ANT. ARNAUD, ASSI, BILLIORAY, FERRAT, BABICK, ED. MOREAU, C. DUPONT, VARLIN, BOURSIER, MORTIER, GOUHIER, LAVALETTE, FR. JOURDE, ROUSSEAU, CH. LULLIER, HENRY FORTUNÉ, G. ARNOLD, VIARD, BLANCHET, J. GROLLARD, BARROUD, H. GÉRESME, FABRE, POUGERET, BOUIT.

RÉPUBLIQUE FRANÇAISE.

LIBERTÉ. — ÉGALITÉ. — FRATERNITÉ.

Citoyens,

Nous informons la population parisienne que des salves doivent être tirées aujourd'hui, 22 mars, par l'artillerie allemande.

Nous nous empressons de rassurer la population sur ces démonstrations, en l'informant qu'elles n'ont d'autres motifs que la célébration d'un anniversaire prussien.

Pour le Comité central de la Garde nationale :
MORÉAU, BOUIT, ARNOLD.

L'anniversaire dont il est question ci-dessus est celui de la naissance de l'empereur Guillaume.

COMITÉ CENTRAL.

Paris, 23 mars 1871.

Citoyens,

De nombreux agents bonapartistes et orléanistes ont été surpris faisant des distributions d'argent pour détourner les habitants de leurs devoirs civiques.

Tout individu convaincu de corruption ou de tentative de corruption sera immédiatement déféré au Comité central de la garde nationale.

Pour le Comité central,
E. LEBEAU.
Délégué au *Journal Officiel.*

Sur une des portes de l'Hôtel de Ville l'affiche suivante fut placardée :

RÉPUBLIQUE FRANÇAISE.

LIBERTÉ — ÉGALITÉ — FRATERNITÉ — JUSTICE.

Mort aux Voleurs.

Tout individu pris en flagrant délit de vol sera immédiatement fusillé.

COMMUNE DE PARIS.

Arrêté sur la vente des cigares et du tabac.

Le délégué civil et le délégué militaire de la préfecture de police,

Attendu que les rues sont encombrées tous les jours par des marchands qui débitent au public des tabacs et des cigares de provenance étrangère ;

Considérant que ces cigares, n'ayant pas été soumis au contrôle de l'administration des tabacs, peuvent être un danger pour la santé publique ;

Qu'au surplus, la vente des tabacs constitue l'une des principales sources des revenus de l'État, à laquelle il importe de ne pas porter atteinte ;

Arrêtent :

ART. 1er. La vente des tabacs sur la voie publique est formellement interdite.

Les contrevenants au présent arrêté seront poursuivis et leurs marchandises saisies.

Art. 2. L'exécution du présent arrêté est confiée à la garde nationale.

Paris, le 31 mars 1871.

Le délégué militaire,
Général E. Duval.

Le délégué civil,
Raoul Rigault.

AVIS IMPORTANT.

Un grand nombre de lettres arrivent à l'Hôtel de Ville, portant cette suscription :

Au président de la Commune.

Nous ne saurions trop le répéter : il n'y a qu'un président temporaire du bureau, mais la Commune de Paris n'a et ne saurait avoir de président.

Prière aux intéressés d'adresser leurs correspondances avec cette suscription :

« Aux membres de la Commune, à l'Hôtel de Ville. »

A la garde nationale de Paris.

Les conspirateurs royalistes ont attaqué.

Malgré la modération de notre attitude, ils ont attaqué.

Ne pouvant plus compter sur l'armée française, ils ont attaqué avec les zouaves pontificaux et la police impériale.

Non contents de couper les correspondances avec les provinces, et de faire de vains efforts pour nous vaincre par la famine, ces furieux ont voulu imiter jusqu'au bout les Prussiens et bombarder la Capitale.

Ce matin, les chouans de Charrette, les Vendéens de Cathelineau, les Bretons de Trochu, flanqués des gendarmes de Valentin, ont couvert de mitraille et d'obus le village inoffensif de Neuilly et engagé la guerre civile avec nos gardes nationaux.

Il y a eu des morts et des blessés.

Élus par la population de Paris, notre devoir est de défendre la grande cité contre les coupables agresseurs. Avec votre aide, nous la défendrons.

Paris, 2 avril 1871.

La commission exécutive :
Bergeret, Eude, Duval, Lefrançais, Félix Pyat, Tridon, Vaillant.

COMMUNE DE PARIS.

Aux départements.

Citoyens,

Vous avez soif de vérité, et jusqu'à présent le gouvernement de Versailles ne vous a nourris que de mensonges et de calomnies.

Nous allons donc vous faire connaître la vérité dans toute son exactitude.

C'est le gouvernement de Versailles qui a commencé la guerre civile en égorgeant nos avant-postes trompés par l'apparence pacifique de ses sicaires. C'est aussi le gouvernement de Versailles qui a fait assassiner nos prisonniers et qui menace Paris des horreurs de la famine et d'un siége, sans souci des intérêts et des souffrances d'une population déjà éprouvée par cinq mois d'investissement.

Nous ne parlerons pas de l'interruption du service des postes, si préjudiciable au commerce, de l'accaparement des produits de l'octroi, etc.

Ce qui nous préoccupe avant tout, c'est la propagande infâme, organisée dans les départements par le gouvernement de Versailles pour noircir le mouvement sublime de la population parisienne.

On vous trompe, frères, en disant que Paris veut gouverner la France et exercer une dictature qui serait la négation de la souveraineté nationale. On vous trompe, lorsqu'on vous dit que le vol et l'assassinat s'étalent publiquement dans Paris.

Jamais nos rues n'ont été plus tranquilles que depuis trois semaines. Pas un vol n'a été commis, pas une tentative d'assassinat ne s'y est produite.

Paris n'aspire qu'à fonder la République et à compléter ses franchises communales, heureux de fournir un exemple aux autres communes de France.

Si la commune de Paris est sortie du cercle de ses attributions normales, c'est à son grand regret, c'est pour répondre à l'état de guerre provoqué par le gouvernement de Versailles.

Paris n'aspire qu'à se renfermer dans son autonomie, plein de respect pour les droits égaux des autres communes de France.

Quant aux membres de la Commune, ils n'ont d'autre ambition que de voir arriver le jour où Paris, délivré des royalistes qui le menacent, pourra procéder à de nouvelles élections.

Encore une fois, frères, ne vous laissez pas prendre aux monstrueuses inventions des royalistes de Versailles. Songez que c'est pour vous, autant que pour lui, que Paris lutte et combat en ce moment.

Que vos efforts se joignent aux nôtres, et nous vaincrons ; car nous représentons le droit et la justice, c'est-à-dire le bonheur de tous par tous, la liberté par tous et pour chacun, sous les auspices d'une solidarité volontaire et féconde.

Vive la France ! Vive la République une et indivisible, sociale et démocratique !

La commission exécutive,
Cournet, Delescluze, Félix Pyat, Tridon, E. Vaillant, Vermorel.

La Commune de Paris,

Considérant que le premier des principes de la république française est la liberté ;

Considérant que la liberté de conscience est la première des libertés ;

Considérant que le budget des cultes est contraire au principe, puisqu'il impose les citoyens contre leur propre foi ;

Considérant, en fait, que le clergé a été le complice des crimes de la monarchie contre la liberté ;

Décrète :

Art. 1er. L'Église est séparée de l'État.

Art. 2. Le budget des cultes est supprimé.

Art. 3. Les biens dits de main-morte, appartenant aux congrégations religieuses, meubles et immeubles, sont déclarés propriétés nationales.

ART. 4. Une enquête sera faite immédiatement sur ces biens, pour en constater la nature et les mettre à la disposition de la nation.

La Commune de Paris.

LA DÉLÉGATION COMMUNALE DU 1er ARRONDISSEMENT A SES ADMINISTRÉS.

Citoyens,

Dans les circonstances solennelles où nous nous trouvons, il est du devoir de tout bon citoyen de faire acte de patriotisme et de courage civique en s'offrant spontanément à faire partie des bataillons de gardes nationaux fédérés.

La loi nous autorise à vous y forcer.

Nous ne voulons pas recourir à la force.

Nous voulons simplement faire appel à votre honneur, à votre patriotisme, persuadés que nous serons entendus et compris par tous ceux qui ont un cœur généreux.

Nous ne voulons pas faire appel aux lâches, ni à ceux que vingt années d'empire ont gangrénés jusqu'aux sentiments les plus nobles qui caractérisent l'homme : les sentiments de liberté.

Vous ne voulez pas plus que nous vous donner un maître. Vous voulez vivre libres et participer à la régénération de notre malheureuse patrie.

Ne poussez donc pas à la décadence notre malheureux pays. En tout temps l'abstention et l'indifférence sont coupables. Aujourd'hui, sachez que ce sont des crimes.

Citoyens, formez vos bataillons ! Fédérez-vous sans

retard! Unissez vos efforts contre le danger commun. Rappelez-vous que nous avons combattu ensemble côte à côte contre le Prussien, et sachez que tous les généraux lâches et perfides qui nous ont trahis, vendus à la Prusse, ne méritent ni pitié, ni pardon, pas plus que les vils sicaires de l'Empire, troupes mercenaires au service de tous les despotes.

Paris, le 3 avril 1871.

La délégation communale provisoire du 1er arrondissement,

Dr PILLOT, NAPIAS-PIQUET, TOUSSAINT, WINANT, TANGUY, JOLY, SALLÉE.

—

Citoyens,

Chaque jour les bandits de Versailles égorgent ou fusillent nos prisonniers, et pas d'heure ne s'écoule sans nous apporter la nouvelle d'un de ces assassinats.

Les coupables, vous les connaissez : ce sont les gendarmes et les sergents de ville de l'Empire, ce sont les royalistes de Charette et de Cathelineau qui marchent contre Paris au cri de : *Vive le Roi* et drapeau blanc en tête.

Le gouvernement de Versailles se met en dehors des lois de la guerre et de l'humanité, force nous sera d'user de représailles.

Si, continuant à méconnaître les conditions habituelles de la guerre entre peuples civilisés, nos ennemis massacrent encore un seul de nos soldats, nous répondrons par l'exécution d'un nombre égal ou double de prisonniers.

Toujours généreux et juste même dans sa colère, le

peuple abhorre le sang, comme il abhorre la guerre civile ; mais il a le devoir de se protéger contre les attentats sauvages de ses ennemis, et quoi qu'il lui en coûte, il rendra œil pour œil et dent pour dent.

Paris, le 5 avril 1871.

La Commune de Paris.

EX-PRÉFECTURE DE POLICE

Délivrance des passe-ports.

Considérant que l'autorité civile ne saurait, sans manquer à ses devoirs, favoriser l'inexécution des décrets de la Commune :

Qu'il est aussi nécessaire qu'elle empêche les communications avec des êtres qui nous font une guerre de sauvages ;

Le membre du Comité de sûreté générale délégué près l'ex-préfecture de police,

Arrête :

Art. 1er. Les passe-ports ne seront délivrés que sur pièces justificatives sérieuses.

Art. 2. Aucun passe-port ne sera délivré aux individus âgés de 17 à 35 ans, tombant sous le coup de la loi militaire.

Art. 3. Aucun passe-port ne sera délivré aux individus qui, soit agents de l'ancienne police, soit à elle étrangers, ont des relations avec Versailles.

Art. 4. Les individus qui, rentrant dans les cas prévus par les art. 2 et 3, se représenteraient pour obtenir des passe-ports, seront immédiatement envoyés au dépôt de l'ex-préfecture de police.

Le membre du Comité de sûreté générale,

RAOUL-RIGAULT.

A LA GARDE NATIONALE.

Citoyens,

Nous apprenons que certaines inquiétudes persistent, dans la garde nationale, au sujet du citoyen Dombrowski, nommé commandant de la place.

On lui reproche d'être étranger et inconnu de la population parisienne.

En effet, le citoyen Dombrowski est Polonais.

Il a été élu chef principal de la dernière insurrection polonaise, et a tenu tête à l'armée russe pendant plusieurs mois.

Il a été général sous les ordres de Garibaldi, qui l'estime tout particulièrement. Dès qu'il devint commandant de l'armée des Vosges, le premier soin de Garibaldi fut de demander le concours du citoyen Dombrowski. Trochu refusa de le laisser partir de Paris, et le fit même incarcérer.

Le citoyen Dombrowski a également fait la guerre du Caucase, où il défendait comme ici l'indépendance d'une nation menacée par un ennemi implacable.

Le citoyen Dombrowski est donc incontestablement un homme de guerre et un soldat dévoué de la République universelle.

La commission exécutive.

XVII

LES DIEUX DE LA DÉMOCRATIE.

Pigault-Lebrun, dans l'*Homme à projets*, raconte que son héros, tombant dans une île déserte, qu'habitaient des humains à la peau rouge, fut, en sa qualité de blanc parfait, nommé Dieu et installé sous le nom gracieux de mimitaptap, dans un temple où sept ou huit prêtresses le desservaient le plus gracieusement possible.

En France, à Paris surtout, certaines gens, tout au contraire — détestent le blanc. — C'est un rouge ! dit le bourgeois du Marais en tremblant ; — c'est un rouge ! disent les frères et amis de Belleville et de Montmartre, c'est-à-dire : — c'est notre homme.

Le quatuor des rouges qui ressortent un peu du tas des excentriques révolutionnaires est formé par MM. Victor Hugo, Louis Blanc, Félix Pyat et Edgard Quinet — quatre exilés du règne effondré dont l'homme rouge par excellence, Garibaldi, s'est fait le caporal.

Aussi, la Commune acclamait-elle Garibaldi ; au moment de l'incident de Montmartre, Garibaldi avait acquis un droit nouveau à l'idolâtrie des progressistes. La droite de Bordeaux avait empêché le solitaire de Caprera de parler, et le solidaire de Guernesey avait énergiquement protesté — entre solidaires, ces bons procédés sont de règle.

Homme extra-rouge, portant une chemise rouge, Garibaldi fut choisi par le Comité central pour commander en chef la garde nationale. C'était indiqué. Le caporal du quatuor refusa dans les termes suivants, affectant de ne point se douter de l'état où se trouvait Paris.

« Caprera, 28 mars 1871.

» Citoyens,

» Merci pour l'honneur de ma nomination au commandement de la garde nationale de Paris, que j'aime et dont je serais bien fier de partager la gloire et les dangers.

» Je vous dois cependant les considérations suivantes :

» Un commandant de la garde nationale de Paris, un commandant de l'armée de Paris et un comité directeur, quels qu'ils soient, sont trois pouvoirs qui ne pourront se concilier dans la situation présente de la France.

» Le despotisme a sur nous l'avantage de la concentration du pouvoir, et c'est cette concentration que vous devez opposer à vos ennemis.

» Choisissez un citoyen honnête et vous n'en manquez pas : Victor Hugo, Louis Blanc, Félix Pyat, ainsi que Edgard Quinet et les autres doyens de la démocratie radicale, peuvent vous servir. Les généraux Cremer et Billot qui, je vois, ont votre confiance, peuvent compter dans le nombre.

» Rappelez-vous bien cependant qu'un seul honnête homme doit être chargé du poste suprême avec des pleins pouvoirs. Cet homme choisira d'autres honnêtes gens pour l'aider dans la rude besogne de sauver le pays.

» Et si vous avez le bonheur de trouver un Washington, la France se relèvera de son naufrage, dans peu de temps, plus grande que jamais.

» Ces conditions ne sont pas une excuse pour me soustraire au devoir de servir la France républicaine. Non! je ne désespère point de combattre moi-même à côté de ses braves, et je suis

» Votre dévoué,

» G. Garibaldi. »

Passons les trois premiers alinéa et analysons le troisième :

« Centraliser le pouvoir est le procédé indiqué par Garibaldi ; » c'est bien étrange pour un homme qui est le champion de la liberté universelle. Et comme centraliser est jouir des mêmes avantages que le despotisme, il recommande ses quatre hommes : « Hugo, Blanc, Pyat et Quinet, et dit à la Commune : — Choisissez. » Il ne pouvait entrer dans la cervelle que d'un brave par excellence comme Garibaldi, de penser qu'il suffit à être tête d'émeute pour prendre le commandement général de troupes nombreuses. Hugo, commandant! Voyez-vous cela d'ici! Il eût dit aux Versaillais : — N'allez pas plus loin ; les murs de Paris, la ville sainte, s'écrouleront sur vous au son de la trompette démocratique, comme les murs de Jéricho, aux accents des saxophones célestes — et les Versaillais auraient pris Paris — la ville sainte — sans coup férir. Pyat leur aurait lu *le Chiffonnier*, afin d'endormir leur zèle, Blanc eût reconstitué des ateliers nationaux, ce qui eût privé la Commune de ses baïonnettes libres et intelligentes, et Quinet eût appris aux frères et amis le ranz-des-vaches — cette marseillaise de la Suisse où le démocrate Edgard passa presque tout le temps de son exil. Ah ! général, vous n'avez pas réfléchi à tout cela. On ne fait pas un commandant d'une garde nationale avec le premier venu. Voyez le citoyen Bergeret, il allait pourtant lui-même au combat en fiacre, non blindé, il eut même les deux chevaux de sa voiture tués sous ... son cocher; c'était brave, mais pas assez équestre — on l'appela subitement à tant de fonctions diverses, qu'il remplit même pendant quelques jours celles de prisonnier.

> Le peuple dans son inconstance,
> Blâme, approuve sans examen;
> Celui que la veille il encense
> Est *fusillé* le lendemain !

Puis, pourquoi, général, dites-vous aux honnêtes gens de l'Hôtel de Ville : — « Rappelez-vous qu'il leur faut nommer un honnête homme. » Vous savez bien, comme tout le monde, que le contraire était impossible. Le passé des chefs de l'insurrection est un critérium certain de leur avenir, nul ne peut exprimer le moindre doute à cet égard.

Le souhait du Washington par lequel vous terminez, part d'une belle âme. Ne craignez rien ; la Commune le trouvera dans une phalange composée des Dombrowski, Lullier et tutti quanti — autant de braves — autant de génies !

XVIII

LES MYSTÈRES DU JOURNAL OFFICIEL.

Voilà un journal malheureux ! sa fondation, son fonctionnement, ses débuts, tout y est mystère, pots de vin, remises, etc., M. Rouher prêtant la main à tout cela, et les journaux intervenant. En un mot : un gâchis remarquable.

L'Empire croule enfin, et l'on pouvait espérer qu'un peu de régularité se produirait dans cette administration. Hélas ! le sort était contraire. En effet, dès les premiers jours de la Commune, la rédaction et l'administration quittent la place. Mais impossible d'emporter les caractères, les formes et les presses. Aussitôt la Commune arrive, et s'empare du terrain. On avait hâte, le calme manquait, on le comprend si bien, que, du premier bond, trois directeurs se trouvent en présence. Malheureusement chacun veut régner en maître. Dans une autre partie, on aurait pu s'entendre, combiner ses efforts, collaborer. Mais entre gens de lettres !... Rien à espérer de semblable, et c'est merveille qu'on ne se soit pas pris aux cheveux. La guerre n'en était pas moins allumée. Sur les assertions de l'un d'eux, le citoyen Longuet, le titre du concurrent Lebeau fut mis en doute dans les journaux.

Lebeau, immédiatement d'écrire :

Paris, le 29 mars 1871.

Monsieur le Directeur,

Vous traitez de conte l'impudente proposition qui m'a été faite dans les bureaux de l'*Officiel*. Votre doute ne me paraît guère honorable pour le journalisme.

Vous continuez en disant que *le délégué au Journal officiel, sortant de l'anonyme, signe aujourd'hui Longuet.* Cette assertion exige quelques explications.

Lors de la prise de l'Hôtel de Ville, mon ami Lullier me fit appeler et me demanda à quel poste je voulais être délégué. Je réfléchis un moment, et ensuite je lui demandai l'*Officiel*, en lui déclarant qu'avec ce journal et mes profondes études sur les diverses révolutions, je pourrais soulever la province contre le gouvernement Thiers.

Il mit aussitôt trois compagnies à ma disposition pour aller prendre possession du *Journal officiel*.

Pendant deux jours, j'eus pour collaborateurs les citoyens Barberet et Vésinier, surtout ce dernier. Le citoyen Longuet m'engagea à les renvoyer, en me disant que Vésinier avait écrit les *Nuits de Saint-Cloud*.

Eux partis, il devait immédiatement venir.

Il n'en fit rien, et pendant trois jours je fus seul à l'*Officiel*.

Vendredi soir, le citoyen Longuet vint avec une délégation, le nommant rédacteur en chef. Lui, rédacteur en chef! Je ne vous souhaite pas, monsieur le directeur, d'en avoir un pareil ; car, pour écrire deux phrases, il met un temps incroyable ; et encore, après les avoir écrites, ne les donne-t-il pas au journal.

Mardi matin, j'ai eu une altercation très-vive avec lui, à la suite de laquelle je l'ai forcé à quitter l'*Officiel*.

Plus tard, j'exposerai tout, en écrivant un petit opuscule : *De l'art d'avoir une certaine réputation, tout en étant un parfait imbécile.*

Je termine, Monsieur le directeur, en vous déclarant que c'est moi, inconnu dans le journalisme, qui ai imprimé au *Journal officiel* son allure révolutionnaire, et qui ai fait, *avec l'assentiment du Comité central*, tous les décrets qui ont donné au mouvement du 18 mars sa véritable signification.

Le Directeur,
Émile Lebeau.

Ce n'était pas assez, le citoyen Lebeau nous ajoutait le précieux entrefilet suivant :

Cette nuit, pendant l'absence du citoyen Lebeau, directeur de l'*Officiel*, les fédéralistes Demay et Arnauld, délégués à l'intérieur, se sont rendus, à la sollicitation du citoyen Longuet, dans les bureaux du *Journal officiel*, et de leur propre autorité, ils ont fait disparaître l'entête suivant :

« C'est par surprise que le nom du citoyen Longuet a paru hier dans le *Journal officiel*.

» Nous approuvons complétement l'article du citoyen Vaillant, et nous n'hésitons pas à déclarer que nous avions préparé sur le régicide un article plus radical que, vu les circonstances, nous n'avons pas voulu insérer.

» M. de Laroche-Thulon, représentant à l'Assemblée de Versailles, a déclaré qu'il provoquait tous les républicains.

» Eh bien, les citoyens Lebeau, Lullier et Dardelles, commandant des Tuileries, relèvent tous les défis des défenseurs du principe monarchique.

» *Le Directeur de l'*Officiel,
» Émile Lebeau. »

Mais, pardon ! Longuet ne pouvait pas être content. Aussitôt démarches, discussions, intervention des gros bonnets, et envoi d'une note de ces derniers !

« Plusieurs journaux reproduisent avec un empressement de mauvais goût une lettre signée Lebeau, dont la forme seule aurait dû inspirer à la presse sérieuse la plus légitime défiance. Le ton de cette lettre trahit depuis la première ligne jusqu'à la dernière un état mental tout particulier. (Attrape, le citoyen Lebeau !)

» Aux inexactitudes incurables qu'elle renferme, le Comité central et les citoyens Arnaud et Demay, membres de la Commune, mis en cause, pourraient répondre que jamais le signataire de cette lettre n'a été muni d'une délégation régulière, signée de la majorité du Comité, à la rédaction du *Journal officiel*. (Alors que deviennent les décrets qui ont imprimé l'élan révolutionnaire à ce précieux journal ?)

» Quant au citoyen Ch. Longuet, invité à plusieurs reprises par les membres du Comité à prendre la direction de l'*Officiel*, il a été pendant plusieurs jours mis dans l'impossibilité de remplir régulièrement et entièrement le mandat dont il était chargé. L'intervention du citoyen Arnaud, délégué à l'intérieur, dont ressort le *Journal officiel*, n'avait donc rien que de tout à fait naturel, et c'est par un sentiment de délicatesse facile à comprendre qu'elle n'avait pas eu lieu plus tôt.

—

Désormais c'est bien entendu, c'est Longuet et Ce qui sont les directeurs de l'*Officiel*.

Hélas! néanmoins, il y a vraiment de quoi rire dans tout ce gâchis effroyable. Jugez-en par cet ordre du jour du ministère du commerce.

COMITÉ CENTRAL.

Ce 27 mars 1871.

Les employés du *ministères* du commerce *sonts* invités à signer *cette* ordre pour reprendre leurs travaux dans leurs bureaux.

Quiconque ne *nadhérait* pas, il sera pourvu à son remplacement immédiat.

Les menbre du Comité central,
GOUHIER, GRELIER.

—

Seconde pièce :

M. Hippolyte Bazire, avocat, rue des Petites-Écuries, 55, avait fait une protestation contre l'illégalité des élections municipales.

Il avait déposé cette protestation, en son nom personnel, au bureau de vote de la rue d'Enghien, et il en avait exigé un reçu. Voici le texte de ce reçu, auquel nous conservons son orthographe dans toute sa simplicité :

Je reconn*ait* avoir reçu du citoyen Bazire la protestation contre les élections. Je m'engage à la remettre au *commité*.

Paris, 26 M'ar 1871.

Le Président de la section rue d'Hengien,
BARBE.

Boulevart de la Villette, 163.

Le Paris lettré est-il assez humilié ?

—

Autre accident pour rire.

Hier l'*Officiel* de l'Hôtel de Ville publiait une fantaisie historique sur le drapeau rouge, signée X ╋ Y, et qui se terminait ainsi :

« ... Une ère nouvelle commence, l'ère des travailleurs, *novus ordo sæculorum*, COMME DISENT LES AMÉRICAINS. »

Il n'y a que ces messieurs du Comité pour aller chercher Virgile en Amérique.

« Comme disent les Américains » est une perle que les gens de joyeuse humeur garderont précieusement dans leur répertoire.

—

On croit que tout s'arrête là ; point du tout ; et on lit dans les journaux du lendemain :

Chose bizarre ! Au milieu des préoccupations du moment, c'est un incident assez curieux qu'une controverse littéraire entre le gouvernement de Versailles, représenté par le *Journal des Débats*, et le gouvernement de Paris, représenté par le *Journal officiel*. Ce qui est plus curieux encore, c'est que le *Journal des Débats*, pépinière de normaliens, est battu, dans cette lutte d'érudition, pour avoir attribué à Virgile un hémistiche qui n'appartient à aucune prosodie. Le *Journal des Débats* avait mis au compte de Virgile cet hémistiche : *Novis sæculorum nascitur ordo*. Le *Journal officiel* donne à ce propos aux Normaliens des *Débats*, une leçon dont ceux-ci ne manqueront pas de profiter.

Cependant, le hasard avec la force des choses amène à la fin à la direction de ce journal, un directeur qui remet les choses dans une voie moins folle, et n'était la partie officielle où se trouvent les décrets insérés dont nous avons donné les principaux spécimens, la feuille est à peu près faite comme un véritable journal.

XIX

LA PRESSE SOUS LE RÉGIME DE LA COMMUNE.

Le mouvement de la Commune, c'est une chose bien convenue, est essentiellement républicain ; c'est à-dire qu'il a pour but d'élargir jusqu'au seuil de l'impossible la masse des libertés sociales, politiques et individuelles.

Cependant, le premier acte des Communaux est de supprimer six journaux.

Ces journaux sont :

Le *Figaro*, le *Gaulois*, là *Presse*, le *Français*, l'*Électeur libre*, l'*Ami de la France*.

Puis, sans redouter le rapprochement, le pouvoir use de l'avertissement qu'inventa l'aimable Persigny. En effet, dès le 8 avril, *Paris-Journal* recevait la communication impérative suivante :

MINISTÈRE DE L'INTÉRIEUR.   Paris, le 3 avril 1871.

Cabinet du ministre.

    Citoyen,

J'ai l'honneur de vous inviter à insérer dans votre plus prochain numéro le *Communiqué* ci-joint.

Salut et fraternité.

                                    ALEXANDRE LAMBERT.

CABINET DU MINISTRE DE L'INTÉRIEUR.   Paris, le 3 avril 1871.

La rédaction de *Paris-Journal,* en présence du sang qui coule, à la vue de nos frères égorgés par les gendarmes et les sbires de Versailles, continue avec acharnement ses calomnies haineuses contre la Commune et l'héroïque garde nationale de Paris.

Il est criminel et faux de dire que : « Paris déclare la guerre à la France; » il est faux que la garde nationale ait fusillé un parlementaire, quand elle a été au contraire, traîtreusement attaquée par des hommes qui levaient la crosse en l'air pour tromper sa vigilance..

La liberté de la presse n'a pas le droit de s'embusquer prudemment derrière un journal pour redoubler les horreurs d'une lutte que Paris n'a pas commencée, mais dans laquelle il fera triompher la République et la Commune.

Communiqué.

C'est que le *Paris-Journal* et les autres étaient devenus les journaux mal pensants, séditieux pour les hommes qui, vraiment préoccupés de bouleverser toutes choses, appellent sérieusement insurgés ceux qui tiennent leur mandat du suffrage universel.

Mais, s'il y a des journaux mal pensants, il doit y en avoir de bien-pensants? Sans doute. Et qu'est-ce que bien penser en telle situation? On a pu s'en rendre compte en lisant les deux articles sur le régicide, dont l'un est le fait du pauvre Rochefort, pauvre et triste garçon, tombé à ce degré de comique lugubre! Hélas! il n'en manque pas d'autres, et nous pensons qu'on nous saura gré de donner un échantillon de la poétique de chacun.

LES JOURNAUX BIEN PENSANTS.

« Les journaux bien pensants, ce sont les organes de la Commune. Impossible de mieux dire sans doute. Naturellement, la Révolution et le printemps poussent de concert ces feuilles. Au fait, par le temps de liberté qui court, nous n'apprécions pas leur langage ; nous nous bornerons à les citer.

Il s'agit des deux dernières journées.

Ces journées, le *Cri du Peuple* les met au compte des membres du gouvernement de Versailles.

Ces hommes, — ce sont les hommes qui ont déchiqueté la patrie pour en vendre les lambeaux.

Ces hommes, — ce sont les hommes qui, le 18 mars, ayant raté la guerre civile, sont allés à Versailles raccommoder leur complot.

Ces hommes, — ce sont les Judas immondes qui, après ce double crime, ont préparé une corde..., mais pour y pendre la République.

Ces misérables, nous les avons trop oubliés, vraiment.

Nous les avons trop longtemps et trop impunément laissé préparer leur besogne sanglante, et aujourd'hui ils l'ont déjà commencée à coups de fusil.

Leurs soldats hier ont osé tirer sur nos gardes nationaux.

Notre sang a coulé.

Cependant l'armée de l'ordre augmente chaque jour à Versailles, et Charette a porté à Neuilly ses avant-postes de zouaves pontificaux.

Il y a cent mille hommes, là-bas, enrôlés par l'Assemblée. Chaque soldat revenant d'Allemagne est dirigé sur Versailles, caressé, choyé, enivré. Il y a ceux que les généraux ont vendus à Metz, trahis à Sedan. Il y a une armée, et cette armée est commandée par une nuée de bandits, décidée à exterminer quand même la révolution triomphante.

En attendant, ces Prussiens éhontés ont prononcé le blocus de Paris, supprimé les postes et arrêté les convois de vivres.

Nous arrêterons là. Cet extrait est plus que suffisant pour donner une idée exacte de ce qu'il faut penser et écrire pour plaire à ces majestés du ruisseau.

On pourrait croire que, après tout ce qui précède, l'égout est épuisé ; non, pas encore ; voyez :

Un jour, un horrible jour, on se tue entre Français, et on lit dans le *Père Duchêne* cette relation du combat :

" LES BONS AVIS DU PÈRE DUCHÊNE.

" *A la Commune de Paris, pour qu'elle affirme sa fédération avec les villes qui se sont érigées en communes libres,*

Pour qu'elle proclame la mise en liberté des bougres Gambon et Blanqui, arrêtés par les jean-foutres de la réaction,

Et pour qu'elle prononce la dissolution de l'Assemblée de Versailles.

Ah ! le Père Duchêne est bougrement content !

Et, un de ces jours, il va convier tous les patriotes à un grand bal sur la place de l'Hôtel de Ville.

Pour danser la Carmagnole devant le drapeau rouge !

Ah ! foutre de foutre !

Ça n'a pas mal marché tout de même hier !

Pas au début, par exemple !

Ah ! nom de Dieu !

Quand on a commencé à péter, il y a un certain nombre de pauvres bougres qui se sont mis à foutre le camp comme des lapins.

Il est vrai que les prunes vous arrivaient dru comme grêle, — et que le marchand de mort subite — Favre — avait fait soigner la distribution !

Mais, nom de tonnerre ! ça n'a pas duré longtemps !

Il y avait là les deux bons bougres — Bergeret et Flourens — qui sont de gars qui n'ont pas peur pour leur peau, et qui ne se mettent pas dans un confessionnal — comme les trembleurs de calotins — quand il faut se foutre une poignée.

Ah ! comme on a bien marché une fois qu'on a eu le temps de se remettre !

Tous les bons bougres, après avoir soufflé un peu, se sont ravisés. "

———

Sans doute, il n'y a rien là-dedans qui rappelle le Père Duchêne de la première révolution, sauf le vocabulaire.

Plus loin il ajoute :

" Vous voulez peut-être insinuer aux bons bourgeois que nous sommes payés par une réaction monarchiste pour nous faire crever la peau par vos mouchards ou par vos soldats du pape !

C'est une calomnie, entendez-vous !

Et le Père Duchêne,

Qui a toujours aimé et vénéré la Révolution,

Tandis que vous avez été payés par tous les despotismes,

Vous dit, ô jean-foutres :

Vous êtes des menteurs et des lâches!

Nous sommes des patriotes qui combattons pour l'ordre et la justice, bases de notre Révolution sociale.

Vous avez pour compères Vinoy, Favre, Thiers, Trochu, Mac-Mahon, Galiffet, tous les infâmes!

Nous avons, nous, pour amis, ceux qui savent mourir bravement, la tête haute, purs, le sourire aux lèvres,

Pour la patrie livrée, pour la Révolution qui vient!

Vous êtes des misérables, vous qui mentez!

Aussi, le Père Duchêne dit au citoyen délégué à l'ex-préfecture de police :

Ouvre l'œil, ami! ouvre l'œil!

Il y a encore des jean-foutres.

Tu connais ton devoir!

Le Père Duchêne se fie à toi de ce côté-là! »

On ne peut pousser plus loin la mesure de l'ignoble, assurément ; mais on peut voir que, sous cette forme affectée, absolument antinaturelle, percent des préoccupations que le Père Duchêne n'est pas seul à avoir : Cayenne! Grave sujet de méditation, qu'il est peut-être imprudent de signaler aux masses; mais, dans leur trouble, dans leur peur, ils passent outre, espérant que le spectre de Cayenne, loin de faire réfléchir l'armée des niais dont ils disposent, leur donnera peur à eux aussi, et les surexcitera au point de lui donner le courage obstiné du désespoir.

Maintenant, si vous avez eu le courage de lire jusqu'au bout ces malpropretés, peut-être vous demandez-vous, qui peut de sang-froid, de gaîté de cœur salir du papier avec de telles ordures, si niaises et si dégoûtantes? Peut-être imaginez-vous un rustre, quelque goujat sentant la sueur, et traçant des lettres informes de ses doigts sales? Vous n'y êtes pas. C'est le fait d'un garçon qui ne se mouche pas sans mouchoir, et à qui il faut des bottines vernies. Vous le croyez convaincu et sérieux? Pourquoi faire? Non encore; c'est tout bonnement un jeune spéculateur qui trafique de tout cela pour *gagner* de l'argent et bien vivre. C'est un homme de lettres, paresseux et sans talent, qui n'a pas trouvé dans le journalisme la place de sa médiocrité affamée. Le Père Duchêne, ce *bon bougre* qui injurie quotidiennement ces *Jean-foutres* de réactionnaires, dans son petit chiffon d'un sou, n'a pas toujours été, comme il le dit, un marchand de fourneaux. Il ne s'est pas toujours appelé le Père Duchêne.

Voulez-vous savoir quelques-uns des noms dont il aimait à se parer, il y a seulement un an ou deux? Il s'appelait alors Chérubin, *Cherubino d'amore*; ou bien Almaviva, ou bien encore la Palférine. Dans ce temps-là, c'était un coquet polisson qui chiffonnait volontiers la gorge de sa marraine; un mauvais garnement, un seigneur tout à l'ambre, qui ne dédaignait pas de tourner un galant couplet, et de rimer à Cydalise quelques petits vers sur vélin, tout embaumé des parfums les plus capiteux.

Dans ce temps-là, Almaviva écrivait, lui aussi, sa lanterne, mais c'était la *Lanterne galante*, d'où nous détachons ce petit paragraphe, d'un *talon rouge* achevé:

« *Le pays du Tendre n'est-il pas celui où on lanterne le plus, et où ce train pourtant est charmant et doux. On s'est grandement trompé quand on a prétendu que c'était de Falaise que Rabelais avait parlé en décrivant le Lanternois, c'est l'isle de Cythère qu'il voulait dire. Voilà, par excellence, la patrie des lanternes! Et je jure que celui qui me démentira, n'entend rien au divin bréviaire d'amour...* »

Le Père Duchêne sera *bougrement* surpris quand il va retrouver ce souvenir d'un autre temps!

Mais écoutez encore ces deux lignes :

« *... On n'aime pas sincèrement sans lanterne et sans être lanterné un peu. C'est ce qui explique l'état languissant de l'amour aujourd'hui...*

Mesdames, fouettez ce petit cul nu... Mais fouettez-le avec une rose!... »

« Dieu! qu'en termes galants ces choses-là sont mises! »

O Chérubin! Almaviva! La Palférine! Trinité charmante, qui vous eût dit qu'après avoir tant aimé à folâtrer dans les alcôves de la galanterie, vous renonceriez si vite aux jabots et à la poudre, pour coiffer la casquette des faubourgs et aller trinquer dans les échoppes de barrière!

Il est vrai que vous avez soigneusement gratté vos armoiries, et que sans doute vous avez oint votre charmant visage de suie empruntée à vos fourneaux. Il est vrai que vous avez quitté vos noms aristocratiques pour en prendre un de rôture. Mais alors, pourquoi ne pas vous appeler tout simplement Vermersch, de votre petit nom Eugène?

Car vous êtes belge... L'étrange chose! En France, tous les aventuriers des pays étrangers trouvent leur pâture, l'occasion de faire leur fortune. Voyez si vraiment ce n'est pas une fatalité. Ce pauvre pays, la plupart du temps, est la proie des étrangers et cela ne date pas d'hier. Sans remonter bien loin :

Les Médicis, des Florentins ;

Henri IV, un Béarnais ;

Mazarin, un faquin d'Italie ;

Law, un escroc écossais ;

Necker, un Suisse ;

Napoléon, un Corse ;

L'autre, le n° III, un Hollandais mélangé de Suisse, comme Necker.

Et tant d'autres, jusqu'à la Commune, qui à elle seule livre Paris, faute de pouvoir livrer toute la France à

Dombrowski, moujik polonais ;

Cluseret, renégat devenu Américain ;

Et tant d'autres...

XX

LA QUESTION DES LOYERS.

Pour le Parisien, cette question est une grosse affaire. On le sait de reste : il n'est guère que les gros bonnets de la finance, de l'aristocratie ou du fonctionnarisme, les gens cossus, qui habitent à Paris *leur* maison — et encore !

Paris est comme un arbre gigantesque où l'habitant se doit trouver un bout de feuillée qui l'abrite, lui et les siens. Véritable Capharnaüm, chaque maison parisienne sert de logis à vingt ou trente ménages parfois...

On conçoit facilement quelle perturbation jeta la période du siége dans les transactions entre propriétaires et locataires. Comment payer les termes échus pendant ce temps où la vie matérielle et normale se trouva forcément suspendue ?

L'Assemblée nationale, saisie de la question des loyers, élabora un projet dont les stipulations, au moins maladroites, ne contribuèrent pas peu à envenimer les rapports de Paris — déjà froissé profondément par la translation de la Chambre à Versailles — avec l'Assemblée nationale.

Les Parisiens locataires, l'immense majorité, ne ménagèrent point les commentaires désagréables à ce projet, d'ailleurs injuste :

« Comment ! disait-on, c'est là ce fameux projet

pour l'élaboration duquel il a fallu tant de temps et d'hommes compétents, au dire du ministre !

C'est pour en arriver à ce misérable palliatif ! »

Comment ! les ouvriers qui depuis si longtemps n'ont plus d'ouvrage, les employés qui ont perdu leur emploi, les commerçants dont les affaires ont été et sont encore totalement ou à peu près suspendues, comment tous ces gens qui depuis neuf mois bientôt se sont vu enlever toutes leurs ressources, qui ont souffert le siége de Paris et ses misères et ses périls, seraient forcés de payer les loyers des maisons qu'ils n'ont pas en quelque sorte habitées, car les boutiques étaient fermées, car les logis étaient déserts. On était aux fortifications ou aux tranchées.

Comment ! ce n'est pas assez que ces gens qui vivent au jour le jour ou qui ont dépensé leurs économies (ceux qui en avaient), en soient réduits à une réelle misère ! On veut l'aggraver encore, en leur imposant une dette à éteindre en deux ans, avec un quart de réduction seulement, pour ceux qui sont commerçants !

Voilà tout ce qu'on veut faire pour eux. Si cette loi passait telle quelle, ce serait fâcheux.

Ce serait injuste, inhumain, impolitique.

Certes, il faut concilier les intérêts légitimes de chacun. Paris, la ville cosmopolite qui ne vit que de commerce, d'industrie et de son immense circulation internationale, a vu pendant plus de six mois s'éteindre son mouvement, sa vie. C'est une situation unique dans l'histoire moderne. *A cette situation exceptionnelle il faut des mesures exceptionnelles.*

Toute mesure large et réellement efficace *ne coûtera jamais trop pour les bienfaits qu'elle produira*, en apportant un apaisement à la situation actuelle et en facilitant la reprise des affaires et du mouvement normal de Paris.

Voilà ce qu'on entendait dire de tout côté...

Il faut être juste et reconnaître que ces récriminations avaient leur raison d'être.

Aussi le premier soin du gouvernement (!) de la Commune fut-il de nommer une commission spéciale, désignée par les maires et adjoints pour étudier la question à nouveau. Le projet de loi suivant fut élaboré par cette commission :

« Art. 1er. Les congés donnés jusqu'à ce jour pour le terme d'avril, sont et demeurent prorogés de trois mois ; mais le payement du terme échéant le 1er juillet rentrera dans le droit commun.

Art. 2. Tout locataire ayant payé trois mois ou six mois d'avance, imputables sur les derniers termes de la jouissance, aura le droit de les appliquer au payement des termes échus au 1er avril 1871, sans être tenu de reconstituer cette avance d'ici au 31 décembre 1875.

Art. 3. Le règlement de tout différend entre locataire et propriétaire de la ville de Paris, relativement aux trois termes d'octobre 1870, janvier et avril 1871, sera confié à une commission arbitrale par arrondissement, sous la présidence du juge de paix.

Art. 4. Cette commission sera prise parmi les jurés de l'arrondissement et tirée au sort. Elle sera composée de seize membres au moins et trente-deux au plus, suivant la population des divers arrondissements.

Les propriétaires et locataires y figureront par parties égales.

Elle prononcera comme amiable compositeur et en dernier ressort.

Toute procédure relative à l'exécution des sentences rendues, sera dispensée de tous frais de timbre et d'enregistrement.

Art. 5. La commission arbitrale, après avoir entendu les parties, aura le droit de concéder termes et délais pour le paiement de la dette.

Art. 6. Elle aura également le droit d'ordonner au profit des locataires la remise partielle ou totale de la dette. Le propriétaire, dans ce cas, sera indemnisé desdites remises comme il sera dit ci-après (art. 9 et 11).

Art. 7. Tout locataire qui aura obtenu le bénéfice d'un délai devra signer une reconnaissance de sa dette, en indiquant les termes et délais accordés, et il aura par ce fait même la libre disposition de son mobilier.

Art. 8. La perte résultant des remises ordonnées par la commission arbitrale sera couverte par la création d'un impôt locatif municipal, sur les bases qui vont être déterminées.

Art. 9. Le montant des remises de loyer ordonnées par les commissions arbitrales d'arrondissement sera porté, par la ville de Paris, sur un registre spécial, créé à cet effet, au crédit de tous les propriétaires qui auraient dû recevoir lesdits loyers.

Art. 10. La ville de Paris sera autorisée à créer, sur les revenus de la propriété immobilière de Paris, un impôt temporaire des loyers qui ne devra pas annuellement dépasser 5 0/0 du revenu imposable.

Cet impôt temporaire durera autant d'années qu'il sera nécessaire pour amortir le montant des remises ordonnées par les commissions arbitrales.

Art. 11. La ville de Paris créera des obligations pour le montant desdites remises.

Ces obligations seront délivrées en paiement aux propriétaires dont les locataires auraient été dégrevés de tout ou partie de leurs loyers.

Art. 12. Ces obligations ne porteront pas intérêt; elles seront au porteur, et remboursables par voie de tirage au sort, en un nombre d'années égal au nombre d'années pendant lequel l'impôt temporaire devra être perçu pour leur amortissement.

Art. 13. Elles seront reçues en paiement de l'impôt locatif temporaire au moyen duquel elles doivent être amorties.

Art. 14. Les obligations qui auraient ainsi été reçues en paiement, seront considérées comme sorties au tirage au sort, et le tirage n'aura lieu que pour le complément des obligations à rembourser dans la même année. »

C'était mieux... ce n'était point encore assez. Les membres de la Commune, que la question des loyers gênait — pour des raisons personnelles, peut-être — usèrent d'un procédé excellent pour l'aplanissement des litiges difficiles : ils supprimèrent... la question !

C'est-à-dire qu'un décret de la Commune exonéra les locataires de tout paiement des termes dus pendant la période du siége.

La pièce suivante indique combien ce décret sans réplique avait simplifié la chose :

« L'administrateur délégué à la mairie du IXe arrondissement croit utile, à l'approche du terme d'avril, et en présence d'interprétations diverses, données au décret rendu par la Commune de Paris sur les loyers, de spécifier en quelques mots ce qui lui paraît découler de ce décret :

« Déménagements : 1° Tout locataire ayant reçu ou donné congé en temps utile pour le terme d'avril, pourra déménager, en bénéficiant de l'exonération des trois termes stipulés dans le décret de la Commune ;

2° Les locataires qui ont donné ou reçu congé en temps utile pour le terme de juillet, pourront également déménager, en bénéficiant de l'exonération des trois termes, mais à la condition de payer préalablement le terme qui sera échu au mois de juillet prochain.

» Baux. — Les locataires qui ont des baux et qui veulent les résilier, devront le faire, soit à l'amiable, soit par ministère d'huissier. L'acte de résiliation devra contenir congé pour une époque déterminée qui ne pourra pas être antérieure au 1er octobre prochain.

Les locataires à baux qui voudraient déménager immédiatement seront tenus, par conséquent, de payer préalablement autant de termes qu'il y aura à courir du 1er avril jusqu'au jour pour lequel ils auront donné congé.

» Logements garnis. — Les locataires en garni peuvent rester dans leurs logements jusqu'au 8 avril courant. A cette époque, ils pourront en sortir avec tous leurs effets à la condition que les locations dues par eux ne remontent pas au delà du 1ᵉʳ juillet dernier.

» Avis très-important. — Les locataires qui ont retenu un nouveau logement pour le terme d'avril, sont instamment priés de s'informer *à l'avance* si ce logement sera libre pour le terme, ou si le locataire qui occupe actuellement n'entend pas profiter du décret de la Commune, qui l'autorise à prolonger sa location de trois mois.

La municipalité ne saurait parer aux inconvénients résultant de cette situation, si les locataires ne se préoccupent pas de se mettre immédiatement en quête d'un autre logement.

A dater du 5 avril, une commission municipale siégera tous les jours de deux à cinq heures à la mairie. Elle sera chargée de concilier tous les différends qui pourraient surgir entre les propriétaires et les locataires.

L'administrateur délégué fait appel à la bonne foi et au patriotisme de tous, pour que le décret de la Commune rencontre dans son application le moins de difficultés possible.

» *L'Administrateur délégué à la mairie du IX*ᵉ,
Bayeux-Dumesnil. »

L'appel « à la bonne foi et au patriotisme de tous » est un chef-d'œuvre ! Toute bonne foi à part, il faut, en effet, un patriotisme violent pour voir d'un œil tranquille s'en aller, avec meubles et bagages, un locataire qui vous doit son terme.

Mais la Commune avait parlé... Il ne restait plus qu'à obéir.

C'est ce que firent locataires et propriétaires... ceux-là avec un peu plus d'entrain que ceux-ci, par exemple.

Voici, pour finir et à titre de document, un curieux tableau dressé dans le *Journal officiel* de la Commune, et qui n'est point absolument à l'avantage des propriétaires. Il va sans dire que nous ne garantissons pas plus les chiffres que nous n'approuvons les commentaires :

I. *Chambre d'ouvriers.*

1852.	1860.	1872.
70 fr.	130 fr.	180 fr.

Soit, pour la période de 1852 à 1860, huit années
à 60 fr. . . . . fr.   480
et, pour celle de 1860 à 1871, onze années
à 110 fr., soit   1,210
                                    Fr. 1,690

extorqués à un malheureux ouvrier qui n'a peut-être pas eu plus de 3 à 4 fr. par jour pour vivre, lui et sa famille.

II. *Logement d'employé.*

1852.	1860.	1871.
300 fr.	500 fr.	700 fr.

Période de 1852 à 1860, huit ans à
200 fr. . . . . fr.   1,600
Celle de 1860 à 1871, onze ans à 400 fr. 4,400
                                    Fr. 6,000

extorqués.

III. *Petits commerçants ou fabricants.*

1852.   1860.   1871.

600 fr.   1,000 fr.   1,400 fr.

Ce qui fait, pour la période de 1852 à 1860, huit années à 400 fr., soit . . . . fr.   3,200
et, pour celle de 1860 à 1871, onze années à 800 fr., soit   8,800
                                                                Fr. 12,000

IV. *Commerçants et industriels d'un ordre plus élevé.*

1852.   1860.   1872.

1,000 fr.   2,000 fr.   3,000 fr.

Période de 1852 à 1860, soit . . . fr.   8,000
Celle de 1860 à 1871, onze années, soit .   22,000
                                        Fr. 30,000

payés en plus.

LES ÉCHÉANCES.

La question des échéances n'était pas moins brûlante.

La Commune n'osant pas la supprimer, celle-ci se contenta de la suspendre par le décret suivant :

« La Commune de Paris,

» Vu les questions multiples que soulève la loi sur les échéances, à cause des nombreux intérêts auxquels elle touche, et la nécessité d'un examen plus approfondi,

„ Arrêté :

„ ARTICLE UNIQUE. Toutes poursuites pour échéances sont suspendues jusqu'au jour où paraîtra au *Journal officiel* le décret sur les échéances.

„ Paris, le 12 avril 1871. „

Quatre projets principaux furent élaborés, les voici par ordre de proposition :

I.

Celui du citoyen Beslay, dont voici l'idée fondamentale :

« Création d'un Comptoir commercial de liquidation des effets en souffrance.

„ Tout porteur d'effets de commerce arrivés à échéance déposerait à la caisse du Comptoir commercial son titre de créancier.

„ Contre le dépôt de ce titre, le Comptoir commercial remettrait immédiatement une somme équivalente en billets du Comptoir, qui seraient admis à circuler à l'égal des billets de la Banque de France.

„ Les billets du Comptoir auraient des coupures de 20, 50, 100, 500 et 1,000 francs.

„ Pour le recouvrement de la dette représentée par les billets déposés, le porteur, en recevant les billets du Comptoir, souscrira 36 lettres de change non négociables, échelonnées de deux en deux mois, la dernière échéant le 31 mai 1873 et formant le montant de ses billets divisés en 36 parties. „

II

Projet de la commission spéciale nommée par la Commune :

« La Commune décrète :

» Art. 1ᵉʳ. Le remboursement des dettes de toute nature souscrites jusqu'à ce jour et portant échéance, billets à ordre, mandats, lettres de change, factures réglées, dettes concordataires, etc., sera effectué dans un délai de deux années à partir du 15 avril courant.

» Art. 2. Le total des sommes dues sera divisé en huit coupures égales, payables par trimestre, à partir de la même date.

» Art. 3. Les porteurs des créances ci-dessus énoncées pourront, en conservant les titres primitifs, opérer le remboursement desdites créances par voie de mandats, traites ou lettres de change mentionnant la nature de la dette, conforme à l'art. 2.

» Art. 4. Les poursuites, en cas de non-acceptation ou de non-paiement s'exerceront suivant les règles usitées en pareil cas, et seulement sur la coupure qui y donnera lieu.

» Art. 5. Tout débiteur qui, profitant des délais accordés par le présent décret, aura, pendant ces délais, détourné, aliéné ou anéanti son actif en fraude des droits de son créancier, sera considéré, s'il est commerçant, comme coupable de banqueroute frauduleuse, et, s'il n'est pas commerçant, comme coupable d'escroquerie. Il pourra être poursuivi comme tel, soit par son créancier, soit par le ministère public. L'effet du présent article ne sera pas applicable à la disparition ou à l'anéantissement d'un actif par suite de circonstances produites par la guerre.

III

Projet du citoyen Tridon et autres :

« La Commune,

» Considérant que le commerce doit être fondé sur la confiance et la bonne foi réciproques ;

» Que c'est rabaisser les négociants que d'introduire dans leurs rapports les agissements judiciaires ;

» Que tout délai ou division de payement ne fera que reproduire la même gêne, et qu'il importe de déblayer le terrain pour faire refleurir le commerce et l'industrie ;

» Arrête :

» 1° Tout poursuite, pour effet de commerce, est suspendue pendant trois ans ;

» 2° Les effets payables au bout de trois ans porteront intérêt à 2 p. c. »

IV

Le projet qui précède a été amendé ainsi qu'il suit, par quelques membres de la Commune :

« La Commune,

» Considérant que le commerce doit être fondé sur la confiance et la bonne foi réciproques ;

» Que c'est rabaisser les négociants que d'introduire dans leurs rapports les agissements judiciaires ;

» Qu'une simple division de payement ne fera que

reproduire la même gêne, et qu'il importe de déblayer le terrain pour faire refleurir le commerce et l'industrie ;

" Arrête :

" 1° L'échéance de tout effet de commerce impayé à ce jour, sera reportée à trois ans de date.

" Toute poursuite, pour effet de commerce, est suspendue pendant trois ans ;

" Toute poursuite, pour effet de commerce souscrit à ce jour, est suspendue jusqu'au 13 avril 1871. "

Finalement, par un décret souverain en date du 16 avril, la Commune clôture ainsi qu'il suit la question des échéances :

" La Commune décrète :

" ART. 1ᵉʳ. Le remboursement des dettes de toute nature souscrites jusqu'à ce jour et portant échéance, billets à ordre, mandats, lettres de change, factures réglées, dettes concordataires, etc., sera effectué dans un délai de trois années à partir du 15 juillet prochain, et sans que ces dettes portent intérêt.

" ART. 2. Le total des sommes dues sera divisé en douze coupures égales, payables par trimestre, à partir de la même date.

" ART. 3. Les porteurs des créances ci-dessus énoncées pourront, en conservant les titres primitifs, poursuivre le remboursement desdites créances par voie de mandats, traites ou lettres de change mentionnant la nature de la dette et de la garantie, conformément à l'article 2.

„ Art. 4. Les poursuites, en cas de non-acceptation ou de non-paiement, s'exerceront seulement sur la coupure qui y donnera lieu.

„ Art. 5. Tout débiteur qui, profitant des délais accordés par le présent décret, aura pendant ces délais détourné, aliéné ou anéanti son actif en fraude des droits de son créancier, sera considéré, s'il est commerçant, comme coupable de banqueroute frauduleuse, et s'il n'est pas commerçant, comme coupable d'escroquerie. Il pourra être poursuivi comme tel, soit par son créancier, soit par le ministère public.

„ Paris, le 16 avril 1871. „

XXI

LES ÉMEUTIÈRES.

Çà ne pouvait pas manquer : à ces héros il fallait des héroïnes.

Etant bien entendu que 1871 n'est qu'un servile décalque de quatre-vingt-treize, Théroigne de Méricourt devait faire école.

Cependant la première manifestation féminine ne fut pas précisément belliqueuse. Est-ce dire que les femmes de notre époque soient moins courageuses? Non pas et c'est-à-dire simplement, que si elles ont moins d'héroïsme, elles n'en ont que plus de bon sens...

Le 6 avril 1871, la *Cloche* publiait la pièce suivante:

Paris, 6 avril 1871.

Monsieur,

Daignerez-vous accorder à une mère, atteinte dans ses plus chères affections, la publicité de votre estimable journal? Par un décret affiché sur tous les murs de Paris, le général Cluseret appelle à une lutte fratricide tous les jeunes gens de dix-sept à trente-cinq ans.

Je suis veuve depuis trois mois; j'ai un fils unique, mon seul espoir et mon seul soutien; on va donc, par ce décret, obliger mon fils à tuer ses frères ou à être tué par eux, et ceci au nom de la Commune !

Ce décret est aussi cruel qu'impossible, et toutes les mères protesteront et protestent déjà par ma voix. Les hommes mêmes, les pères de famille surtout, les plus dévoués à la Commune, consentiront-ils à marcher encore si on les frappe dans leurs enfants?

Mon fils a combattu vaillamment dans la mobile de la Seine ; il fallait chasser l'étranger, et nous, pauvres mères, nous faisions des vœux pour le succès de la France, et nous avions assez d'héroïsme pour supporter la pensée que nos enfants allaient périr dans cette affreuse guerre ; mais aussi que, par ce sacrifice de tant d'êtres si chers, notre chère France, si éprouvée, serait enfin sauvée.

Aujourd'hui une lutte horrible a lieu, lutte impie qui fait verser tant de larmes, qui exige que nos enfants se battent pour une opinion qu'ils n'ont peut-être pas ; et d'ailleurs, y a-t-il une opinion là où la force prime le droit? et les enfants de dix-sept ans peuvent-ils avoir une opinion arrêtée ?

Je ne me mêle pas de politique : femme, je m'abstiendrai de tout commentaire ; mère, je dis au général Cluseret :

De grâce, et au nom de la cause que vous défendez, général, retirez votre décret, qui est un attentat à la liberté, une cruauté inutile, un acte impolitique ; faites un appel aux volontaires, mais laissez les opinions libres, si vous voulez faire une vraie République que nous aimerons et défendrons tous.

Daignez agréer, monsieur le Rédacteur, à l'avance,

tous mes remercîments et l'assurance de mes sentiments les plus distingués.

Au nom de toutes les mères,
Ve L. RICHARD.

Il est vrai que, le lendemain même, l'affiche qu'on va lire était placardée sur tous les murs de Paris :

" APPEL AUX CITOYENNES DE PARIS.

" Paris est bloqué, Paris est bombardé...
" Citoyennes, où sont-ils nos enfants, et nos frères et nos maris?... Entendez-vous le canon qui gronde et le tocsin qui sonne l'appel sacré?
" Aux armes! La patrie est en danger!...
" Est-ce l'étranger qui revient envahir la France? Sont-ce les légions coalisées des tyrans de l'Europe qui massacrent nos frères, espérant détruire, avec la grande cité, jusqu'au souvenir des conquêtes immortelles que depuis un siècle nous achetons de notre sang et que le monde nomme : liberté, égalité, fraternité?

" Non, ces ennemis, ces assassins du peuple et de la liberté sont des Français!...
" Ce vertige fratricide qui s'empare de la France, ce combat à mort, c'est l'acte final de l'éternel antagonisme du droit et de la force, du travail et de l'exploitation, du peuple et de ses bourreaux!...
" Nos ennemis, ce sont les privilégiés de l'ordre social actuel, tous ceux qui toujours ont vécu de nos sueurs, qui toujours se sont engraissés de notre misère...

» Ils ont vu le peuple se relever en s'écriant : « Pas de devoirs sans droits, pas de droits sans devoirs !... Nous voulons le travail, mais pour en garder le produit... Plus d'exploiteurs, plus de maîtres !... Le travail est le bien-être pour tous, le gouvernement du peuple par lui-même, — la Commune, vivre libre en travaillant, ou mourir en combattant !... »

» Et la crainte de se voir appelés au tribunal du peuple a poussé nos ennemis à commettre le plus grand des forfaits, la guerre civile !

» Citoyennes de Paris, descendantes des femmes de la grande Révolution qui, au nom du peuple et de la justice, marchaient sur Versailles, ramenant captif Louis XVI ; nous, mères, femmes et sœurs de ce peuple français, supporterons-nous plus longtemps que la misère et l'ignorance fassent des ennemis de nos enfants ; que père contre fils, que frère contre frère, ils viennent s'entre-tuer sous nos yeux pour le caprice de nos oppresseurs, qui veulent l'anéantissement de Paris, après l'avoir livré à l'étranger ?

» Citoyennes, l'heure décisive est arrivée. Il faut que c'en soit fait du vieux monde ! Nous voulons être libres ! Et ce n'est pas seulement la France qui se lève, tous les peuples civilisés ont les yeux sur Paris, attendant notre triomphe pour à leur tour se délivrer. Cette même Allemagne — dont les armées princières dévastaient notre patrie, jurant la mort à ses tendances démocratiques et socialistes, — est elle-même ébranlée et travaillée par le souffle révolutionnaire ! Aussi, depuis six mois est-elle en état de siége, et ses représentants ouvriers sont au cachot ! La Russie elle-même ne voit périr ses défenseurs de la liberté que pour saluer une génération nouvelle, à son tour prête à combattre et à mourir pour la République et la transformation sociale !

» L'Irlande et la Pologne, qui ne meurent que pour renaître avec une énergie nouvelle ; — l'Espagne et l'Italie, qui retrouvent leur vigueur perdue pour se joindre à la lutte internationale des peuples ; — l'Angleterre, dont la masse entière, prolétaire et salariée, devient révolutionnaire par position sociale, — l'Autriche, dont le gouvernement doit réprimer les révoltes simultanées du pays même et des pouvoirs slaves, — cet entre-choc perpétuel entre les classes régnantes et le peuple, n'indique-t-il pas que l'arbre de la liberté, fécondé par des flots de sang versés durant des siècles, a enfin porté ses fruits ?

» Citoyennes, le gant est jeté, il faut vaincre ou mourir ! Que les mères, les femmes, qui se disent : « Que m'importe le triomphe de notre cause, si je dois perdre ceux que j'aime ! » se persuadent enfin que le seul moyen de sauver ceux qui leur sont chers, — le mari qui la soutient, l'enfant en qui elle met son espoir, — c'est de prendre une part active à la lutte engagée, pour la faire cesser enfin et à tout jamais, cette lutte fratricide qui ne peut se terminer que par le triomphe du peuple, à moins d'être renouvelée dans un avenir prochain !

» Malheur aux mères, si une fois encore le peuple succombait ! Ce seront leurs fils enfants qui payeront cette défaite ; car pour nos frères et nos maris, leur tête est jouée et la réaction aura beau jeu !... De la clémence, ni vous, ni nos ennemis nous n'en voulons !...

» Citoyennes, toutes résolues, toutes unies, veillons à la sûreté de notre cause ! Préparons-nous à défendre et à venger nos frères ! Aux portes de Paris, sur les barricades, dans les faubourgs, n'importe ! soyons prêtes, au moment donné, à joindre nos efforts aux leurs.

» *Un groupe de citoyennes.* »

Ensuite, un manifeste signé par les citoyennes déléguées, nommées dans la séance du 26 mars 1871, à l'école Turgot : Henriette Garoste, rue Saint-Paul, 43, — Louise Laffite, rue Saint-Paul, 43, — J. Manier, rue du Faubourg-Saint-Martin, 148 *bis*, — J. Rama, rue Caroline, 11, — Rheims, rue d'Hauteville, 33, — Marial Verdure, rue Sainte-Marie-du-Temple, 8, fut adressé à la Commune, au nom de la Société d'Éducation nouvelle.

La Commune approuva.

LE CLUB DES TRICOTEUSES.

Le mardi, 11 avril, eut lieu la réunion des citoyennes, convoquées dans le but d'organiser, dans chaque arrondissement, des comités destinés à servir de bureaux d'enregistrement, de renseignements et de direction pour les citoyennes patriotes, résolues à soutenir et à défendre la cause de la Révolution. « On décréta la constitution des corps réguliers pour le service de l'ambulance, soit en formant des compagnies prêtes, au moment du danger suprême — si Paris était envahi, — à construire des barricades et à s'y battre, d'ensemble avec ceux d'entre nos frères pour qui la lutte engagée est une question de vie et de mort, en tant qu'il y va du triomphe ou de la défaite, — momentanée naturellement, — des principes vitaux de l'humanité, la liberté luttant contre le despotisme, le travail contre le capital, l'avenir enfin contre le passé!....

Après des délibérations successives, des comités se sont organisés pour la plupart des arrondissements.

Le comité central provisoire se reformera prochainement et sera constitué des délégués des comités d'arrondissement.

La liste des membres des comités, ainsi que les statuts et les règlements, et l'indication des siéges des comités, sera insérée sous peu dans tous les journaux démocratiques.

Une adresse des citoyennes, signée des membres du comité central provisoire, a été envoyée à la commission exécutive de la Commune, lui demandant de fixer des locaux pour les comités, afin qu'ils puissent y siéger en permanence, et d'assigner des salles de réunion à la disposition du comité central.

La commission exécutive de la Commune a adhéré à la demande, et l'installation des comités va s'effectuer.

Le comité central des citoyennes tâchera de se mettre en rapport avec les commissions d'ambulances et de barricades du gouvernement, afin d'aider de toutes ses forces au travail de la Commune, et tant que lesdites commissions du gouvernement n'auront qu'à s'adresser au comité central des citoyennes, pour avoir le nombre voulu de femmes prêtes à servir aux ambulances ou, en cas de besoin, aux barricades.

Une seconde réunion, convoquée par le Comité, a eu lieu le 13 avril.

Une quête faite à la réunion a produit 20 francs.

La somme a été versée à la caisse du Comité central des citoyennes. »

Telles furent les femmes de 1871 !

XXII

LES PRÊTRES.

Une fois les émeutiers maîtres de la ville, il devait arriver que la vieille rancune contre la prêtraille se fît jour, d'autant que sous l'empire, deux journaux spécialement s'étaient donné la mission d'entretenir toute fraîche la haine des démocrates contre les cléricaux. Et si aujourd'hui le *Siècle* et *l'Opinion nationale* se rendent compte des conséquences de la manie qu'ils ont eue de « *manger du calotin*, » ils doivent faire une triste mine.

Cependant, au début, les prêtres purent se croire en sécurité, on ne paraissait pas faire attention à eux. Mais voilà qu'à Versailles on se *permet* de fusiller les généraux improvisés qui mènent les colonnes, les uns à pied, les autres à cheval, et l'illustre Bergeret en fiacre. Vite on songe aux représailles, ou tout au moins à prendre des otages, et l'on commence par arrêter Monseigneur Darboy. Une fois qu'on le tient, on pense à tirer parti de la capture, et on lui offre sa liberté contre trois millions.

L'archevêque de Paris a répondu, en haussant les épaules, qu'il ne valait pas trois millions.

Ceux qui l'ont arrêté sont des gardes appartenant aux 202ᵉ et 84ᵉ bataillons de la garde nationale. Ces messieurs, après cet exploit, se sont offert, au palais archiépiscopal, un dîner de quatre-vingts couverts.

Après lui, d'autres et on lit dans les journaux :

Les arrestations pratiquées sur les membres du clergé continuent. MM. les curés de Saint-Sulpice, Saint-Severin, Saint-Eustache et de Plaisance, figurent au nombre des ecclésiastiques arrêtés.

Patience ! Ce n'est que partie remise, d'ailleurs on se rattrape sur d'autres, et l'on apprend que (version des communeux) :

Le père Olivain, supérieur ; le père Jules Coubet, économe, ainsi que tous les professeurs, employés et domestiques du collége des Jésuites, ont été arrêtés ; ils entretenaient des intelligences secrètes avec Versailles, avec Charette, Cathelineau et autres soutiens du pape.

En voilà donc un bon nombre au pouvoir des insurgés, et le but de ces arrestations apparaît clairement bientôt. On les tient en prison, afin de les fusiller, si Versailles fusille les prisonniers. Mais Versailles pourrait en douter, s'imaginer que la Commune ne peut être si atroce, si ignoble. Il faut détromper Versailles. Pour cela, rien de plus simple : on force deux des principaux otages à écrire ce qui suit à M. Thiers :

« Prison de Mazas, le 8 avril 1871.

« Monsieur le président,

» Hier, vendredi, après un interrogatoire que j'ai subi à Mazas, où je suis détenu en ce moment, les personnes qui venaient m'interroger m'ont assuré que des actes barbares avaient été commis contre des gardes nationaux, par divers corps de l'armée, dans les derniers combats : on aurait fusillé les prisonniers et achevé les blessés sur le champ de bataille. Ces personnes, voyant combien j'hésitais à croire que de tels actes pussent être exercés par des Français contre des Français, m'ont dit ne parler que d'après des renseignements certains.

» Je pars de là, monsieur le Président, pour appeler votre attention sur un fait aussi grave, qui, peut-être, ne vous est pas connu, et pour vous prier instamment de voir ce qu'il y aurait à faire dans des conjonctures si douloureuses. Si une enquête forçait à dire qu'en effet, d'atroces excès ont ajouté à l'horreur de nos discordes fratricides, ils ne seraient certainement que le résultat d'emportements particuliers et tout individuels. Néanmoins, il est possible peut-être d'en prévenir le retour, et j'ai pensé que vous pouvez plus que personne prendre à ce sujet des mesures efficaces.

» Personne ne trouvera mauvais qu'au milieu de la lutte actuelle, étant donné le caractère qu'elle a revêtu dans ces derniers jours, j'intervienne auprès de tous ceux qui peuvent la modérer ou la faire finir.

» L'humanité, la religion me le conseillent et me l'ordonnent. Je n'ai que des supplications; je vous les adresse avec confiance.

» Elles partent d'un cœur d'homme qui compatit, depuis plusieurs mois, à bien des misères; elles partent d'un cœur français que les déchirements de la patrie font douloureusement saigner. Elles partent d'un cœur religieux et épiscopal qui est prêt à tous les sacrifices, même à celui de la vie, en faveur de ceux que Dieu lui a donnés pour compatriotes et pour diocésains.

» Je vous en conjure donc, monsieur le Président, usez de tout votre ascendant pour amener promptement la fin de notre guerre civile, et en tout cas, pour en adoucir le caractère, autant que cela peut dépendre de vous.

» Veuillez, monsieur le Président, agréer l'hommage de nos sentiments très-respectueux.

» † G. Darboy.
» Archevêque de Paris.

» *P. S.* La teneur de ma lettre prouve assez que je l'ai écrite d'après la communication qui m'a été faite ; je n'ai pas besoin d'ajouter que je l'ai écrite non-seulement en dehors de toute pression, mais spontanément et de grand cœur. » † G. »

« Paris, le 7 avril 1871.

A MM. les membres du gouvernement,
à Versailles.

» Messieurs,

» De mon libre mouvement et sous l'inspiration de ma conscience, je viens vous demander avec insistance d'empêcher toutes les exécutions soit de blessés, soit de prisonniers.

» Ces exécutions soulèvent de grandes colères à Paris et peuvent y produire de terribles représailles.

» Ainsi, l'on est résolu à chaque nouvelle exécution d'en ordonner deux des nombreux otages que l'on a entre les mains.

» Jugez à quel point ce que je vous demande comme prêtre est d'une rigoureuse et absolue nécessité.

» J'ai l'honneur d'être respectueusement votre très-humble serviteur.

» H. Deguerry,
» Curé de la Madeleine au dépôt de la Conciergerie.

» Je crois devoir vous déclarer que j'ai conçu et écrit cette lettre sans aucune pression, mais comme je l'ai dit au commencement, de mon libre mouvement.

» H. Deguerry. »

Les deux *post-scriptum* ont une éloquence frappante, et ces deux prêtres ont beau parler du *libre mouvement* qui dicte leur démarche, on voit à n'en point douter que c'en est fait d'eux s'ils résistent, et que c'est le pistolet sur la gorge qu'ils cèdent à leur *libre mouvement*.

Mais, partout et toujours, la note comique se fait entendre dans ce glas funèbre, et, malgré l'écœurement, on est obligé de sourire, en lisant dans le petit *Moniteur* :

« Un détenu de la Conciergerie a réclamé l'aumônier de la prison, qui s'est empressé de se rendre à son appel ; mais on fait observer à cet ecclésiastique qu'il ne pouvait visiter le prisonnier sans autorisation spéciale du Comité. Un permis lui a été délivré dans ces termes :

Laissez passer le citoyen X..., qui se dit serviteur d'un nommé Dieu. »

Après cela, il faut tirer l'échelle.

Ombres de 93, que devez-vous penser de ces atroces bouffons ?

XXIII

LES ARTISTES. — COURBET ET LA COLONNE VENDOME. — LE DRAPEAU ROUGE.

—

Tout le monde s'en est mêlé. Le farouche démocrate Courbet, qui, pour faire parler de lui, a jadis refusé la croix comme Alcibiade coupant la queue de son chien, a réuni les rapins démocrates sous sa rouge bannière. Le maître d'Ornans, la pipe à la bouche, a provoqué ensuite un décret, que la Commune s'est empressée de rendre : La démolition de la colonne Vendôme. Le 16 mai, ce trophée est tombé sur dix mètres de fumier, devant la Commune et les délégués de n'importe quelle section. Le comité de salut public était là aussi, et le comité des théâtres y a envoyé probablement le citoyen Grousset... ce devait être vraiment comme un bouquet de fleurs !

Durant la cérémonie, le drapeau rouge a flotté plus sanglant que jamais. Vive le drapeau rouge, et que la colonne Vendôme se transforme en gros sous, le plus vite possible. Tel est le programme.

Plus de trophée de l'Empire. Les gloires du passé sont devenues les hontes aujourd'hui, le drapeau tricolore un oripeau ; le progrès des communeux exige que tous ces hochets disparaissent. Lorsque Versailles, à force de bombarder Paris — la ville sainte — (style Hugo) — aura fait rentrer la commune dans le néant, il décrochera le drapeau rouge et tâchera d'édifier une autre colonne, la colonne d'Asnières, par exemple.

Les peuples sont des enfants terribles, et il est navrant de voir que la France, cette généreuse et valeureuse nation, se ruine, se déchire et teigne son sol du sang français, pour savoir si la municipalité de Paris doit émaner de Paris même, si la colonne Vendôme gênait quelqu'un et si le drapeau rouge prouvait quelque chose.

XXIV

LA GUILLOTINE.

L'*Officiel* de la Commune, en date du 10 avril, contenait les lignes suivantes :

La guillotine. — En présence des versions diverses des journaux et des rumeurs que la réaction met en circulation dans un but malveillant, je vous prie de préciser les faits sur le document ci-après :

Lorsque les perquisitions eurent fait découvrir les preuves de la véracité des informations : ordre donné et payement fait par le gouvernement de Versailles; recommandation récente d'accélérer l'exécution d'une guillotine perfectionnée; plan, ouvriers, outils, et enfin le corps du délit;

Réquisition en fut opérée, ainsi que de l'instrument ordinaire; le sous-comité, assemblé en délibération, décida que les deux instruments de supplice seraient brûlés en place publique, après que l'avis en aurait été lu et tambouriné.

Voici le texte du placard affiché :

« Citoyens,

» Informé qu'il se faisait en ce moment une nouvelle guillotine, payée et commandée par l'odieux gouvernement déchu (guillotine plus portative et accélératrice) ;

» Le sous-comité du 11ᵉ arrondissement a fait saisir ces instruments serviles de la domination monarchique et en a voté la destruction pour toujours.

» En conséquence, la combustion va en être faite, sur la place de la Mairie, pour la purification de l'arrondissement et la consécration de la nouvelle liberté, à dix heures, 6 avril 1871.

» *Les membres du sous-comité en exercice soussignés :*

» DAVID, CAPPELARO, ANDRÉ, IDJIEZ, DORGAL, C. FAVRE, PERIER, COLLIN.

» *Pour copie conforme,*

» VICTOR IDJIEZ,

» Bibliothécaire-directeur à la mairie.

» Ce 9 avril 1871. »

Maintenant, veut-on savoir ce que coûtent les bourreaux ? L'incendie des bois de justice, sur la place Voltaire, donne de l'intérêt aux renseignements suivants :

« Les exécuteurs des hautes œuvres des grandes villes touchaient : celui de Paris, 6,000 fr. ; de Lyon, 4,000 fr. ; de Rouen et de Toulouse, 2,400 fr. ; dans les autres villes où siége une cour d'appel, 2,000 fr. Les gages des aides dans le département de la Seine étaient fixés à 1,200 fr. »

Tout cela est parfait ; cependant, avant de brûler la guillotine, les frères et amis n'eussent-ils pas dû songer que chaque combat fait plus de victimes que toutes celles que créa l'échafaud et calculer ensuite ce que leur coûtent leurs hommes, la poudre et les projectiles.

XXV

LE RÉGICIDE.

Dès les premiers jours de la Commune, la doctrine suivante fut propagée par un de ses scribes :

« Dans les États monarchiques, cette question est toujours grave en elle-même, et toujours funeste quand elle surgit dans les débats publics. Elle n'est toutefois qu'une question secondaire et dépendante de l'ordre social tel qu'il est établi. Il faut l'envisager dans le système du droit divin, du droit national et de ce droit mixte qui naît des constitutions convenues.

» Pour les hommes qui considèrent les sociétés comme établies par Dieu et indépendantes des volontés de l'homme, le régicide est un sacrilége. Le crime qui porte la main sur l'homme de Dieu s'attaque à Dieu même. Mais dans cette hypothèse, le roi n'est que l'instrument de Dieu ; il existe au-dessus des rois un représentant de Dieu, et le chef de la religion, jugeant les princes selon leurs œuvres, a le droit d'affermir ou de briser leur sceptre.

» La monarchie veut bien régner de droit divin, mais la monarchie ne veut pas s'asservir à la théocratie ; elle adopte tout le pouvoir du pape par le roi, moins le pouvoir du pape sur le roi. Ces débats causèrent la perte de la branche des Valois, suscitèrent la Ligue, assassinèrent Henri III et finirent par le meurtre de Henri IV. Cette puissance des conciles sur les papes, des papes sur les rois, et des rois sur les peuples, fut en partie refrénée par la déclaration du clergé de France en 1682 : mais l'esprit sacerdotal ne voulut pas abdiquer sa souveraineté; la querelle existe toujours en théorie, et l'impuissance du Vatican la rend peu redoutable aux couronnes.

» L'autel ne menace plus le trône ; et cependant, par cela seul que, dans le droit divin, la suprématie du prince a été contestée par le prêtre, il en est résulté que, dans le droit national, l'inviolabilité du roi a été contestée par le peuple. Le droit du peuple étant substitué au droit de Dieu, ce résultat était inévitable. Les prétentions sont pareilles, les arguments les mêmes : les juges de Charles Ier et de Louis XVI ont employé les arguments des ligueurs, des Guise et de la cour de Rome. Lorsqu'on établit une doctrine au profit d'un pouvoir, toutes les forces s'en emparent.

» La question se complique lorsqu'on l'envisage selon le droit national, séparé du droit divin ; il faut d'abord savoir dans quelles mains est tombé l'exercice de la souveraineté. Si dans les mains du roi, le régicide est admis par toutes les puissances : Romulus frappe Rémus, Henri de Transtamarre frappe don Pèdre, Elisabeth frappe Marie Stuart; si dans les mains de l'aristocratie, le fait s'érige encore en droit : les rois de la Grèce furent tous expulsés ou meurtris par les sénats des villes de l'Hellénie, Romulus tomba sous le fer des sénateurs, et Tarquin fut chassé par la révolte des patriciens ; si dans les mains de l'armée, la victoire légitime l'attentat : prétoriens, janissaires, strélitz, soldats de tous les pays, ont joué pendant deux mille ans avec les têtes des rois. Triste effet du crime, lorsqu'il tombe de haut ! Sa semence est vivace et féconde, et il s'élève ensuite pour la ruine des puissances qui n'en voulaient qu'à leur profit.

» La civilisation, condensée sur les hauteurs, possède une force d'expansion qui rayonne et s'étend jusqu'à ce qu'elle ait tout éclairé ; et la civilisation, c'est la tyrannie ou la liberté, le crime ou la vertu, la religion ou l'impiété sortant du monopole de quelques-uns pour se mettre au service de tous. Elle sort du sacerdoce pour entrer dans la monarchie, et de la royauté pour entrer dans l'aristocratie civile ou militaire. Un dernier pas lui restait à faire, elle devait pénétrer dans le peuple, et ce résultat était inévitable.

» Le protestantisme, aidé de presque tous les rois, de presque toute la féodalité de l'Europe, suscite la démocratie chrétienne contre la souveraineté de la hiérarchie catholique ; la révolte de la Suisse, secondée par les puissances rivales ou jalouses de l'empire, suscite la démocratie sociale contre la souveraineté et la féodalité de l'Europe. Une révolution est à la fois un fait et une doctrine, un fait qui triomphe par le glaive des résistances matérielles, une doctrine qui triomphe par le raisonnement des résistances intellectuelles. Sans ce double triomphe sur la force et sur l'intelligence, toute révolution avorte. Les puissances ne virent que le fait et l'acceptèrent de guerre lasse. Aveugles et sans prévision, elles ne virent pas la doctrine révolutionnaire qui, par la paix, put étendre ses conquêtes futures, devenues légitimes par la sanction de ses conquêtes accomplies et acceptées. Tout l'avenir de l'Europe était là ; la presse, armée terrible et invincible ; la plume, glaive plus redoutable que l'épée, sapa toutes les hiérarchies religieuses et politiques.

« L'opinion, puissance née de la publicité, s'éleva sur toutes les puissances. Dans la lutte religieuse, elle rendit le sacerdoce impuissant contre les ennemis de la religion ; dans la lutte politique, elle fascina les rois assez pour les porter au secours des peuples contre la royauté. Dès lors, ce qui n'était pas encore accompli était déjà inévitable. L'ennemi commun fut la stabilité ; le monde se mit en marche, ici, par le progrès, révolution lente ; là, par la révolution, progrès abrupt ; la démocratie combattit partout, tantôt par la parole, tantôt par l'épée. Elle hérita des droits que toutes les supériorités s'étaient arrogés avant elle, et le régicide entra avec bien d'autres crimes dans ce redoutable héritage.

» Malheureusement pour les nations modernes, aucune n'avait ni mœurs, ni loi, ni littérature qui lui appartinssent en propre ; chacune d'elles puisait la science à des sources étrangères ; l'éducation religieuse s'inspirait plus de la Bible que de l'Évangile ; le prêtre préférait le Dieu fort au Dieu bon, celui qui brise toutes les résistances à celui qui s'insinue dans tous les cœurs. Là se trouvait un dédain profond pour la royauté ; elle ne survenait qu'à cette époque de corruption où Israël ne fut plus digne du règne des patriarches, des juges et des prêtres ; et quelle effroyable prédiction d'un homme sur les hommes, dans les paroles de Samuel ! Encore, sous les rois, Saül est rejeté du trône par un prêtre, et les prophètes font sans cesse tonner la parole de Dieu sur des couronnes qu'ils réprouvent ou qu'ils brisent ; et les papes interdisent les royaumes, déposent les princes, arment les peuples contre leur pouvoir.

» L'instruction scientifique n'avait que deux sources, la Grèce et Rome, pays républicains, terre natale du régicide.

» L'histoire écrite de la Grèce commence à l'expulsion ou au meurtre de ses rois. Les peuples étrangers soumis à leur joug sont des esclaves ou des barbares ; les monarques sont des tyrans ou des despotes.

» Sparte conserve un simulacre de royauté ; on a deux rois pour n'en avoir pas un, et les princes, premiers ilotes de la République, sont toujours en dehors des lois, entre la proscription et la mort.

» Rappelez-vous le désespoir de la Grèce entière lorsque les peuples, indignes déjà de la liberté et encore impatients de la servitude, n'avaient pas assez de malédictions contre Philippe, Alexandre et leurs premiers successeurs ! Rome nous apparaît avec une haine plus prononcée encore contre la monarchie. Quel triste récit nous ont transmis les historiens de ses rois et de ses triumvirs !

» Malgré ce respect pieux qui entoure de prodiges, de vertus et de sacrifices le berceau de la patrie, on voit plus de haine de la tyrannie que de mépris des tyrans. Quel effroyable tableau que le règne des Tarquins ! Quel noble spectacle offert au monde par ce Brutus digne de Rome, et ce sénat digne de Brutus ! Comme l'histoire fait vibrer toutes les cordes généreuses du cœur humain, entre la tombe du despotisme expirant et le berceau de la liberté naissante !

» Comme la gloire, la puissance, l'immortalité s'amoncellent sur ce Capitole républicain ! Comme un Brutus et un Caton terminent avec un patriotique courage ce grand drame de l'humanité ouvert par un autre Brutus, illustré par un autre Caton ! Et voyez après, d'Auguste à Augustule, comme Rome s'éteint, comme le genre humain s'abaisse, comme la royauté s'offre dégoûtante de débauche, de rapines, d'impuissance et d'atrocité !

» L'instruction politique, je veux dire le livre du monde contemporain, est souillée de pages plus hideuses encore. C'est le prêtre réprouvant la race de Clovis pour consacrer l'usurpation des Carlovingiens ; c'est le prêtre déposant le fils de Charlemagne, lançant l'anathème sur Philippe et l'interdit sur son royaume.

» C'est le vassal sans cesse armé contre son maître, et la féodalité en révolte ouverte et permanente contre la souveraineté, jusqu'au jour où elle fait passer le sceptre de la seconde à la troisième race. Et je n'exhume pas des jours de barbarie, quoiqu'ils soient l'unique instruction des siècles barbares.

» Dans notre époque de civilisation, dans cette France classique en Europe pour l'amour de ses rois, Henri III meurt assassiné, Louis XIII, Louis XIV, chassés par la révolte, sont presque sans asile dans leur royaume, Louis XV est frappé d'un fer meurtrier.

» Voilà l'esprit tel qu'il a été façonné par les livres, voilà l'homme tel qu'il a été pétri par les hommes dans la nation de l'Europe, la plus renommée par l'aménité de ses mœurs, la politesse de ses manières, le peu de saillie de son caractère. Je ferais frémir si je disais toutes les calamités de la puissance dans les autres États.

» On s'étonne, on s'indigne toutefois lorsque la démocratie, héritant de ses fatales traditions, ose imiter ces funestes exemples. Il faut gémir, mais non s'étonner.

» Tout est dans les décrets de la Providence; et ici tout est encore dans l'enchaînement inévitable des choses humaines qui déduit l'effet de la cause, et ce qui suit de ce qui précède.

» Sans doute, les moyens sont différents : la démocratie, forte comme un peuple, n'a besoin ni d'une coupe empoisonnée, ni d'un poignard assassin, ni d'une révolte d'un jour.

» Son émeute à elle est une révolution.

» Ce n'est pas un meurtrier, c'est par un arrêt qu'elle envoie la mort. Qui n'est glacé d'angoisse et d'effroi à l'aspect de Charles Ier, de Louis XVI devant ces corps politiques qui se transforment en bourreaux nécessaires, par cela seul qu'ils se disent juges légitimes?

» Qui ne sent son cœur brisé par ces voix impassibles, faisant retentir sur tous les bancs ce cri terrible : « La mort? » Qui ne voit que, s'il y a plus d'humanité, il y a un plus profond oubli de la puis-

sance dans ces voix qui crient : « L'exil ! la prison? »
Telle est cependant la justice des peuples quand ils
osent juger !

» Et depuis cet arrêt est sous nos yeux, quel mépris aveugle de la royauté par les rois ! Napoléon jetant du trône, ou jetant au trône, au gré de son désir, les princes qu'il craint ou les soldats qu'il aime : Murat fusillé comme un caporal ; l'Amérique répudiant ses droits ; la France qui les prend ou les chasse au souffle d'une émeute ; les couronnes en suspens devant le glaive en Portugal, en Espagne, en Belgique, et le droit attendant sa consécration de la force ; ces monarques qui fuient, ces princes qui mendient, ces royautés que chacun coudoie, mesure, insulte dans la rue.

» Tout est éteint, et la réalité, et les mystères, et les fictions de la puissance. L'un a tué des rois, l'autre a tué des royautés, le fer, la presse, la parole, le siècle, l'état social, tout est régicide, complice du régicide, fauteur du régicide ! »

J.-P. PAGÈS (de l'Ariége).

Le *Mot d'ordre* de Rochefort avait fait école, on le voit.

Trois jours après, le 27 mars, le même *Journal officiel* publiait l'article ci-après, article auquel il nous a paru utile de conserver sa disposition et les quelques lignes d'élégante introduction du rédacteur en chef :

Paris, le 27 mars 1871.

« Nous reproduisons l'article suivant du citoyen

Ed. Vaillant, article qui nous paraît répondre d'une façon satisfaisante à une des difficultés du moment. »

Le délégué rédacteur en chef du *Journal officiel*,
Ch. Longuet.

« Façon satisfaisante, » et « difficultés du moment, » sont d'un assemblage adorable, quand on pense à ce dont il s'agit ; crûment : quelque coup de couteau à administrer au duc d'Aumale.

« On nous assure, mais la nouvelle n'a rien d'officiel, que le duc d'Aumale serait à Versailles. Si cela était vrai, c'est que de Bordeaux à Versailles, le duc d'Aumale n'aurait pas rencontré un citoyen. »

C'est par des faits semblables que l'on voit combien le sens moral et civique s'est affaissé. Dans les républiques antiques, le tyrannicide était la loi. Ici, une prétendue morale nomme assassinat cet acte de justice et de nécessité.

Aux corrompus qui se plaisent dans la pourriture monarchique, aux intrigants qui en vivent, s'unit le groupe des niais sentimentaux.

Ceux-ci déclarent que ces pauvres diables de princes ne sont pas responsables des crimes de leurs pères, de leur nom, de leur famille, pas plus que ne le serait le fils de Tropmann.

Ils oublient que le fils du forçat n'est pas condamné par l'opinion publique s'il n'est forçat lui-même ; mais, à juste titre, la défiance s'attache à celui dont la jeunesse a dû subir l'influence de si mauvais exemples, dont l'éducation première a eu un tel directeur.

De même un prince, fils de prince, qui continue à

s'appeler prince, et qui, comme le d'Aumale en question, ose venir poser dans la France républicaine la question monarchique et la candidature de sa famille, excite notre colère et appelle notre justice.

Et quand même ces princes qui rêvent de nous rejeter dans l'oppression auraient été éclairés par le génie de la Révolution, ils devraient alors comprendre qu'ils ne doivent pas devenir des agents de discordes et de guerres civiles, et ils devraient se condamner eux-mêmes à aller expier dans une contrée lointaine le malheur et la honte de leur naissance.

Car il ne suffit pas qu'ils se prétendent sans ambition, — nous nous rappelons les serments et les protestations de Bonaparte, — fussent-ils sincères, leur nom, leur présence, seraient exploités par ceux que l'ambition, l'intérêt, l'intrigue attachent à leur fortune, et, quelle que fût la volonté du prince, son influence néfaste serait la même.

De même que, dans le cours inaltérable des choses, tout élément discordant est éliminé et rien de ce qui est contre l'équilibre ne pourrait prévaloir, de même, dans la société, tout objet de trouble dans l'ordre moral, tout obstacle à la réalisation de l'idéal de justice que poursuit la Révolution, doit être brisé.

La société n'a qu'un devoir envers les princes : la mort. Elle n'est tenue qu'à une formalité : la constatation d'identité. Les d'Orléans sont en France ; les Bonaparte veulent revenir : que les bons citoyens avisent! Jolie besogne pour les bons citoyens ! Et voilà où la spéculation d'un vaudevilliste, d'une plaisanterie médiocre, a pu amener une ville comme Paris !... »

XXVI

LES RÉQUISITIONS.

—

Qui donc a dit que les révolutionnaires ne sont pas des gens d'ordre ?

Voici un simple imprimé qui prouve surabondamment combien tout, jusqu'aux vols, a été bien réglé, bien ordonné, par les membres des corps de métiers de l'*Internationale*, descendus de Montmartre à l'Hôtel de Ville :

RÉPUBLIQUE FRANÇAISE.

LIBERTÉ — ÉGALITÉ — FRATERNITÉ.

Au nom de la République,

RÉQUISITIONS

Argent.
Aliments.

En cas de refus, le citoyen X..., chargé du réquisitionnement, peut se faire assister par les gardes nationaux du quartier.

Le membre de la Fédération,
Signé.....

Munis de ce petit papier, les bons gardes nationaux de dame commune se présentaient chez vous quelle que fût l'heure, soit de jour, soit de nuit. S'ils avaient le gousset vide, ils biffaient le mot « aliments ; » s'ils avaient simplement l'estomac creux, c'était le mot « argent » qu'ils barraient... Mais ce cas était rare. Ce qui l'était moins, par exemple, c'était de trouver les deux mots intacts... Ah ! ils aimaient bien faire coup double, les gentils commu... nistes.

La Banque elle-même — la banque surtout — n'échappa point à la réquisition.

Après avoir, par deux fois, lâché cinq cent mille francs, à seule fin d'éviter le pillage, la Banque, sollicitée de nouveau, conclut un traité avec le citoyen Beslay, « délégué aux finances. »

Aux termes de cet accord, le caractère d'établissement privé est reconnu à la Banque, et elle pourra le faire respecter en organisant un bataillon de gardes nationaux composé des employés de l'établissement, soit en adjoignant à ce bataillon, en cas d'urgence, d'autres détachements commandés par la Commune.

Par contre, la Banque doit fournir à la Commune, sur un reçu de M. Beslay, les fonds appartenant à la ville de Paris et déposés à la Banque ; et, dans le cas où ces fonds seraient épuisés, celle-ci doit faire à la Commune des avances, garanties par la remise de titres sur les biens de la ville.

Ah ! le bon billet qu'a la Châtre !

Du reste, elle fut toujours prodigue de garantie, la Commune... Parbleu ! ne les prenait-elle pas chez le voisin comme le vivre... et surtout le couvert ?

XXVII

LES PAPIERS SECRETS DU GOUVERNEMENT DE LA DÉFENSE NATIONALE.

—

« Ne fais pas à autrui ce que tu ne voudrais pas qu'il te fût fait. »

Un jour, Rochefort dit crûment aux Bonaparte qu'ils sont un ramassis d'escrocs, d'entretenus, de bâtards, de filles, etc., etc.

Et sans doute plus d'un des futurs membres de la défense nationale, d'en rire, et de se frotter les mains !

— Attrape, les Bonaparte !

Les événements marchent, et ceux qui se frottaient les mains montent au pouvoir. Dès lors quelque autre Rochefort surgit, et M. Jules Favre est traité de faussaire, d'adultère, et peut-être d'assassin.

D'autre part, les purs de la défense nationale ne trouvent rien de mieux que de publier les Papiers secrets du second Empire, un peu par vengeance, et beaucoup pour fournir à des amis ménagers de leur peau un prétexte pour n'aller pas s'exposer aux balles prussiennes ; en un mot, de quoi cacher décemment les trembleurs, tous excellents patriotes !

Naturellement, la Commune survenant eut besoin d'imiter les devanciers, afin de les salir un peu, et elle aussi fit publier *les papiers secrets du Gouvernement de la défense nationale*.

Nous ne voulons pas encombrer ce volume de ces pièces sans grande portée d'ailleurs, l'extrait suivant suffira :

LES APPROVISIONNEMENTS PENDANT LE SIÉGE.

Voici un document excessivement important qui donne la mesure du soin qu'ont apporté au ravitaillement de Paris les hommes du 4 septembre :

Darblay, dont on connaît la conduite lors de l'invasion prussienne, avait dans ses magasins des réserves considérables de blé, farine, fourrage ; après le 4 septembre, il devenait indispensable, en prévision du siége de Paris, de réquisitionner ces provisions pour Paris. On les enlevait ainsi aux Prussiens, et on augmentait les moyens de durée du siége.

Le 8 septembre, le citoyen Poirier, adjoint au onzième arrondissement, adressait au ministre de l'intérieur la lettre suivante :

MAIRIE DU ONZIÈME ARRONDISSEMENT.

« *Au citoyen ministre de l'intérieur.*

» De nombreux renseignements qui nous parviennent ne nous permettent pas de douter des faits que nous vous signalons :

» A Corbeil, M. Darblay, le maire nommé par l'empire, et qui a été conservé par la République, se serait entendu avec une partie des propriétaires de l'endroit pour empêcher toute défense, et il est décidé a subir, et même à offrir, une certaine somme d'argent pour garantir la ville, et surtout les approvisionnements en grain et farines, qui sont considérables.

» Il y a là un acte qui doit être signalé, car l'ennemi trouverait là des approvisionnements considérables.

» Recevez mes salutations fraternelles.

» G. Poirier. »

Cette lettre, parvenue au ministère de l'intérieur, M. Spuller, secrétaire, crut devoir en informer M. de Kératry, préfet de police par lettre ci-dessous :

« MINISTÈRE DE L'INTÉRIEUR.

Monsieur le préfet,

» Je vous adresse ci-inclus une lettre qui contient la révélation de certains faits de nature à éveiller votre attention ; veuillez prendre telles mesures que vous aviserez, et quant aux approvisionnements, référez-en à M. le ministre du commerce.

» Recevez, etc.

« Pour le ministère de l'intérieur,
» E. Spuller,
» *Secrétaire.* »

M. de Kératry, préfet de police, fit parvenir ces renseignements à Magnin, ministre du commerce, qui écrivit, et de sa propre main au bas de la lettre de M. Spuller.

« *Mon avis est qu'il n'y a rien à faire.*

« J. Magnin. »

« Voilà de quelle façon les hommes du 4 septembre ont employé les ressources immenses dont Paris pouvait disposer. Il est évident qu'il y a là un acte de trahison ou d'incapacité sans nom. »

XXVIII

LA CONCILIATION.

—

Les années usent les partis, mais il en faut beaucoup pour les épuiser. Les passions ne s'éteignent qu'avec les cœurs dans lesquels elles s'allumèrent. Il faut que tout une génération disparaisse ; alors il ne reste des prétentions des partis que les intérêts légitimes, et le temps peut opérer entre ces intérêts une conciliation naturelle et raisonnable. *Mais, avant ce terme, les partis sont indomptables par la seule puissance de la raison... En attendant les effets du temps,* IL N'Y A QU'UN GRAND DESPOTISME QUI PUISSE DOMPTER LES PARTIS IRRITÉS.

C'est M. Thiers qui écrit cela dans son *Histoire de la Révolution française;* hélas! était-il besoin de rechercher dans ses écrits, pour savoir d'avance quel esprit de répression et de réaction il apporterait dans la conduite des affaires, une fois qu'il serait au pouvoir? N'avait-on pas tout son passé, si plein de révélations éloquentes? n'avait-on pas ses discours? Aussi devait-on s'attendre à l'insuccès des démarches tentées en vue de conciliation. Qu'on lise, au surplus, les procès-verbaux de la commission, et l'on verra que, après tout, l'espoir d'un accord n'était bien grand ni d'un côté ni de l'autre.

Les citoyens soussignés, réunis sous la dénomination de la *Ligue d'union républicaine des droits de Paris*, ont adopté le programme suivant, qui leur paraît exprimer les vœux de la population parisienne :

« *Reconnaissance de la République.*

Reconnaissance des droits de Paris à se gouverner, à régler, par un conseil librement élu et souverain dans la limite de ses attributions, sa police, ses finances, son assistance publique, son enseignement et l'exercice de la liberté de conscience.

La garde de Paris exclusivement confiée à la garde nationale, composée de tous les électeurs valides.

C'est à la défense de ce programme que les membres de la ligue veulent consacrer tous leurs efforts, et ils engagent tous les citoyens à les aider dans cette tâche, en faisant connaître leur adhésion, afin que les membres de la ligue, forts de cette adhésion, puissent exercer une énergique action médiatrice. capable d'amener le rétablissement de la paix et de maintenir la République. "

Paris, le 6 avril 1871.

" Bonvalet, ex-maire du 3ᵉ arrond. — Onimus, docteur-médecin. — Hippolyte Stupuy, homme de lettres. — Jobbé-Duval, peintre. — Desonnaz, publiciste. — A. Murat, ouvrier mécanicien. — Édouard Lockroy, représentant démissionn. — Émile Brelay, négociant. — Villeneuve, docteur-médecin, ancien adjoint au 18ᵉ arrond. — Maurice Lachatre, éditeur. — Corbon, ex-maire, ancien représentant. — Laurent Pichat, publiciste. — Henri Grandchamp, négociant. — Paul Dubois, docteur-médecin. — Clémenceau, représentant démissionnaire. — Jules Mottu, ancien maire du 11ᵉ arr. — Allain-Targé, publiciste, préfet démiss. — Amnon, agent des mines de Sarrebruck. — J.-A. Lafont, ex-adjoint au maire du 18ᵉ arrond. — Cacheux, ex-adjoint au maire du 17ᵉ arrond. — Maillard, chef du contentieux de la Comp. *l'Union*. — Soudée, négociant. — G. Isambert, publiciste. — Loiseau-Pinson, négociant. — G. Manet, avocat. — Floquet, représentant démiss. — Gillet, fabricant. — Georges Lechevalier, avocat, préfet démiss. — Armand Lechevalier, libraire éditeur. "

MANIFESTE DES FRANCS-MAÇONS.

En présence des événements douloureux devant lesquels la France tout entière gémit ; en présence de ce sang précieux qui coule par torrents, la maçonnerie, qui représente les idées d'humanité et qui les a répandues dans le monde, vient une fois encore affirmer devant vous, gouvernement et membres de l'Assemblée, devant vous, membres de la Commune, les grands principes qui sont sa loi et qui doivent être la loi de tout homme ayant un cœur d'homme.

Le drapeau de la maçonnerie porte inscrite sur ses plis la noble devise : Liberté, — Égalité, — Fraternité, — Solidarité. La maçonnerie prêche la paix parmi les hommes et, au nom de l'humanité, proclame l'inviolabilité de la vie humaine. La maçonnerie maudit toutes les guerres, elle ne saurait assez gémir sur les guerres civiles. Elle a le devoir et le droit de venir au milieu de vous et de vous dire :

« Au nom de l'humanité, au nom de la fraternité,
» au nom de la patrie désolée, arrêtez l'effusion du
» sang ; nous vous le demandons, nous vous supplions
» d'entendre notre appel. »

Enfin, voici le rapport des délégués de la *Ligue de l'Union républicaine*, qui s'étaient rendus à Versailles :

« Citoyens,

» Les soussignés, chargés par vous d'aller présenter au gouvernement de Versailles votre programme et d'offrir les bons offices de la *Ligue*, pour arriver à la conclusion d'un armistice, ont l'honneur de vous rendre le compte suivant de leur mission :

» Les délégués ayant donné connaissance à M. Thiers du programme de la *Ligue*, celui-ci a répondu que, comme chef du seul gouvernement légal existant en France, il n'avait pas à discuter les bases d'un traité, mais que cependant il était tout disposé à s'entretenir avec des personnes qu'il considérait comme représentant le principe républicain et à leur faire connaître les intentions du chef du pouvoir exécutif.

» C'est sous le bénéfice de ces observations, qui constataient d'ailleurs le véritable caractère de notre mission, que M. Thiers nous a fait sur les divers points du programme les déclarations suivantes :

En ce qui touche la reconnaissance de la République, M. Thiers en garantit l'existence, tant qu'il demeurera à la tête du pouvoir. Il a reçu un État républicain, il met son honneur à conserver cet État.

» En ce qui touche les franchises municipales de Paris, M. Thiers expose que Paris jouira de ses franchises dans les conditions où en jouiront toutes les villes, d'après la loi commune, telle qu'elle sera élaborée par l'Assemblée des représentants de la France; Paris aura le droit commun, rien de moins, rien de plus.

» En ce qui touche la garde de Paris, exclusivement confiée à la garde nationale, M. Thiers déclare qu'il sera procédé à une organisation de la garde nationale, mais qu'il ne saurait admettre le principe de l'exclusion absolue de l'armée.

» En ce qui concerne la situation actuelle et les moyens de mettre fin à l'effusion du sang, M. Thiers déclare que, ne reconnaissant point la qualité de belligérants aux personnes engagées dans la lutte contre l'Assemblée nationale, il ne peut ni ne veut traiter d'un armistice, mais il dit que, si les gardes nationaux de Paris ne tirent ni un coup de fusil, ni un coup de canon, les troupes de Versailles ne tireront ni un coup de fusil, ni un coup de canon, jusqu'au moment indéterminé où le pouvoir exécutif se résoudra à une action et commencera la guerre.

» M. Thiers ajoute : quiconque renoncera à la lutte armée, c'est-à-dire quiconque rentrera dans ses foyers en quittant toute attitude hostile, sera à l'abri de toute recherche.

» M. Thiers excepte seulement les assassins des généraux Lecomte et Clément Thomas, qui seront jugés, si on les trouve.

» M. Thiers, reconnaissant l'impossibilité pour une partie de la population actuellement privée de travail de vivre sans la solde allouée, continuera le service de cette solde pendant quelques semaines.

» Tel est, Citoyens, le résumé succinct, mais fidèle de la conversation de vos délégués avec M. Thiers. Il n'appartient pas à vos délégués d'apprécier, d'une façon quelconque, jusqu'à quel point les intentions manifestées par M. Thiers répondent ou ne répondent pas aux vœux de la population parisienne. Le devoir de vos délégués consiste seulement à vous rapporter les faits sans commentaire, et le présent exposé n'a et ne peut avoir d'autre objet que l'accomplissement strict de ce devoir. »

» A. Dejonnaz, Bonvallet, Armand Adam. »

C'était, on le voit, une fin de non-recevoir en due forme.

Diverses tentatives furent encore tentées, mais en vain. La franc-maçonnerie s'en mêla de nouveau, allant jusqu'à planter ses étendards de paix sur les remparts de Paris, où ils furent naturellement criblés de balles.

La conciliation entre Paris et Versailles n'était pas possible. Des deux côtés on mettait dans les pourparlers une égale mauvaise volonté.

La guerre civile continua, sauvage et terrible.

CONCLUSION.

LE PRÉSENT ET L'AVENIR.

Non, en vérité, notre pauvre France ne ressemblera jamais à personne et ne peut être une nation ordinaire, pas plus dans l'infortune que dans la gloire ; elle n'est ni heureuse ni malheureuse à demi ; vaincue aujourd'hui et accablée au delà de toute mesure, elle est réduite à boire jusqu'à la lie toutes les amertumes. Ce n'était pas assez de la guerre étrangère, de l'invasion, de Paris assiégé, des provinces dévastées, d'une paix douloureuse et nécessaire au prix d'un démembrement ; il fallait encore qu'au lendemain et sous le coup de tant d'affreux désastres, un désastre nouveau et plus poignant vînt couronner nos humiliations ; il faut que l'horrible guerre civile se déchaîne pour achever l'œuvre des Prussiens, et que nous en soyons à nous demander, dans le désespoir de notre âme, si tous les fléaux vont s'abattre à la fois sur nous, si tout ce qui reste de cette patrie sanglante et mutilée par l'ennemi va échapper à la destruction volontaire, au suicide : voilà la pensée avec laquelle nous vivons, voilà le cauchemar sinistre qui nous poursuit depuis près de quinze jours, depuis le mouvement du 18 mars, qui n'a ni un objet défini et avoué, ni un programme politique ostensible, ni une raison d'être apparente, qui n'a été que le produit d'une confusion ou d'un malentendu gigantesque, et qui n'est arrivé en fin de compte qu'à ouvrir un abîme sans fond sous les pas d'un peuple éperdu.

Nous marchons dans l'inconnu et dans l'aventure, traînés par des gens qui ne savent pas mieux que nous où ils nous conduisent, et qui n'ont pas moins la prétention de disposer d'une grande cité ; qui ont profité d'un instant de désarroi, pour s'ériger en arbitres des destinées publiques.

Les événements n'ont cessé de concentrer la révolution parisienne dans son caractère municipal et local.

Gardons-nous de rien faire qui le lui ôte ; gardons-nous de vouloir faire de la Commune de Paris une commune qui soit plus ou moins que les autres, sous prétexte que Paris, étant le siége du gouvernement, ne ressemble pas aux autres villes de France. C'est cette idée qui a tout brouillé et confondu.

On a cru que Paris devait être d'autant moins communal qu'il était plus gouvernemental. On lui a ôté du côté de la liberté tout ce qu'on lui donnait du côté de la souveraineté. Personne n'osait faire de Paris une vraie commune, une commune naturelle, parce que personne ne croyait que Paris pût jamais cesser d'être le siége du gouvernement.

Ce que personne n'aurait peut-être osé faire, ce

que Mirabeau seul avait conseillé au commencement de la Révolution, après les journées des 5 et 6 octobre 1789, les événements l'ont fait avec cette force instinctive et sans phrases qui leur appartient. Le siége du gouvernement n'est plus à Paris, et cela, ce n'est ni l'Assemblée nationale qui l'a décrété, ni M. Thiers qui l'a voulu, c'est l'insurrection parisienne qui l'a décidé par l'expulsion du gouvernement.

Paris en 1789 avait été chercher tumultueusement le gouvernement central à Versailles ; Paris en 1871 a expulsé tumultueusement le gouvernement central de ses murs et l'a forcé de s'établir à Versailles. C'est un grand cycle historique qui vient de s'accomplir. Le gouvernement central retournera-t-il un jour à Paris ? Question d'avenir ; il y a pour et contre. Aujourd'hui, et pour un temps plus ou moins long, que les événements seuls et non les hommes peuvent mesurer, la question est décidée. Paris recouvrant son indépendance communale aura perdu le privilége, enviable ou non d'être le siége du gouvernement central.

Si Paris se renferme dans ses droits communaux et s'il maintient son indépendance municipale, sans attenter à celle des autres communes de France, il y a là, dans la crise du présent, un élément de transaction qui peut ramener la paix intérieure ; les forces de la loi seront réservées et dirigées seulement contre les assassins et les usurpateurs de la souveraineté nationale, et, dans l'avenir, Paris ne perdra rien de sa grandeur.

Mais quoi ! Dans le même temps qu'à Versailles on élaborait, au milieu de l'indifférence des uns, de la répugnance dédaigneuse des autres, un timide projet de loi communale accordant à Paris certaines franchises, étendues du reste à toutes les villes de France, à Paris on affirmait nettement ses prétentions et quelles prétentions! On ne voulait plus déjà de la fédération pure et simple par une loi commune; Paris devait être absolument « LUI » les autres grandes villes de France auraient à traiter avec la capitale et à accepter ses conditions! Ce qu'on voulait enfin c'était :

PARIS VILLE LIBRE.

Voici le traité inouï que l'on proposa sérieusement :

« ART. 1er. Paris est désormais ville libre.

» Le gouvernement français reconnaît la légitimité de la révolution communale accomplie le 18 mars 1871. Il renonce pour l'avenir à toute ingérance de pouvoir dans cette cité, et, pour le présent, à toute recherche des faits résultant de cette révolution.

» ART. 2. Le territoire de Paris comprend le département de la Seine, moins les communes de ce département qui refuseraient, à la majorité des voix, de jouir des franchises communales. Ce territoire peut s'augmenter de toutes les communes des départements limitrophes qui déclareraient vouloir se fédérer avec la Commune de Paris et jouir de ses avantages.

» La Commune de Paris s'interdit toute provocation insurrectionnelle dans le reste de la France, mais se réserve de propager l'idée communale, par l'exemple et les ressources de la publicité. Le gouvernement, de son côté, s'interdit d'entraver cette propagande ; il s'engage à reconnaître l'autonomie des communes qui la réclament et se fédéreront avec la commune de Paris.

» Art. 3. Paris et les communes fédérées restent villes françaises, aux conditions qui sont indiquées dans le présent traité.

» Paris paye sa part dans les frais généraux de la France, mais seulement en ce qui concerne l'armement des forteresses, les dépenses pour voies ferrées, routières ou navigables, l'enseignement, la marine, les travaux publics, mais il ne prend aucune part au budget de l'intérieur, des finances, des cultes, et à la fraction afférente à l'armée permanente.

Il fournit, en cas de guerre, un contingent de garde nationale mobilisée, organisée à cet effet et munie de son artillerie.

Art. 4. Paris envoie des représentants aux assemblées législatives. Il en accepte les délibérations et les vœux, dans la mesure où elles ne seraient pas en contradiction avec la Constitution communale.

Il accepte les principes généraux du Code civil, sous réserve d'en modifier les articles selon les intérêts, les besoins exprimés par le suffrage.

Art. 5. Paris s'administre et se gouverne suivant le régime communal, sans aucune immixion du gouvernement français.

» Il élit ses fonctionnaires et magistrats de tous ordres ; il dispose seul son budget.

» Il n'a d'autre armée que la garde nationale, chargée de la défense et de la police urbaines.

„ Art. 6. Toute armée permanente étant un danger pour la cité, il ne pourra être établi, par le gouvernement de la France, ni camp ni garnison dans un rayon de vingt-cinq lieues autour de la ville ou de la Fédération parisienne, sauf le cas de guerre nationale. Dans ce cas, le gouvernement devra s'entendre avec la Commune de Paris pour déroger à cette condition.

„ Art. 7. Paris participant pour sa quote-part aux frais généraux, ne peut y participer doublement en payant les impôts douaniers. En conséquence, les marchandises venant de l'étranger à destination de Paris, traverseront la France, et ne payeront que l'impôt fixé par la Commune.

„ Art. 8. Le gouvernement français n'apportera aucune entrave au fonctionnement des établissements de crédit qui pourront être fondés et garantis par la ville de Paris, et il n'entravera point la circulation des billets émis par eux.

„ Art. 9. . . . .

„ Art. 10. Paris étant ville libre, et se gouvernant lui-même, il n'y a pas lieu à déterminer dans le présent traité la constitution communale. Le gouvernement français ne s'immiscera en aucune façon dans cette constitution, ni dans le gouvernement, dans l'administration de la ville de Paris ou de la fédération parisienne.

„ Il sera représenté près la Commune par un délégué.

„ Art. 11. Paris accepte les conditions du traité de paix intervenu entre la France et la Prusse, et s'engage à le respecter et à entrer pour sa quote-part dans l'indemnité convenue.

„ Art. 12. Le gouvernement français payera une part que fixeront ses délégués et ceux de la Commune de Paris dans les frais de guerre résultant du siége et ceux résultant du conflit survenu le 18 mars, et terminé par le traité.

„ Art. 13. Convenu de bonne foi, dans l'intérêt, pour l'honneur et la sécurité de Paris, de la France et de l'Europe, le présent traité, que les deux parties contractantes s'engagent à respecter fidèlement, sera communiqué aux gouvernements et républiques amis, que les signataires espèrent voir bientôt former une fédération pacifique d'États-Unis, et sous la sauvegarde desquels se place la Commune de Paris. „

Et tout cela se terminait — naturellement — par un appel à la France :

« La lutte engagée entre Paris et Versailles est de celles qui ne peuvent se terminer par des compromis illusoires ; mais l'issue n'en saurait être douteuse. La victoire, poursuivie avec une indomptable énergie par la garde nationale, restera à l'idée et au droit.

„ Nous en appelons à la France avertie que Paris en armes possède autant de calme que de bravoure, qu'il soutient l'ordre avec autant d'énergie que d'enthousiasme, qu'il se sacrifie avec autant de raison que d'héroïsme, qu'il ne s'est armé que par dévouement pour la liberté et la gloire communes.

„ Que la France fasse cesser ce sanglant conflit. C'est à la France à désarmer Versailles par une manifestation solennelle de son irrésistible volonté.

» Appelée à bénéficier de nos conquêtes, qu'elle se déclare solidaire de nos efforts ; qu'elle soit notre alliée dans ce combat, qui ne peut finir que par le triomphe de l'idée communale ou par la ruine de Paris.

» Quant à nous, citoyens de Paris, nous avons mission d'accomplir la révolution moderne la plus large et la plus féconde de toutes celles qui ont illuminé l'histoire ; nous avons le devoir de lutter et de vaincre. »

La lutte, c'était le brigandage !

La victoire — le pillage !

Et ces gens appellent cela « le devoir ! »

LE PASSÉ.

PROUDHON PROPHÈTE.

Comment mieux caractériser le mouvement de Paris qui s'intitule fièrement : « *Mouvement social* » que par ces lignes de Proudhon, le grand socialiste, lignes écrites il y a longtemps déjà et qui sont comme une prophétie de l'époque présente :

« La révolution sociale ne pourrait aboutir qu'à un immense cataclysme dont l'effet immédiat serait :

» De stériliser la terre ;

» D'enfermer la société dans une camisole de force ;

» Et, s'il était possible qu'un pareil état des choses se prolongeât seulement quelques semaines ;

» De faire périr par une famine inopinée trois ou quatre millions d'hommes ;

» Quand le gouvernement sera sans ressources ;

quand le pays sera sans production et sans commerce ;

» Quand Paris affamé, bloqué par les départements ne payant plus, n'expédiant pas, restera sans arrivages ;

» Quand les ouvriers, démoralisés par la politique des clubs et le chômage des ateliers, chercheront à vivre n'importe comment ;

» Quand l'État requerra l'argenterie et les bijoux des citoyens pour les envoyer à la Monnaie ;

» Quand les perquisitions domiciliaires seront l'unique mode de recouvrements des contributions ;

» Quand les bandes affamées, parcourant le pays, organiseront la maraude ;

» Quand le paysan, le fusil chargé, gardant sa récolte, abandonnera sa culture ;

» Quand la première gerbe aura été pillée, la première maison forcée, la première église profanée, la première torche allumée, la première femme violée ;

» Quand le premier sang aura été répandu ;

» Quand la première tête sera tombée ;

» Quand l'abomination de la désolation sera par toute la France ;

» Oh! alors, vous saurez ce que c'est qu'une révolution sociale : Une multitude déchaînée, armée, ivre de vengeance et de fureur ;

» Des piques, des haches, des sabres nus, des couperets et des marteaux ;

» La cité morne et silencieuse ; la police au foyer de famille, les opinions suspectées, les paroles écoutées, les larmes observées, les soupirs comptés, le silence épié, l'espionnage et les dénonciations ;

» Les réquisitions inexorables, les emprunts forcés et progressifs, le papier monnaie déprécié;

» La guerre civile et l'étranger sur les frontières ;

» Les proconsulats impitoyables, le Comité de salut public, un Comité suprême au cœur d'airain ;

» Voilà les fruits de la révolution dite démocratique et sociale.

» Je répudie de toutes mes forces le socialisme, impuissant, immoral, propre seulement à faire des dupes et des escrocs ! Je le déclare, en présence de cette propagande souterraine, de ce sensualisme éhonté, de cette littérature fangeuse, de cette mendicité, de cette hébétude d'esprit et de cœur qui commence à gagner une partie des travailleurs; je suis pur des folies socialistes. »

Il ne nous faut point chercher d'autre mot de la fin !

TABLE.

	Pages.
I La Commune	5
II État de Paris après le siége.	19
III Le Mont Aventin	23
IV Le gouvernement des inconnus	29
V L'Internationale dévoilée.	31
VI L'assassinat de la rue des Rosiers.	91
VII Les séances secrètes du Comité central à l'Hôtel de Ville.	107
VIII Les dissensions du Comité.	131
IX Les élections de la Commune (26 mars 1871)	135
X La place Vendôme	153
XI Les Prussiens et la Commune	161
XII La Commune proclamée.	165
XIII Biographie des membres de la Commune.	173
XIV Les séances de la Commune	211
XV Curieux décrets de la Commune	249
XVI Les proclamations révolutionnaires	293
XVII Les dieux de la démocratie.	309
XVIII Les mystères du *Journal officiel*	313
XIX La presse sous le régime de la Commune	321
XX La question des loyers	331
XXI Les émeutières	345
XXII Les prêtres.	353
XXIII Les artistes. — Courbet et la colonne Vendôme. — Le drapeau rouge	359
XXIV La Guillotine	361
XXV Le régicide.	363
XXVI Les réquisitions	373
XXVII Les papiers secrets du gouvernement de la défense nationale.	375
XXVIII La conciliation.	379
Conclusion. — Le présent et l'avenir.	386

SOMMAIRE

EPIGRAPHE DE VICTOR HUGO

La Commune — CE QU'ELLE FUT, CE QU'ELLE EST, CE QU'ELLE DOIT ÊTRE — ÉTAT DE PARIS APRÈS LE SIÉGE — LE MONT AVENTIN — LE GOUVERNEMENT DES INCONNUS — **L'Internationale dévoilée** — L'ASSASSINAT DE LA RUE DES ROSIERS — LES SÉANCES DU COMITÉ CENTRAL — SES DISSENSIONS — LES ÉLECTIONS — LA PLACE VENDÔME — LA FUSILLADE DE LA RUE DE LA PAIX — LES PRUSSIENS ET LES COMMUNIERS — LA COMMUNE PROCLAMÉE — BIOGRAPHIE DES MEMBRES DE LA COMMUNE — LES SÉANCES DE L'HÔTEL DE VILLE — A VERSAILLES ! — CURIEUX DÉCRETS — LES PROCLAMATIONS RÉVOLUTIONNAIRES — LES DIEUX DE LA DÉMOCRATIE — LES MYSTÈRES DE L'**Officiel** — LA PRESSE SOUS LE RÉGIME DES COMMUNEUX, COMMUNIERS ET COMMUNISTES — LE **Père Duchêne** — LA QUESTION DES LOYERS ET LA QUESTION DES ÉCHÉANCES — LES ÉMEUTIÈRES — LES PRÊTRES — LES ARTISTES — COURBET ET LA COLONNE VENDÔME — LE DRAPEAU ROUGE — LA GUILLOTINE — LE RÉGICIDE — LES RÉQUISITIONS — **Les Papiers secrets de la défense nationale** — LA CONCILIATION — LE DROIT COMMUNAL ET LE PROJET DE LOI DE VERSAILLES — PARIS VILLE LIBRE — **Proudhon prophète.**

www.ingramcontent.com/pod-product-compliance
Lightning Source LLC
Chambersburg PA
CBHW071914230426
43671CB00010B/1602